Como fazer amigos e influenciar pessoas

Como fazer amigos e influenciar pessoas

Dale Carnegie

SEXTANTE

Título original: *How to Win Friends and Influence People*

tradução: Livia de Almeida

copidesque: Ângelo Lessa

revisão: Hermínia Totti, Luiz Américo Costa e Milena Vargas

capa: DuatDesign

adaptação de projeto gráfico: Valéria Teixeira

impressão e acabamento: Lis Gráfica e Editora Ltda.

CIP-BRASIL. CATALOGAÇÃO NA PUBLICAÇÃO
SINDICATO NACIONAL DOS EDITORES DE LIVROS, RJ

C286c Carnegie, Dale
Como fazer amigos e influenciar pessoas / Dale Carnegie; tradução de Livia de Almeida. Rio de Janeiro: Sextante, 2019.
224 p.; 14 x 21 cm.

Tradução de: How to win friends and influence people
ISBN 978-85-431-0892-6

1. Motivação (Psicologia). 2. Influência (Psicologia). 3. Relações humanas. I. Almeida, Livia de. II. Título.

CDD: 158.2
19-59063 CDU: 159.922.27

GMT Editores Ltda.
Rua Voluntários da Pátria, 45 – Gr. 1.404 – Botafogo
22270-000 – Rio de Janeiro – RJ
Tel.: (21) 2538-4100 – Fax: (21) 2286-9244
E-mail: atendimento@sextante.com.br
www.sextante.com.br

Este livro é dedicado a um homem
que não precisa lê-lo –
meu estimado amigo
HOMER CROY.

Sumário

Prefácio 9
por Dorothy Carnegie (1981)

Como e por que este livro foi escrito 11
por Dale Carnegie (1936)

Nove sugestões para tirar máximo proveito deste livro 17

Parte um

Técnicas fundamentais para lidar com as pessoas

1. "Se você quer colher o mel, não chute a colmeia" 22
2. O grande segredo para lidar com pessoas 34
3. "Quem consegue isso tem o mundo inteiro a seu lado; quem não consegue trilha um caminho solitário" 44

Parte dois

Seis formas de fazer as pessoas gostarem de você

1. Faça isso e você será bem-vindo em qualquer lugar 62
2. Um jeito simples de causar boa primeira impressão 72
3. Se você não fizer isso, vai arranjar problema 79
4. Um jeito fácil de se tornar bom de papo 86
5. Como despertar o interesse das pessoas 94
6. Como fazer as pessoas gostarem de você à primeira vista 98

Parte três

Como fazer as pessoas pensarem como você

1. É impossível ganhar uma discussão 110
2. Um jeito infalível de fazer inimigos e como evitá-lo 116

3. Se estiver errado, admita o erro 126
4. Uma gota de mel 132
5. O segredo de Sócrates 140
6. A válvula de segurança para lidar com reclamações 144
7. Como conseguir cooperação 149
8. Uma fórmula que vai fazer maravilhas por você 154
9. O que todo mundo quer 158
10. Um apelo que todos adoram 165
11. O cinema faz. A TV faz. Por que você não faz também? 169
12. Quando tudo falhar, tente este recurso 173

Parte quatro

Seja um líder: como mudar as pessoas sem ofender nem criar ressentimentos

1. Se precisar apontar defeitos, comece desta forma 180
2. Como fazer críticas e não ser odiado 184
3. Fale primeiro sobre seus próprios erros 187
4. Ninguém gosta de receber ordens 191
5. Não deixe ninguém constrangido 193
6. Como estimular as pessoas a alcançar o sucesso 196
7. Dê uma boa reputação ao cachorro 200
8. Faça com que o erro pareça fácil de corrigir 204
9. Faça o outro se sentir feliz por fazer aquilo que você quer 208

Um atalho para a distinção 213
por Lowell Thomas (1936)

Sobre o programa de treinamento Dale Carnegie 223

Prefácio à edição revista

por Dorothy Carnegie (1981)

(Sra. Dale Carnegie)

Como fazer amigos e influenciar pessoas foi publicado originalmente em 1937, com uma tiragem de apenas 5 mil exemplares. Nem Dale Carnegie nem seus editores, Simon e Schuster, imaginaram que o livro venderia mais que esse número modesto. Para o espanto deles, porém, o livro se tornou uma sensação da noite para o dia, e as máquinas imprimiam edição após edição a fim de atender à demanda cada vez maior. Como resultado, o livro assumiu uma posição de best-seller eterno na história. Ele tocou em um ponto delicado e preencheu uma carência humana que ia além de um simples modismo do período pós-Depressão americana. Isso ficou claro por suas vendas contínuas e ininterruptas até muitos anos depois de seu lançamento.

Dale costumava dizer que era mais fácil ganhar um milhão de dólares do que cunhar uma expressão no idioma inglês. *Como fazer amigos e influenciar pessoas* alcançou este feito: foi citado, parafraseado, parodiado e usado em inúmeros contextos, de charges políticas a romances. Foi traduzido para quase todos os idiomas. É redescoberto a cada geração e considerado uma obra de enorme relevância, o que nos leva a fazer uma pergunta lógica: por que revisar um livro que já provou (e continua provando) seu apelo contínuo e universal? Por que mexer em time que está ganhando?

Para responder, devemos levar em conta que o próprio Dale Carnegie foi um revisor incansável da própria obra ao longo da vida. *Como fazer amigos e influenciar pessoas* foi concebido como livro didático para seus cursos de Oratória Eficiente e Relações Humanas, e continua sendo usado nessas aulas. Até sua morte, em 1955, ele aprimorou e revisou constantemente o curso para torná-lo aplicável às necessidades de um público que não parava de crescer. Ninguém era mais sensível às mudanças na vida cotidiana do que Dale Carnegie. Ele refinava seus métodos de ensino de modo contínuo. Atualizou o livro sobre oratória eficiente diversas vezes. Se tivesse vivido mais, teria cuidado pessoalmente de cada nova revisão deste livro para que refletisse melhor as mudanças que aconteceram no mundo desde os anos 1930.

Nesta edição, nosso objetivo é apresentar e potencializar o livro para o leitor moderno sem adulterar o conteúdo. As únicas "mudanças" foram uns poucos cortes e o acréscimo de alguns exemplos mais contemporâneos. O estilo audacioso e jovial do autor permanece intacto. Dale escrevia como falava – de modo coloquial, exuberante, como se estivesse conversando com o leitor.

Assim, sua voz permanece forte como sempre. Em todo o mundo, milhões de pessoas vêm desenvolvendo suas competências nos cursos criados por ele, e esse número só aumenta a cada ano. Outras tantas estão lendo e estudando *Como fazer amigos e influenciar pessoas*, sendo inspiradas a empregar os princípios deste livro para melhorar suas vidas. É a todas essas pessoas que oferecemos esta nova edição, feita com o objetivo de refinar e polir uma ferramenta preciosa.

Como e por que este livro foi escrito

por Dale Carnegie (1936)

DURANTE OS PRIMEIROS 35 ANOS DO SÉCULO XX, as editoras dos Estados Unidos publicaram mais de 200 mil títulos. A maioria era terrivelmente entediante, e muitos foram um fracasso de vendas. O que eu quero dizer com "muitos"? O presidente de uma das maiores editoras do mundo me confessou que, após 75 anos de experiência no ramo, sua empresa ainda perdia dinheiro em sete de cada oito livros que publicava.

Por que, então, eu cometi a temeridade de escrever mais um livro? E por que você deveria se dar ao trabalho de lê-lo?

São duas perguntas válidas, e tentarei respondê-las.

Desde 1912, tenho ministrado cursos visando à educação de profissionais e executivos de ambos os sexos em Nova York. A princípio, eu me limitava a dar aulas de oratória – cursos que utilizavam a experiência real para ensinar adultos a pensar rápido e expressar suas ideias com mais clareza, eficácia e segurança, tanto em reuniões de negócios quanto diante de grupos.

Com o passar do tempo, porém, fui percebendo que, por mais que esses adultos necessitassem de treinamento em oratória eficiente, eles precisavam ainda mais de treinamento na bela arte de lidar com pessoas nos negócios e em seus contatos sociais.

Também fui percebendo que eu mesmo precisava desse tipo de treinamento. Quando olho para trás, fico horrorizado com minha falta de refinamento e compreensão. Como eu queria que um livro como este tivesse caído nas minhas mãos vinte anos atrás!

O trato social é, provavelmente, o maior problema que as pessoas enfrentam no dia a dia, sobretudo no mundo corporativo. Sim, isso também vale para quem trabalha em casa, para arquitetos ou engenheiros. Pesquisas realizadas há alguns anos pela Fundação Carnegie para o Desenvolvimento do Ensino desvendaram um fato fundamental e significativo – que, tempos depois, foi confirmado por outros estudos conduzidos pelo Instituto Carnegie de Tecnologia. As pesquisas revelaram que, mesmo em áreas técnicas como a engenharia, apenas cerca de 15% do sucesso financeiro de um profissional se deve ao conhecimento técnico e 85%, à habilidade na engenharia humana – ou melhor, à personalidade e à capacidade de liderar pessoas.

Por muitos anos, ministrei cursos no Clube de Engenharia da Filadélfia e na sede de Nova York do Instituto Americano de Engenheiros Elétricos. É provável que mais de 1.500 engenheiros tenham assistido às minhas aulas. Eles me procuraram quando finalmente perceberam, depois de anos de observação e experiências, que os profissionais mais bem pagos com frequência não são os que têm mais conhecimentos técnicos. É possível contratar, por um salário baixo, profissionais com boa capacidade técnica em áreas como engenharia, contabilidade, arquitetura, etc. Mas se o indivíduo tem o conhecimento técnico *somado* às capacidades de exprimir ideias, assumir a liderança e despertar entusiasmo, ele está destinado a ganhar bem mais.

No auge da carreira, John D. Rockefeller disse: "A capacidade de lidar com pessoas é uma mercadoria que pode ser adquirida como o açúcar ou o café. E eu pagarei mais por essa capacidade do que por qualquer outra."

Sabendo disso, seria natural que todas as instituições de nível superior oferecessem cursos para desenvolver a mais valorizada das capacidades, certo? No entanto, o fato é que, até o momento em que escrevo estas páginas, não conheço sequer um curso prático e sensato desse tipo, oferecido para adultos, em uma única universidade dos Estados Unidos.

A Universidade de Chicago e as Escolas da Associação Cristã de Moços (ACM) conduziram um levantamento que custou 25 mil dólares e demorou dois anos para revelar o que os adultos desejam estudar. A última parte do estudo foi realizada em Meriden, Connecticut, escolhida por ser uma típica cidadezinha americana. Todos os adultos de Meriden foram entrevistados. Os pesquisadores pediram que respondessem 156 perguntas – questões como: Qual o seu negócio ou profissão? Seu nível de instrução? Como passa o tempo livre? Qual é seu nível de renda? Quais são seus hobbies? Suas ambições? Seus problemas? Que assuntos teria mais interesse em estudar?, etc. O levantamento revelou que a saúde é o principal interesse entre os adultos, e que o segundo interesse são as pessoas: como compreender e lidar com elas; como fazer com que gostem de você e como fazê-las pensar do seu modo.

Com essas informações, o comitê que conduzia a pesquisa decidiu promover um curso desse tipo para adultos em Meriden. Fizeram uma busca cuidadosa por um livro didático sobre o assunto, mas não encontraram nenhum. Por fim, contataram uma das maiores autoridades mundiais em educação para adultos e perguntaram se ela conhecia algum livro que atendesse às demandas desse grupo.

Ela respondeu que não. "Sei o que esses adultos desejam, mas o livro de que necessitam ainda não foi escrito", explicou.

Sei por experiência própria que a declaração era verdadeira, pois eu mesmo andei procurando, durante anos a fio, um manual prático e eficiente sobre relações humanas. Como o livro não existia, escrevi um para utilizar em meus próprios cursos. E aqui está. Espero que goste.

Enquanto me preparava para escrever este livro, li tudo o que consegui encontrar sobre o assunto – colunas de jornal, artigos de revistas, registros em varas de família, textos de antigos filósofos e de novos psicólogos. Também contratei um pesquisador competente para passar um ano e meio em diversas bibliotecas lendo tudo o que eu deixara de ler, mergulhando em volumes de psicologia, debruçando-se sobre centenas de artigos de revistas, vasculhando incontáveis biografias, tentando apurar como os grandes líderes de todas as eras lidavam com as pessoas. Lemos as biografias desses personagens. Lemos as histórias de vida de todos os grandes líderes, de Júlio César a Thomas Edison. Lembro de termos lido mais de 100 biografias dedicadas apenas a Theodore Roosevelt. Estávamos determinados a não poupar tempo nem dinheiro para descobrir cada ideia prática empregada ao longo do tempo para fazer amigos e influenciar pessoas.

Entrevistei pessoalmente dezenas de pessoas bem-sucedidas, algumas mundialmente famosas – inventores como Guglielmo Marconi e Thomas Edison; políticos como Franklin D. Roosevelt e James Farley; líderes empresariais como Owen D. Young; estrelas de cinema como Clark Gable e Mary Pickford; e exploradores como Martin Johnson. Tentei descobrir quais técnicas empregavam nas relações humanas.

A partir de todo esse material, preparei uma palestra curta, que batizei de "Como fazer amigos e influenciar pessoas". Digo "curta" porque no início era curta mesmo, mas logo se expandiu até se transformar numa apresentação de uma hora e meia. Durante anos, ministrei essa palestra para adultos nos cursos do Instituto Carnegie, em Nova York.

Eu fazia minha apresentação e pedia que os ouvintes saíssem dali e aplicassem o que haviam aprendido em seus negócios e contatos sociais, depois voltassem e falassem sobre as experiências e os resultados. Que tarefa interessante! Ansiosas por desenvolver suas habilidades sociais, aquelas pessoas ficavam fascinadas diante da ideia de trabalhar num novo tipo de laboratório – o primeiro e único laboratório de relacionamentos humanos para adultos até então.

Este livro não foi *escrito* no sentido usual da palavra. Ele cresceu como uma criança. Cresceu e se desenvolveu a partir desse laboratório, a partir das experiências de milhares de pessoas.

Quando comecei, imprimi um conjunto de regras num cartão do tamanho de um postal. Na temporada seguinte, imprimimos um cartão maior, depois um folheto, então uma série de livretos, cada um maior e mais abrangente que o anterior. Depois de 15 anos de experimentos e pesquisas, este livro nasceu.

As regras que estabelecemos aqui não são apenas teorias ou palpites. Elas funcionam. Por incrível que pareça, eu vi como a aplicação desses princípios literalmente revolucionou a vida de muitas pessoas.

Para exemplificar: um homem com 314 empregados se inscreveu em um de meus cursos. Havia muitos anos que ele pressionava, criticava e condenava seus funcionários sem trégua e sem papas na língua. Gentilezas, elogios e incentivos nunca haviam saído de seus lábios. Depois de estudar os princípios discutidos neste livro, esse homem mudou radicalmente sua filosofia de vida e de trabalho. Hoje, sua organização se inspira numa nova lealdade, num novo entusiasmo, num espírito de equipe. Ele transformou 314 inimigos em 314 amigos. Como ele mesmo disse para a turma, cheio de orgulho:

"Quando eu andava pelo meu estabelecimento, ninguém me cumprimentava. Meus empregados chegavam a virar a cara quando percebiam minha aproximação. Mas agora todos são meus amigos, e até o zelador me chama pelo meu primeiro nome."

Esse executivo passou a ter mais lucro, mais tempo livre e – o que é infinitamente mais importante – muito mais felicidade no trabalho e em casa.

Inúmeros vendedores alcançaram um aumento expressivo nas vendas aplicando os princípios deste livro. Muitos ganharam novos clientes – clientes que antes haviam tentado conquistar em vão. Executivos receberam mais poder e mais dinheiro. Um deles relatou um grande aumento salarial porque começou a aplicar as ideias contidas neste livro. Outro, funcionário da Companhia de Gás da Filadélfia, estava ameaçado de rebaixamento por causa de seu temperamento belicoso e sua incapacidade de liderar pessoas. Este programa não só o livrou do rebaixamento como o fez alcançar uma promoção com aumento salarial.

Em diversas ocasiões, os cônjuges que compareciam aos jantares oferecidos no final do curso relatavam que viviam em um lar mais feliz desde que o marido ou a esposa tinha começado o treinamento.

Muitas pessoas ficam admiradas com os resultados, pois tudo parece se transformar num passe de mágica. No auge do entusiasmo, alguns chegavam a telefonar para minha residência em pleno domingo, porque não conseguiam esperar mais 48 horas para relatar suas conquistas durante a aula.

Um de meus alunos ficou tão empolgado com uma palestra, que discutiu o assunto com colegas de turma até tarde da noite. Às três da manhã, os outros foram embora, mas ele ainda estava tão abalado pela percepção dos próprios erros, tão inspirado pela visão de um mundo novo e mais rico que surgia dele, que não conseguiu dormir. Aliás, não dormiu naquela noite, nem no dia seguinte, nem na noite seguinte.

E quem era ele? Um indivíduo ingênuo, despreparado, pronto para se agarrar a qualquer teoria nova? Não. Longe disso. Era o dono de uma galeria de arte, um homem sofisticado, bastante conhecido, fluente em três idiomas, com diploma de duas universidades europeias.

Enquanto escrevia este capítulo, recebi a carta de um alemão, um aristocrata com antepassados que, ao longo de gerações, foram oficiais do Exército da Casa de Hohenzollern. A carta tinha sido escrita a bordo de um transatlântico e falava com um fervor quase religioso sobre a aplicação desses princípios.

Outro homem – um nova-iorquino rico, com diploma de Harvard, dono de uma grande fábrica de tapetes – declarou: "Aprendi mais em 14 semanas, com este sistema de treinamento na bela arte de influenciar pessoas, do que em quatro anos de faculdade." Absurdo? Risível? Fantástico? Claro que você tem o direito de ignorar essa declaração e tachá-la do que quiser. Estou apenas reproduzindo algo que esse homem conservador e notoriamente bem-sucedido disse durante um discurso proferido diante de cerca de 600 pessoas no Yale Club, em Nova York, na noite de quinta-feira, 23 de fevereiro de 1933.

O famoso professor William James dizia: "Comparados ao que deveríamos ser, estamos apenas meio acordados. Usamos apenas uma pequena parte de nossos recursos físicos e mentais. Em linhas gerais, o indivíduo está longe de usar todo o seu potencial. Ele dispõe de diversos poderes que não costuma usar."

O objetivo único deste livro é ajudá-lo a descobrir, desenvolver e colher os benefícios dessas reservas adormecidas e intocadas.

"A educação é a habilidade de enfrentar as situações da vida", dizia o Dr. John G. Hibben, ex-reitor da Universidade de Princeton.

Se você concluir a leitura do terceiro capítulo e não se sentir pelo menos um pouco mais bem equipado para enfrentar as situações da vida, considerarei este livro um completo fracasso, pois, segundo Herbert Spencer, "o grande objetivo da educação não é o conhecimento, e sim a ação".

E este é um livro de ação.

Nove sugestões para tirar máximo proveito deste livro

1. Se você deseja tirar o maior proveito possível deste livro, há um requisito indispensável, um ponto essencial e infinitamente mais importante do que qualquer regra ou técnica. Não adianta saber mil regras se esse requisito não for atendido.

   Qual é o requisito mágico? Este: um desejo profundo e imperativo de aprender, uma determinação insaciável de aumentar sua competência interpessoal.

   E como desenvolver esse desejo? Basta constantemente se lembrar da importância que esses princípios têm para você. Imagine como eles o ajudarão a levar uma vida mais rica, plena, feliz e cheia de realizações. Repita sempre para si mesmo: "Minha popularidade, minha felicidade e meu senso de valor dependem, em grande medida, da minha habilidade no trato com as pessoas."
2. Num primeiro momento, leia cada capítulo rapidamente para ter um apanhado geral do assunto. É provável que se sinta tentado a ir logo para o capítulo seguinte, mas não faça isso – a não ser que esteja lendo só para passar o tempo. Mas, se estiver lendo porque deseja melhorar suas habilidades interpessoais, releia cada capítulo do início ao fim. A longo prazo, isso o fará economizar tempo e colher resultados melhores.
3. Interrompa a leitura com frequência para refletir sobre o conteúdo. Pergunte a si mesmo como e quando é possível aplicar cada sugestão.
4. Leia com um lápis, uma caneta ou um marcador na mão. Quando encontrar uma sugestão que lhe pareça *útil*, faça um traço ao lado dela ou sublinhe todo o trecho. Esse tipo de marcação torna o livro bem mais interessante e facilita uma revisão rápida do conteúdo.
5. Conheci uma mulher que comandou, durante 15 anos, o escritório de uma grande seguradora. A cada mês, ela lia todos os contratos de seguro emitidos no mês anterior. Isso mesmo: ela relia os mesmos contratos, mês após mês, ano após ano. Por quê? A experiência lhe ensinara que aquela era a única forma de manter todos os detalhes bem vivos na sua mente.

   Passei quase dois anos escrevendo um livro sobre como falar em público e mesmo assim tive que recorrer a ele de tempos em tempos para lembrar o que havia escrito em meu próprio livro. A rapidez com que esquecemos é impressionante.

Por isso, se quiser obter um benefício real e duradouro deste livro, não pense que basta fazer uma única leitura superficial. Depois de lê-lo inteiro, você deve relê-lo por algumas horas, todos os meses. Coloque-o na sua mesa de trabalho, bem à sua frente, onde possa vê-lo todos os dias. Folheie com frequência. Procure descobrir as grandes possibilidades de desenvolvimento que permanecem intocadas. Lembre-se de que esses princípios só se tornarão hábitos se você mantiver uma campanha incansável de revisão e aplicação.

6. Certa vez, Bernard Shaw afirmou: "Se ensinar qualquer coisa a um homem, ele jamais aprenderá." Shaw tinha razão. O aprendizado é um processo ativo. Aprendemos ao fazer. Portanto, se você deseja dominar os princípios estudados neste livro, faça alguma coisa. Aplique as regras em todas as oportunidades que surgirem. Do contrário, você vai esquecê-las depressa. Sua mente só guarda o conhecimento que é empregado.

Provavelmente você achará difícil aplicar as sugestões deste livro o tempo todo. Sei disso porque o escrevi e, muitas vezes, tive dificuldade para pôr em prática tudo o que defendia. Por exemplo, quando você está contrariado, é bem mais fácil criticar e condenar do que tentar compreender o ponto de vista da outra pessoa. É mais fácil achar defeito do que elogiar. É mais natural falar sobre assuntos do seu interesse do que sobre assuntos do interesse da outra pessoa, e assim por diante.

Portanto, ao ler este livro, lembre-se de que você não está apenas tentando absorver informações, mas, sim, criar novos hábitos. Está tentando construir um novo estilo de vida. Isso demanda tempo, persistência e prática diária.

Por isso, consulte estas páginas com frequência. Encare o livro como se fosse um manual prático de relações humanas, e sempre que enfrentar um problema específico – como lidar com um filho, convencer seu cônjuge do seu ponto de vista ou satisfazer um cliente irritado – pense duas vezes antes de fazer o que lhe parece natural, de seguir o impulso. Essa costuma ser a solução errada. Em vez disso, folheie estas páginas e releia os parágrafos que você mesmo marcou. Em seguida, tente novos caminhos e veja a mágica acontecer.

7. Dê a seu cônjuge, seu filho ou algum colega de trabalho uma pequena quantia predeterminada toda vez que eles o pegarem violando algum princípio. Transforme isso num jogo que o ajude a dominar as regras.
8. Certa vez, conversando comigo antes do início da aula, o presidente de um grande banco de Wall Street descreveu um sistema extremamente eficiente que ele empregava para se desenvolver. Aquele homem tinha pouca educação formal, mas mesmo assim havia se tornado um dos mais importantes homens de negócios dos Estados Unidos. Ele confessou que devia a maior parte de seu sucesso à aplicação constante de um sistema caseiro que havia criado. Tentarei repetir as palavras dele da forma mais fiel que minha memória permitir:

   "Por muitos anos, mantive uma agenda com todos os compromissos do dia anotados. Minha família nunca planejava nada para mim sábado à noite, porque todos sabiam que eu dedicava parte desse tempo ao processo esclarecedor de autoexame, revisão, avaliação. Depois do jantar, eu me isolava, abria a agenda e pensava em todas as entrevistas, discussões e reuniões da semana. Perguntava a mim mesmo: 'Que erros cometi dessa vez?', 'O que fiz certo e de que forma posso aprimorar meu desempenho?', 'Que lições posso tirar dessa experiência?'".

   O homem disse que essa revisão semanal o deixava infeliz: "Com frequência, ficava atônito ao pensar nas minhas mancadas. Claro que, com o passar dos anos, as mancadas foram se tornando menos frequentes. Às vezes, eu sentia vontade de dar um tapinha nas minhas costas. Ano após ano, esse sistema de autoanálise, de autoeducação, fez mais por mim do que qualquer outra coisa que tentei. Ele me ajudou a desenvolver minha capacidade de tomar decisões e contribuiu enormemente em todos os meus relacionamentos interpessoais. Eu o recomendo com entusiasmo."

   Por que não utilizar um sistema semelhante para checar a aplicação dos princípios ensinados neste livro? Se você fizer isso, duas coisas acontecerão: primeiro, você se envolverá num processo educacional que é, ao mesmo tempo, fascinante e inestimável; segundo, você perceberá que sua capacidade de conhecer e lidar com as pessoas vai se desenvolver consideravelmente.

9. Use um caderno para registrar seus triunfos na aplicação dos princípios. Seja específico. Cite nomes, datas, resultados. Manter esses registros o inspirará a se esforçar mais. E pense em como será fascinante reler essas anotações daqui a alguns anos.

PARA TIRAR MÁXIMO PROVEITO DESTE LIVRO:

1. Desenvolva um desejo profundo e imperativo de dominar os princípios das relações humanas.
2. Leia cada capítulo duas vezes antes de passar para o seguinte.
3. Enquanto lê, pare com frequência para se perguntar como aplicar cada sugestão.
4. Sublinhe cada ideia importante.
5. Pegue no livro todo mês, folheando páginas ou lendo trechos.
6. Aplique esses princípios sempre que possível. Utilize este livro como um guia para ajudá-lo a resolver os problemas do dia a dia.
7. Transforme seu aprendizado em um jogo: dê uma pequena quantia predeterminada a uma pessoa de confiança toda vez que ela pegá-lo violando um princípio.
8. Cheque seu progresso toda semana. Pergunte a si mesmo que erros cometeu, onde progrediu, que lições aprendeu para o futuro.
9. Faça anotações num caderno, registrando como e quando você aplicou os princípios.

PARTE UM

Técnicas fundamentais para lidar com as pessoas

1

"Se você quer colher o mel, não chute a colmeia"

Em 7 de maio de 1931, a mais sensacional caçada humana até então testemunhada em Nova York chegava a seu clímax. Após semanas de busca, "Two Gun" Crowley – um assassino e pistoleiro que não fumava nem bebia – tinha sido localizado e estava encurralado no apartamento da namorada na West End Avenue.

O cerco a seu esconderijo no último andar do prédio teve a participação de 150 policiais e detetives. Eles abriram buracos no telhado. Tentaram expulsar Crowley, conhecido como o "Matador de Policiais", jogando gás lacrimogenio no apartamento. Em seguida, montaram as metralhadoras nos edifícios vizinhos e, durante mais de uma hora, uma das melhores áreas residenciais de Nova York foi tomada pelos estampidos das pistolas e o rá-tá-tá-tá das armas automáticas. Agachado atrás de uma poltrona estofada, Crowley atirava contra a polícia sem parar. A batalha foi assistida por 10 mil espectadores empolgados. A cidade de Nova York nunca tinha visto nada parecido.

Quando Crowley foi capturado, o comissário de polícia E. P. Mulrooney declarou que "Two Gun" era um dos criminosos mais perigosos da história de Nova York. "Ele mata sem hesitar", constatou o homem da lei.

Mas como "Two Gun" se enxergava? Nós temos a resposta para essa pergunta porque, enquanto a polícia atirava na direção do apartamento, ele escreveu uma carta "A quem possa interessar". E, enquanto escrevia, o sangue de suas feridas deixou uma mancha vermelha no papel. Na carta, Crowley dizia: "Sob o meu casaco bate um coração cansado, mas bondoso, um coração que nunca faria mal a ninguém."

Pouco tempo antes, Crowley estava aos beijos com a namorada numa estrada próxima de Long Island, quando, de repente, um policial se aproximou do carro e ordenou:

– Mostre sua carteira de motorista!

Sem dizer uma palavra, Crowley sacou sua arma e derrubou o policial com uma chuva de tiros. Com o homem já caído e em seus últimos suspiros, Crowley saltou do carro, pegou o revólver do policial e deu mais um tiro no corpo abatido. E foi esse o assassino que pouco tempo depois, ao se ver cercado, escreveria aquela carta.

Crowley foi condenado à cadeira elétrica. Quando chegou ao corredor da morte, no presídio de Sing Sing, ele não disse "Isso é o que eu ganho por matar pessoas". O que ele disse foi:

"Isso é o que eu ganho por me defender."

Moral da história: "Two Gun" Crowley não assumia nenhuma responsabilidade pelo que fazia. Você acha que essa é uma postura incomum entre os criminosos? Então leia esta frase: "Passei os melhores anos da minha vida proporcionando os maiores prazeres às pessoas, ajudando-as a se divertir, e tudo o que consegui foi ser insultado e perseguido."

Essa fala é de Al Capone. Sim, o mais famoso inimigo público dos Estados Unidos, o mais sinistro gângster da história de Chicago. Capone não se sentia culpado. Na verdade, se via como um benfeitor público incompreendido que não recebia o reconhecimento merecido.

O mesmo aconteceu com Dutch Schultz antes de ser morto a tiros por gângsteres em Newark. Dutch Schultz, um dos mais famosos bandidos de Nova York, afirmou em entrevista a um jornal que era um benfeitor público. E ele acreditava nisso.

Durante muitos anos, mantive interessante troca de correspondências sobre esse assunto com Lewis Lawes, diretor do presídio de Sing Sing, que me escreveu o seguinte: "Poucos criminosos que estão presos aqui se consideram homens maus. São tão humanos quanto eu e você. Eles racionalizam, explicam, contam por que tiveram que arrombar um cofre ou apertar o gatilho. A maioria usa um raciocínio falacioso ou lógico para justificar seus atos antissociais até para si mesmos, e, por isso, afirmam categoricamente que nunca deveriam ter sido presos."

Se Al Capone, "Two Gun" Crowley, Dutch Schultz e os presos desesperados que estão atrás das grades não se sentem culpados por nada, o que acontece com as pessoas com quem lidamos no dia a dia?

John Wanamaker, fundador de uma rede de lojas, confessou certa vez: "Trinta anos atrás, aprendi que dar bronca é bobagem. Já tenho muitos problemas para superar minhas próprias limitações sem me irritar com o fato de que Deus parece ter escolhido não distribuir igualmente o dom da inteligência."

Wanamaker aprendeu essa lição cedo. Quanto a mim, tive que passar um terço de século por este mundo cometendo erros até começar a compreender que em 99% das vezes as pessoas não assumem a responsabilidade por seus atos e não fazem autocríticas por motivo algum, mesmo que estejam completamente erradas.

E não adianta criticar, porque isso coloca a pessoa na defensiva e em geral faz com que ela tente se justificar. A crítica é perigosa porque fere o precioso orgulho do indivíduo, atinge seu senso de importância e desperta ressentimento.

B. F. Skinner, psicólogo mundialmente famoso, demonstrou por meio de experimentos que um animal recompensado pelo bom comportamento aprende bem mais rápido que um animal punido por mau comportamento. Estudos posteriores mostraram que o mesmo vale para seres humanos. Ao fazer críticas, não produzimos mudanças duradouras e, com frequência, provocamos ressentimento.

Hans Selye, outro grande psicólogo, disse que o "nosso desejo de aprovação é tão intenso quanto o medo da condenação". O ressentimento provocado pela crítica pode desmoralizar funcionários, familiares e amigos e, ainda assim, não corrigir a situação criticada.

George B. Johnson, de Enid, Oklahoma, é coordenador de segurança de uma empresa de engenharia. Uma de suas responsabilidades é garantir que os empregados usem capacete quando fizerem trabalho de campo. Ele relatou que, sempre que encontrava trabalhadores sem o capacete, mencionava a norma em tom autoritário e exigia que a cumprissem à risca. Os empregados obedeciam de má vontade e muitas vezes, assim que ele partia, tiravam o capacete.

Por isso, ele decidiu tentar uma abordagem diferente. Ao encontrar trabalhadores sem a proteção, passou a perguntar se os capacetes eram desconfortáveis ou se não tinham o tamanho adequado. Em seguida, num tom de voz gentil, lembrava aos funcionários que o capacete era projetado para prevenir acidentes e sugeria que o equipamento deveria ser sempre usado durante o trabalho. Como resultado, os funcionários passaram a cumprir a regra com mais frequência, sem ressentimentos.

Milhares de páginas da história mostram como fazer críticas é inútil. Veja, por exemplo, a famosa briga entre Theodore Roosevelt e o presidente William Howard Taft – um conflito que dividiu o Partido Republicano, pôs Woodrow Wilson na Casa Branca e deixou marcas antes e depois da Primeira Guerra Mundial, alterando o curso da história.

Examinemos os fatos rapidamente: quando deixou a presidência dos Estados Unidos em 1909, Theodore Roosevelt apoiou a candidatura de Taft, que se elegeu para a Casa Branca. Em seguida, Roosevelt fez uma viagem para a África. Ao voltar, perdeu as estribeiras. Criticou o conservadorismo extremo de Taft e tentou garantir para si a candidatura para um terceiro mandato como presidente, criando uma cisão no Partido Republicano. Depois da confusão, ambos foram derrotados nas eleições. Foi a derrota mais desastrosa que os republicanos haviam sofrido até então.

Theodore Roosevelt culpou Taft. Mas Taft assumiu a culpa? Claro que não. Com lágrimas nos olhos, disse: "Não vejo o que poderia ter feito de diferente."

Quem era o culpado? Roosevelt ou Taft? Sinceramente, não sei, mas a questão é que todas as críticas de Roosevelt não convenceram Taft de que ele estava errado. Serviram apenas para que Taft tentasse se justificar.

Vejamos o escândalo de Teapot Dome, envolvendo petrolíferas, que gerou manchetes indignadas nos jornais do início dos anos 1920 e sacudiu a nação inteira. Até então, não tinha havido nada parecido na vida pública dos Estados Unidos. Eis a essência dos fatos: Albert B. Fall, secretário do Interior do governo de Warren G. Harding, foi encarregado de cuidar do arrendamento das reservas de petróleo do governo em Elk Hill e Teapot Dome. Ambos os campos já haviam sido reservados para serem usados pela Marinha. Será que o secretário Fall autorizou a organização de uma licitação competitiva? Não, senhor. Ele entregou o vultoso contrato a seu amigo Edward L. Doheny. E o que fez Doheny? Ofereceu ao secretário Fall aquilo que descreveu como um "empréstimo" de 100 mil dólares. Como se fosse um déspota, Fall ordenou que os fuzileiros navais fossem ao distrito para retirar os concorrentes com postos de extração adjacentes, que estariam explorando petróleo das reservas de Elk Hill. Retirados das terras sob a mira de fuzis e baionetas, os concorrentes procuraram a justiça imediatamente – e deflagraram o escândalo de Teapot Dome. A podridão foi tão grande que arruinou o governo Harding, enojou uma nação inteira, quase destruiu o Partido Republicano e pôs Albert B. Fall atrás das grades.

Fall recebeu uma condenação pesada – punição que poucos homens da vida pública já haviam sofrido. Teria se arrependido? Nunca! Anos depois do ocorrido, Herbert Hoover, presidente americano entre 1929 e 1933, declarou num discurso que a morte do presidente Harding fora provocada pela ansiedade e as preocupações geradas pela traição de um amigo. Quando a esposa de Fall ouviu aquilo, saltou da cadeira, caiu no choro, sacudiu os punhos e berrou:

– O quê? Harding traído por Fall? De jeito nenhum! Meu marido nunca traiu ninguém. Nem todo o ouro do mundo levaria meu marido a fazer algo de errado. Ele é quem foi traído, aniquilado e crucificado.

■ ■ ■

Eis a natureza humana em ação: malfeitores culpando a todos, menos a si mesmos. Todos nós somos assim. Portanto, quando nos sentirmos tentados a criticar alguém, vamos nos lembrar de Al Capone, de "Two Gun" Crowley e de Albert Fall. Precisamos entender que as críticas são como um pombo-correio: sempre voltam para casa. Ou seja, aquela pessoa que corrigirmos e recriminarmos provavelmente se justificará e nos condenará também. Ou, como Taft, dirá: "Não vejo o que poderia ter feito de diferente."

Na manhã de 15 de abril de 1865, o então presidente dos Estados Unidos Abraham Lincoln agonizava num quarto do térreo de uma modesta hospedaria em frente do Teatro Ford, onde John Wilkes Booth o alvejara. O corpo longilíneo de Lincoln estava deitado em diagonal numa cama desconfortável, pequena demais para ele. Havia uma reprodução barata da famosa pintura de Rosa Bonheur, *A feira de cavalos*, pendurada na parede sobre a cama, e um bico de gás produzia uma vacilante luz amarelada.

Enquanto Lincoln agonizava, o secretário da Guerra Edwin Stanton declarou: "Aqui jaz o mais perfeito governante que o mundo já viu."

Qual era o segredo do sucesso de Lincoln em lidar com as pessoas? Estudei a vida de Abraham Lincoln durante 10 anos e devotei três anos a escrever e reescrever um livro intitulado *Lincoln, esse desconhecido*. Acredito que produzi um estudo tão detalhado e minucioso da personalidade de Lincoln e de sua vida doméstica quanto seria possível. Estudei, em especial, o método que usava para lidar com as pessoas. Ele fazia críticas? Ah, sim. Quando jovem, em Pigeon Creek Valley, Indiana, ele não apenas criticava, como também escrevia cartas e poemas ridicularizando pessoas e jogava as páginas nas estradas rurais, onde certamente seriam encontradas. Uma delas despertou ressentimentos que duraram toda uma vida.

Mesmo depois que se tornou advogado em Springfield, Illinois, Lincoln continuou atacando opositores abertamente por meio de cartas publicadas nos jornais. Mas certa vez acabou exagerando.

No outono de 1842, ele ridicularizou um político vaidoso e belicoso chamado James Shields. Lincoln debochou dele por meio de uma carta anônima publicada pelo *Journal*, periódico de Springfield. A cidade inteira morreu de rir. Sensível e orgulhoso, Shields ficou indignado. Descobriu a autoria da carta, montou no cavalo, foi atrás de Lincoln e o desafiou para um duelo. Lincoln não queria brigar. Era contrário aos duelos, mas não tinha como escapar e ao mesmo tempo manter sua honra. Coube a ele escolher a arma. Como tinha braços compridos, optou pelas longas espadas da cavalaria e teve lições de esgrima com um graduado por West Point. No dia marcado, ele e Shields se encontraram num terreno arenoso à margem do rio Mississippi, preparados para lutar até a morte. No último minuto, porém, seus padrinhos interferiram e suspenderam o duelo.

Esse foi o incidente mais sinistro da vida de Lincoln. Ensinou a ele uma lição valiosa na arte de lidar com as pessoas. Ele nunca mais escreveu uma carta ofensiva. E nunca mais ridicularizou ninguém. Daquele dia em diante, raramente fez qualquer crítica a alguém.

Durante a Guerra Civil, por diversas vezes Lincoln trocou de general para comandar o Exército do Potomac, e todos fracassaram de forma trágica. Lincoln andava de um lado para outro, desesperado. Metade da nação estava tomada pela raiva e condenava a incompetência dos generais, mas Lincoln, "sem ser maldoso com ninguém e sendo bondoso com todos", se manteve em paz. Uma das suas citações preferidas era: "Não julgueis se não quiserdes ser julgado."

Quando a Sra. Lincoln e os outros falavam mal dos sulistas, Lincoln respondia: "Não os critique. Eles são exatamente como seríamos em circunstâncias semelhantes."

No entanto, se houve um homem com direito a fazer críticas, esse homem foi Lincoln. Vejamos somente um exemplo:

A batalha de Gettysburg foi travada nos três primeiros dias de julho de 1863. Durante a noite de 4 de julho, o general Robert E. Lee começou a bater em retirada para o sul, enquanto tempestades inundavam a região. Quando Lee alcançou o Potomac com seu exército derrotado, encontrou um rio caudaloso, intransponível, e atrás dele estavam as tropas vitoriosas da União. Lee estava encurralado. Não conseguiria escapar. Aquela era uma oportunidade de ouro, um presente divino – a oportunidade de capturar o exército de Lee e acabar com a guerra de uma vez por todas. Assim, esperançoso, Lincoln ordenou que o então general Meade atacasse Lee assim que possível, sem antes convocar um conselho de guerra. Enviou a ordem por telegrama e também mandou um mensageiro especial até Meade, exigindo ação imediata.

E o que fez o general Meade? O exato oposto do que lhe foi ordenado. Convocou um conselho de guerra, violando diretamente as ordens de Lincoln. Hesitou. Procrastinou. Enviou um telegrama dando todo tipo de desculpa, mas recusou-se a atacar Lee. Por fim, o volume das águas diminuiu e Lee conseguiu cruzar o Potomac com as tropas.

Lincoln ficou furioso.

"O que isso significa?", perguntou ao filho Robert, gritando. "Meu Deus! O que isso significa? Eles estavam a nosso alcance; só precisávamos estender as mãos, e seriam nossos. No entanto, nada do que eu disse fez nosso exército se movimentar. Naquela situação, qualquer general poderia ter derrotado Lee. Se tivesse ido até lá, eu mesmo teria lhe dado uma surra."

Decepcionado, Lincoln escreveu uma carta para Meade. E lembre-se: em 1863, Lincoln era extremamente conservador e contido em suas palavras. Assim, vinda de Lincoln, a carta a seguir continha suas mais severas censuras.

Caro general,

Creio que não tenha compreendido a extensão do infortúnio relacionado à fuga de Lee. Ele se encontrava a nosso alcance e, se tivéssemos apertado o cerco, somando-se a isso nossos recentes sucessos, teríamos encerrado a guerra. Agora, porém, a guerra se prolongará indefinidamente. Se o senhor não teve condições de atacar Lee na última segunda-feira, como poderá fazê-lo ao sul do rio, para onde pode levar poucos soldados, não mais que dois terços das forças que se encontravam a seu dispor? Não seria razoável ter essa expectativa, e não creio que tenha condições de realizar tanto. Sua grande oportunidade passou, e estou imensamente perturbado por conta disso.

O que você acha que Meade fez ao ler a carta?

Nada. Meade nunca a viu. Lincoln jamais a enviou. Ela foi encontrada entre seus papéis, depois de sua morte.

Meu palpite é – e isso é apenas um palpite – que, depois de escrever, Lincoln olhou pela janela e disse a si mesmo: "Um minuto. Talvez eu não deva ser tão precipitado. É muito fácil ficar sentado aqui, na tranquilidade da Casa Branca, e ordenar que Meade ataque. Mas se eu estivesse em Gettysburg e tivesse visto todo o sangue que Meade viu na última semana, e se tivesse ouvido todos os gritos e gemidos dos feridos e dos moribundos, talvez também não estivesse tão ansioso para executar o ataque. Se eu tivesse o temperamento tímido de Meade, talvez fizesse o mesmo que ele. De qualquer modo, águas passadas não movem moinhos. Se enviar essa carta, posso me sentir aliviado por revelar meus sentimentos, mas ela levará Meade a tentar se justificar. Ela o levará a me condenar. Vai gerar ressentimentos, torná-lo inútil como comandante e talvez obrigá-lo a deixar o Exército."

Lincoln guardou a carta pois aprendera, por meio de experiências amargas, que críticas duras e reprovações quase nunca geram algo de útil.

Theodore Roosevelt dizia que, quando estava na presidência e enfrentava um problema espinhoso, costumava se recostar na cadeira, observar uma grande pintura de Lincoln pendurada na parede sobre sua escrivaninha na Casa Branca e se perguntar: "O que Lincoln faria no meu lugar? Como resolveria o problema?"

Da próxima vez que nos sentirmos tentados a repreender alguém, vamos nos perguntar: "Como Lincoln resolveria esse problema?"

Às vezes, o escritor Mark Twain perdia a cabeça e escrevia cartas que faziam o próprio papel sentir vergonha. Certa vez, escreveu para um homem que havia despertado sua ira: "O que o senhor merece é uma licença de sepultamento. Basta falar comigo e eu a providenciarei." Em outra ocasião, escreveu para um editor sobre um revisor que queria "consertar sua ortografia e pontuação", ordenando: "De agora em diante, resolva o assunto de acordo com a minha versão e certifique-se de que o revisor manterá as sugestões na massa amorfa do seu cérebro deteriorado."

Mark Twain se sentia melhor ao escrever cartas tão agressivas. Eram sua forma de desabafar, e o fato é que elas não provocavam nenhum dano real, pois sua esposa secretamente as tirava do correio. Ou seja, elas nunca eram enviadas.

Existe alguma pessoa que você gostaria de mudar, controlar e aperfeiçoar? Que bom! Sou totalmente a favor. Mas por que não começar por si mesmo? Sendo bem egoísta, ajudar a si mesmo é muito mais proveitoso do que tentar melhorar os outros – e menos perigoso também. Como disse Confúcio: "Não se queixe da neve no telhado do vizinho quando a soleira de sua porta não está limpa."

Certa vez, quando eu era jovem e me esforçava para impressionar as pessoas, escrevi uma carta idiota para Richard Harding Davis, escritor que havia ocupado lugar de destaque na literatura dos Estados Unidos. Eu estava preparando uma matéria de revista sobre escritores e pedi que Davis me descrevesse seu método de trabalho. Semanas antes, havia recebido uma carta de uma outra pessoa com a seguinte anotação no rodapé: "Ditada, mas não lida." Fiquei impressionado. Imaginei que o autor devia ser um figurão muito ocupado e importante. Eu não estava nem um pouco ocupado, mas ansioso por impressionar Davis, por isso também encerrei minha breve carta com as palavras: "Ditada, mas não lida."

Harding nunca se deu ao trabalho de responder. Simplesmente me devolveu a carta com a seguinte frase no pé da página. "Sua falta de educação só é superada por sua falta de educação." Verdade, eu tinha dado uma mancada e talvez merecesse a bronca. Mas, como sou um ser humano, fiquei ressentido. Tão ressentido que, quando li sobre a morte dele dez anos depois, o único pensamento que persistia na minha mente – admito, envergonhado – era a mágoa que ele me causara.

Para provocar um ressentimento que perdure décadas e resista até a morte, basta fazer algumas críticas mordazes, por mais que estejamos convencidos de que elas são justas.

Ao lidar com pessoas, devemos lembrar que não estamos tratando com criaturas lógicas, mas com seres emotivos, suscetíveis a preconceitos e motivados pelo orgulho e pela vaidade.

Críticas ferozes fizeram com que o sensível Thomas Hardy, um dos melhores romancistas da literatura inglesa, desistisse para sempre de escrever ficção. A crítica levou Thomas Chatterton, poeta inglês, ao suicídio.

Quando jovem, Benjamin Franklin não era uma pessoa famosa pelo tato, mas, quando adulto, tornou-se tão diplomático, tão habilidoso nos relacionamentos interpessoais, que foi designado embaixador americano na França. O segredo de seu sucesso? "Não falarei mal de ninguém e falarei tudo de bom que souber de todo mundo", disse ele.

Qualquer tolo pode criticar, condenar e reclamar – e a maioria dos tolos assim o faz. Mas é preciso ter caráter e autocontrole para compreender e perdoar.

"Um grande homem demonstra sua grandeza pela forma como trata os pequenos", disse o filósofo escocês Thomas Carlyle.

Bob Hoover, famoso piloto de testes e profissional bastante solicitado para participar de shows de acrobacia aérea, voltava para sua casa em Los Angeles depois de uma apresentação em San Diego. Conforme descrito na revista *Flight Operations*, a 90 metros de altitude os dois motores pararam de funcionar de repente. Graças a manobras habilidosas, ele conseguiu aterrissar a aeronave, que sofreu graves danos, embora ninguém tenha se ferido.

A primeira coisa que Hoover fez depois do pouso de emergência foi inspecionar o combustível. Como suspeitava, o avião a hélice da Segunda Guerra Mundial tinha sido abastecido com combustível para jatos, e não com gasolina.

Quando voltou ao aeroporto, Hoover pediu para falar com o mecânico que abastecera o avião. O jovem estava se sentindo péssimo por causa do erro que cometera, as lágrimas escorrendo pelo rosto enquanto Hoover se aproximava. Ele fora responsável pela destruição de uma nave muito cara e também poderia ter causado uma morte.

Dá para imaginar a fúria de Hoover. Era de esperar que, diante de tamanho descuido, palavras duras sairiam da boca daquele piloto orgulhoso e meticuloso. Mas Hoover não brigou com o mecânico, nem mesmo o criticou. Em vez disso, abraçou-o e disse: "Para provar que tenho certeza de que você nunca mais repetirá o erro, quero que abasteça meu F-51 amanhã."

Com frequência, os pais se sentem tentados a criticar os filhos. Talvez você espere que eu diga que não devem fazer isso. Mas não direi.

Direi apenas que, *antes* de criticá-los, leia um clássico do jornalismo americano intitulado "Papai perdoa", texto originalmente publicado como editorial do periódico *People's Home Journal.* Ele aparece abaixo, com permissão do autor, em sua versão condensada e publicada na *Reader's Digest.*

"Papai esquece" é um texto que, criado a partir de sentimentos sinceros, toca tão fundo a sensibilidade do leitor que é considerado um clássico eterno. Segundo W. Livingston Larned, seu autor, desde sua primeira aparição o texto foi reproduzido em "centenas de revistas, publicações internas de empresas e jornais de todo o país. Foi publicado em outros idiomas praticamente na mesma proporção. Milhares de pessoas fizeram a leitura dele na escola, na igreja ou em palestras. Já foi transmitido pelo rádio em incontáveis programas e ocasiões. Por incrível que pareça, também já foi publicado em periódicos universitários e em revistas de instituições de ensino médio. Às vezes, um pequeno texto mobiliza as pessoas de uma forma misteriosa. Foi o que aconteceu com este".

PAPAI PERDOA

W. Livingston Larned

Escute, meu filho: estou falando enquanto você dorme, com sua mãozinha escondida debaixo do rosto, os cachinhos louros grudados na testa úmida. Entrei no seu quarto sozinho e sem fazer barulho. Minutos atrás, enquanto lia o jornal na biblioteca, fui tomado por uma sufocante onda de remorso. Sentindo-me culpado, vim até a cabeceira da sua cama.

Andei pensando em algumas coisas, meu filho: fiquei zangado com você. Repreendi você enquanto se vestia para a escola porque mal enxugou o rosto com a toalha. Chamei sua atenção por não ter limpado os sapatos. Reclamei com raiva quando você jogou suas coisas no chão.

Também me irritei no café da manhã. Você derramou a bebida. Engoliu a comida. Pôs os cotovelos na mesa. Passou manteiga demais no pão. Foi lá fora brincar e, quando saí para o trabalho, você virou para mim, acenou e disse: "Tchau, papai!" Eu franzi a testa e respondi: "Endireite os ombros!"

De noitinha, tudo recomeçou. Quando cheguei perto de casa, vi você de joelhos no chão, jogando bolinhas de gude. As meias estavam furadas. Eu o humilhei diante dos seus amigos e o fiz voltar para casa. Meias são coisas caras, e você teria mais cuidado se tivesse de comprá-las com o próprio dinheiro! Meu filho, imagine isso vindo de um pai!

Você lembra quando, mais tarde, eu estava lendo na biblioteca e você entrou timidamente, com uma carinha triste? Irritado pela interrupção, ergui os olhos do jornal, e você hesitou à porta.

– O que você quer? – perguntei, resmungando.

Você não disse nada, apenas saiu correndo, abraçou meu pescoço e me beijou. Seus bracinhos me apertaram com uma afeição que Deus fez desabrochar em seu coração e que nem minha negligência foi capaz de fazer murchar. Em seguida, você saiu e subiu correndo a escada.

Pois bem, filho: pouco depois, o jornal escorregou das minhas mãos e um medo terrível, nauseante, tomou conta de mim. O que o hábito tem feito comigo? O hábito de encontrar defeitos, de repreender – era assim que eu vinha recompensando você por ser um menino. O problema não era falta de amor; era que eu esperava demais da infância. Eu o avaliava segundo os padrões da minha idade.

E havia muita coisa boa, bela e verdadeira em seu caráter. Seu coraçãozinho era tão lindo quanto o amanhecer entre as colinas. Percebi isso pelo seu gesto espontâneo de correr para me dar um beijo de boa-noite. Nada mais importa esta noite, filho. Eu vim até sua cabeceira na escuridão e me ajoelhei, envergonhado!

Meu gesto não passa de uma autopunição insignificante. Sei que você não compreenderia essas coisas se me ouvisse enquanto estivesse acordado. Mas amanhã serei um papai de verdade! Serei seu companheiro, sofrerei com seu sofrimento, rirei com seu riso. Vou me refrear quando quiser demonstrar impaciência. Repetirei sem parar, como num ritual: "Ele é apenas um menino... um menininho!"

Infelizmente, eu estava enxergando você como um homem. Porém, ao observá-lo neste momento, meu filho, encolhido e exausto em sua cama, vejo que ainda é um bebê. Ontem mesmo estava nos braços de sua mãe com a cabeça apoiada no ombro dela. Eu exigi demais de você, demais.

Em vez de condenar as pessoas, vamos tentar compreendê-las. Vamos tentar descobrir o que as leva a fazer o que fazem. Essa atitude é bem mais útil e interessante do que as críticas, além de cultivar a compaixão, a tolerância e a bondade. Saber tudo é perdoar tudo.

Como dizia o escritor Samuel Johnson: "Nem o próprio Deus se propõe a julgar um homem até o fim de seus dias."

Então por que eu e você deveríamos julgar?

PRINCÍPIO 1

Não critique, não condene, não reclame.

2

O grande segredo para lidar com pessoas

JÁ PAROU PARA PENSAR QUE SÓ EXISTE uma forma de conseguir que alguém faça alguma coisa? Isso mesmo, apenas uma: convencendo o outro a querer fazer. Não existe outro modo.

Claro que é possível obrigar alguém a entregar o relógio pressionando o cano de um revólver em suas costelas. É possível obter a cooperação dos funcionários com ameaças de demissão – mas só até o momento em que você dá as costas para eles. É possível forçar uma criança a fazer o que você deseja por meio de castigos. Mas métodos tão rudimentares têm consequências extremamente desagradáveis.

A única forma de conseguir que alguém faça algo é dar à pessoa o que ela quer.

O que você quer?

Sigmund Freud dizia que tudo o que fazemos é provocado por duas causas: o impulso sexual e o desejo de ser grande.

John Dewey, um dos maiores filósofos dos Estados Unidos, usou palavras um pouco diferentes. Disse que a mais profunda necessidade da natureza humana é "o desejo de ser importante". Lembre-se destas palavras: "o desejo de ser importante". Elas são significativas. Você lerá muito sobre elas neste livro.

O que você quer? Não me refiro a uma lista longa, mas às pouquíssimas coisas que deseja de verdade, que anseia com uma insistência inegável. Eis uma lista das coisas que a maioria das pessoas deseja:

1. Saúde e vida longa
2. Alimento
3. Sono
4. Dinheiro e bens materiais
5. Um futuro promissor
6. Satisfação sexual
7. O bem-estar dos filhos
8. Sensação de importância

Quase todos esses desejos costumam ser satisfeitos, exceto um. Esse desejo – quase tão profundo e imperioso quanto o alimento ou o sono – raramente é satisfeito. É o que Freud chama de "o desejo de ser grande". É o que Dewey chama de "o desejo de ser importante".

Certa vez, Abraham Lincoln começou uma carta dizendo: "Todos gostam de um elogio." William James disse: "O mais profundo princípio da natureza humana é a ânsia de obter reconhecimento." Veja bem: ele não falou "desejo", "vontade" ou "aspiração". Usou a palavra "ânsia", que designa um tipo insaciável de fome humana, e os raros indivíduos que satisfazem essa carência de maneira honesta têm todas as pessoas na palma da mão, e "até o coveiro lamentará sua morte".

O desejo de se sentir importante é uma das principais características que distinguem os homens dos animais. Para ilustrar: quando eu era um garoto da roça no Missouri, meu pai criava porcos da raça Duroc-Jersey e gados com pedigree. Exibíamos nossos animais nas feiras e exposições de rebanhos por todo o Meio-Oeste. Vencemos dezenas de vezes. Meu pai prendia as fitas azuis da premiação numa peça de musselina branca e, quando alguém aparecia lá em casa, ele buscava a musselina. Segurava uma ponta, e eu, a outra, enquanto exibia as fitas azuis.

Os porcos não ligavam para as fitas azuis que conquistavam, mas meu pai ligava. Os prêmios davam a ele um sentimento de importância.

Se nossos ancestrais não tivessem esse desejo intenso de se sentir importantes, não haveria civilização. Sem ele, seríamos como os animais.

Foi esse desejo de se sentir importante que levou um atendente de armazém pobre e iletrado a estudar livros de direito que encontrou no fundo de um barril de coisas descartadas que havia comprado por 50 centavos. Já falei dele aqui. Seu nome era Lincoln.

Foi o desejo de se sentir importante que inspirou Dickens a escrever seus romances imortais. Esse desejo inspirou sir Christopher Wren a talhar suas obras-primas em pedra. Esse desejo levou Rockefeller a juntar milhões que nunca gastou! E esse desejo fez seu vizinho rico construir uma casa grande demais para as necessidades da família.

Esse desejo faz você querer vestir roupas da moda, dirigir os carros que acabaram de ser lançados e falar sobre seus filhos brilhantes.

Esse desejo faz muitos jovens quererem entrar para gangues e participar de atividades criminosas. Segundo E. P. Mulrooney, ex-comissário de polícia de Nova York, o jovem criminoso padrão tem um ego imenso e, quando é preso, costuma pedir exemplares de jornais sensacionalistas que lhe dão destaque na primeira página. A desagradável perspectiva de cumprir uma sentença parece remota, desde que ele possa se gabar de ter sua imagem no mesmo espaço onde costuma haver fotos de políticos e de astros do esporte, do cinema e da TV.

Diz-me como te sentes importante, e te direi quem és. Isso determina seu caráter. É o que há de mais significativo a respeito de sua pessoa. Por exemplo, John D. Rockefeller satisfez esse sentimento de importância ao doar dinheiro para a construção de um hospital moderno em Beijing, China, para cuidar de milhões de pobres que nunca havia visto nem nunca veria na vida. O gângster John Dillinger, por outro lado, satisfazia seu desejo de importância sendo bandido, assaltante de bancos e assassino. Enquanto os agentes do FBI o perseguiam, ele invadiu uma fazenda em Minnesota e, orgulhoso de ser o Inimigo Público Número Um, exclamou: "Eu sou Dillinger! Não vou ferir vocês. Só queria dizer que eu sou Dillinger!"

Sim, a diferença fundamental entre Dillinger e Rockefeller é o modo como satisfaziam seu desejo de importância.

A história está repleta de exemplos divertidos de pessoas famosas lutando para se sentir importantes. George Washington queria ser chamado de "O poderoso presidente dos Estados Unidos"; Cristóvão Colombo solicitou o título de "Almirante do Oceano e Vice-Rei da Índia"; a rainha Catarina, a Grande, recusava-se a abrir cartas que não se referissem a ela como "Sua Majestade Imperial"; e, na Casa Branca, a Sra. Lincoln partiu como uma tigresa para cima de uma convidada, gritando: "Como ousa sentar-se em minha presença sem minha permissão?"

Nossos milionários ajudaram a financiar a expedição do almirante Byrd à Antártida, em 1928, na expectativa de que os maciços de montanhas geladas receberiam seus nomes. Victor Hugo aspirava a nada menos do que ver a cidade de Paris recebendo seu próprio nome, para homenageá-lo. Até Shakespeare, o maior entre os maiores, tentou adicionar valor ao seu nome encomendando um brasão para sua família.

Existem pessoas que utilizam a própria enfermidade para conquistar simpatia e atenção e se sentir importantes. Veja o exemplo da Sra. McKinley. Ela se sentia importante obrigando o marido, o presidente dos Estados Unidos William McKinley, a deixar de lado assuntos delicados de Estado para ficar a seu lado na cama, às vezes durante horas, abraçando-a, acalmando-a até dormir. Alimentava o intenso desejo de atenção insistindo em que ele estivesse a seu lado enquanto ela tratava os dentes. Um dia, fez um verdadeiro escândalo quando ele precisou deixá-la sozinha no dentista para não perder um compromisso com John Hay, seu secretário de Estado.

Certa vez, a escritora Mary Roberts Rinehart me contou a história de uma jovem inteligente e saudável que adoeceu para se sentir importante:

"Um dia, a mulher se viu obrigada a encarar alguma coisa, talvez sua idade. Ela viu que teria anos solitários pela frente e não tinha muito o que esperar da vida. Então ficou de cama. Durante dez anos, sua mãe idosa subiu e desceu as escadas até o terceiro andar carregando bandejas, cuidando dela. Numa manhã qualquer, a pobre mãe, exausta de tanto trabalhar, foi para a cama dormir e morreu. A filha definhou durante algumas semanas. Mas, em certo momento, levantou-se da cama, vestiu as roupas e voltou a viver."

Algumas autoridades no assunto dizem que as pessoas podem até enlouquecer para encontrar, no mundo da loucura, o sentimento de importância negado na dura realidade do mundo. Nos Estados Unidos, existem mais pacientes sofrendo de doenças mentais do que de todas as outras doenças somadas.

Qual é a causa da loucura?

Ninguém é capaz de responder a uma pergunta tão ampla, mas sabemos que certas doenças, como a sífilis, atacam e destroem o cérebro, causando a loucura. Na verdade, cerca de metade de todas as doenças mentais pode ser atribuída a causas físicas, como lesões cerebrais, alcoolismo, toxinas e ferimentos. Mas a parte mais chocante da história é que a outra metade das pessoas que enlouquecem aparentemente não tem problema algum no cérebro. Em exames *post mortem*, quando os tecidos cerebrais são estudados com microscópios poderosos, o cérebro parece tão saudável quanto o de qualquer pessoa.

Por que as pessoas enlouquecem?

Fiz a pergunta ao médico responsável por um de nossos mais importantes hospitais psiquiátricos. Esse médico, que já recebeu as maiores honrarias e os prêmios mais cobiçados por seu conhecimento sobre o assunto, me respondeu com franqueza que não sabia por que tanta gente enlouquece. Ninguém sabe ao certo. Mas disse que muitas dessas pessoas descobrem na insanidade um sentimento de importância que foram incapazes de conquistar na vida real. Em seguida, contou a seguinte história:

"No momento, estou cuidando de uma paciente que teve um casamento trágico. Ela queria amor, satisfação sexual, filhos e prestígio social, mas a vida destruiu todas as suas esperanças. O marido não a amava. Recusava-se até a comer com ela e a obrigou a lhe servir as refeições no quarto, no andar de cima. Ela não tinha filhos nem posição social. Enlouqueceu e começou a imaginar que se divorciou e voltou a ter o nome de solteira. Agora acredita que se casou com um aristocrata inglês e insiste em ser chamada de lady Smith. Quanto aos filhos, imagina que tem um bebê a cada noite. Toda vez que eu a visito, ela diz: 'Doutor, tive um filho na noite passada.'"

A vida naufragou os navios de seus sonhos nos recifes pontiagudos da realidade, mas todas as suas embarcações chegam ao porto nas ilhas ensolaradas da insanidade com as velas cheias.

Trágico? Não sei. O médico me disse: "Se eu pudesse simplesmente estender a mão e restaurar a sanidade dela, não o faria. Ela está mais feliz assim."

Se algumas pessoas precisam tanto do sentimento de importância a ponto de enlouquecerem, imagine o bem que podemos fazer ao dar a elas um reconhecimento honesto.

Charles Schwab foi um dos primeiros executivos dos Estados Unidos a receber um salário anual de mais de um milhão de dólares (quando ainda não havia imposto de renda e quem recebia 50 dólares por semana era considerado bem pago). Com apenas 38 anos, foi escolhido por Andrew Carnegie para se tornar o primeiro presidente da recém-criada siderúrgica United States Steel Company em 1921. (Mais tarde, Schwab deixaria a US Steel para assumir a problemática Bethlehem Steel Company, que, depois de reestruturada por ele, se tornaria a mais lucrativa empresa do país.)

Por que Andrew Carnegie pagava um milhão de dólares por ano, ou mais de 3 mil dólares por dia, para Charles Schwab? Porque Schwab era um gênio? Não. Porque tinha mais conhecimentos técnicos sobre siderurgia do que qualquer outra pessoa? Que nada! O próprio Charles Schwab me contou que comandava muitos homens que entendiam bem mais do assunto do que ele.

Schwab diz que recebia um salário tão alto sobretudo por sua competência interpessoal. Perguntei como fazia isso, e a seguir reproduzo a resposta, em suas próprias palavras. Palavras que deveriam estar gravadas em bronze e penduradas em todos os lares e escolas, em cada loja e escritório do país; palavras que as crianças deveriam memorizar em vez de perder tempo com decoreba na escola; palavras capazes de transformar qualquer vida se forem levadas à risca:

"Considero minha capacidade de despertar entusiasmo o maior dom que possuo, e a maneira mais eficiente de desenvolver o que existe de melhor numa pessoa é o reconhecimento e o encorajamento. Nada é mais eficaz para aniquilar as ambições de uma pessoa do que críticas de seus superiores. Assim, nunca critico ninguém. Acredito em dar incentivos para o trabalho. Portanto, fico ansioso para elogiar, mas odeio achar defeitos. Se gosto de alguma coisa, *sou caloroso ao demonstrar reconhecimento* e pródigo nos elogios."

É o que Schwab fazia. Mas o que as pessoas costumam fazer? Exatamente o oposto. Quando não gostam de algo, berram com os subordinados. Quando gostam, não falam nada. Como diz um antigo par de versos: "O mal fiz uma vez e para sempre fui lembrado/O bem fiz duas vezes e dele nunca foi falado."

"Ao longo da vida, conheci uma grande variedade de pessoas, algumas delas importantes, em diversas partes do mundo", declarou Schwab. "Ainda não conheci um indivíduo, mesmo entre os mais famosos e donos de cargos importantes, que não trabalhe melhor ou não se esforce mais ao ser elogiado do que ao ser criticado."

Schwab contou que essa também era uma das principais razões para o sucesso fenomenal de Andrew Carnegie. Carnegie elogiava seus funcionários tanto em público quanto em particular. Quis elogiar seus assistentes até na própria lápide. Escreveu um epitáfio para si mesmo que dizia: "Aqui jaz alguém que sabia conviver com homens mais inteligentes do que ele."

O reconhecimento sincero era um dos segredos do sucesso do empresário John D. Rockefeller no trato pessoal. Por exemplo, quando um de seus sócios, Edward T. Belford, perdeu um milhão de dólares da empresa ao fazer um mau negócio na América do Sul, John D. poderia ter feito críticas, mas sabia que Bedford havia feito o melhor que podia, e o caso foi encerrado. Rockefeller ainda encontrou algo para elogiar: parabenizou Bedford por ter resgatado 60% do dinheiro investido.

"Nem sempre conseguimos ter tanto sucesso!", disse ele ao sócio.

Conheço uma anedota que ilustra muito bem a importância do reconhecimento. Por isso, vou reproduzi-la aqui. Ao final de um dia duro de trabalho, uma lavradora colocou um monte de feno diante de seus colegas do sexo masculino. Eles ficaram indignados e perguntaram se ela havia enlouquecido. A mulher respondeu: "Ora, como eu poderia saber que vocês iriam reparar? Faz vinte anos que cozinho para vocês, e durante todo esse tempo nunca abriram a boca para dizer que não estavam comendo feno."

Há alguns anos foi conduzido um estudo sobre mulheres que abandonam o lar. Adivinhe qual foi considerado o principal motivo para partirem: "falta de reconhecimento". Ficamos tão habituados à presença da outra pessoa que deixamos de dizer o quanto ela é importante.

Certa vez, durante uma aula, um de meus alunos falou sobre um pedido de sua esposa. Ela e um grupo de mulheres da igreja tinham ingressado num programa de autoaperfeiçoamento. A mulher pediu ao marido que listasse seis coisas que ela poderia fazer para se tornar uma esposa melhor. Ele relatou à turma:

"Fiquei surpreso com o pedido. Sinceramente, teria sido fácil listar seis coisas que gostaria de mudar nela. Mas ela, por sua vez, poderia ter listado mil que gostaria de mudar em mim. Enfim, não fiz a lista. Apenas falei: 'Vou pensar no assunto, e amanhã de manhã dou uma resposta.'"

Ele fez uma pequena pausa, sorriu e continuou a história:

"Na manhã seguinte, acordei bem cedo, liguei para o florista e pedi que enviasse seis rosas vermelhas para minha mulher com um bilhete que dizia: 'Não consigo pensar em seis coisas que gostaria de mudar em você.

Eu te amo exatamente como você é.' Quando cheguei em casa naquela noite, quem me recebeu na porta? Isso mesmo. Minha mulher! Estava quase chorando. Nem preciso dizer que fiquei extremamente feliz por não ter feito as críticas que ela havia solicitado."

Por fim, ele concluiu:

"Depois que ela entregou o resultado da tarefa no domingo seguinte, na igreja, diversas mulheres do grupo de estudo vieram a mim e me disseram: 'Foi o gesto mais atencioso que vi em toda a minha vida.' Foi quando eu percebi o poder do reconhecimento."

Florenz Ziegfeld, o mais espetacular produtor teatral da Broadway, conquistou sua reputação pela habilidade sutil de "glorificar a garota americana". Por inúmeras vezes, pegou pessoas comuns, sem nenhuma beleza especial, e as transformou em visões glamorosas de mistério e sedução no palco. Por saber o valor do reconhecimento e da confiança, ele fazia as mulheres se sentirem belas usando o simples poder da cortesia e da consideração. Era um homem prático: aumentou o salário das coristas, inicialmente de 30 dólares por semana, para até 175 dólares. Também era delicado: nas noites de estreia nos teatros de revista, enviava telegramas às estrelas do elenco e cobria todas as coristas do espetáculo com rosas.

Certa vez, sucumbi ao modismo do jejum e passei seis dias e seis noites sem comer. Não foi difícil. Sentia menos fome ao final do sexto dia do que no segundo dia. No entanto, sei bem que as pessoas considerariam um crime deixar a família ou os empregados sem ter o que comer durante seis dias. Ao mesmo tempo, elas são capazes de deixá-los seis dias, seis semanas e às vezes 60 anos sem lhes dar um reconhecimento caloroso, que é quase tão desejado quanto o alimento.

Quando Alfred Lunt, um dos grandes atores de sua época, interpretou o papel principal em *Reunião em Viena*, ele declarou: "Não há nada de que eu necessite tanto quanto alimentar minha autoestima."

Alimentamos o corpo de nossos filhos, amigos e funcionários, mas com que frequência alimentamos a autoestima dessas pessoas? Fornecemos comida para dar energia, mas deixamos de oferecer palavras gentis de reconhecimento que permaneceriam na lembrança das pessoas por muitos anos.

Em um de seus programas de rádio da série "O resto da história", Paul Harvey contou como uma demonstração sincera de reconhecimento pode transformar a vida de uma pessoa. Segundo seu relato, certo dia uma professora de Detroit pediu a Stevie Morris que a ajudasse a encontrar um camundongo perdido na sala de aula. Veja bem, ela valorizava o fato de a natureza ter presenteado Stevie com algo que ninguém mais tinha naquela turma – um notável par de ouvidos para compensar seus olhos cegos. Mas aquela havia sido a primeira vez que alguém valorizava aqueles ouvidos talentosos. Muitos anos depois, ele disse que aquele ato de reconhecimento foi o início de uma nova vida, pois dali em diante ele desenvolveu o dom da audição e se aprimorou até se tornar um dos maiores cantores e compositores pop dos anos 1970 com o nome artístico de Stevie Wonder.

Alguns devem pensar: "Ah, que bobagem! *Isso é bajulação!* Esse tipo de coisa não funciona com pessoas inteligentes."

Claro que a bajulação raramente funciona com pessoas com alta capacidade de discernimento. Ela é rasa, egoísta e falsa. Está fadada ao fracasso, e com frequência é o que acontece. Claro que existem pessoas tão famintas, tão sedentas por reconhecimento que vão engolir qualquer coisa, assim como um homem faminto seria capaz de comer grama e minhocas.

Até a rainha Vitória era suscetível às bajulações. Certa vez, o primeiro-ministro britânico Benjamin Disraeli confessou que não economizava elogios ao lidar com a rainha. Suas palavras exatas foram: "Eu exagerava nos elogios."

Mas Disraeli era um dos homens mais refinados, habilidosos e elegantes que já governaram o vasto Império Britânico. Em sua área de atuação, era um gênio. O que funcionava para ele não necessariamente funcionaria para outros. A longo prazo, a bajulação causa mais danos do que benefícios. É uma falsificação, e, assim como o dinheiro falso, acaba causando problemas quando passada adiante.

A diferença entre reconhecer e bajular é simples. Uma atitude é sincera; a outra, não. Uma vem do coração, a outra é da boca para fora. Uma é generosa, a outra é egoísta. Uma é universalmente admirada, a outra é universalmente condenada.

Há pouco tempo, vi o busto de um herói mexicano, o general Álvaro Obregón, no Castelo de Chapultepec, na Cidade do México. No pedestal, estavam gravadas sábias palavras da filosofia do general Obregón: "Não tenha medo dos inimigos que o atacam. Tenha medo dos amigos que o bajulam."

O que sugiro é bem diferente de bajulação: é *um novo estilo de vida.*

O rei Jorge V do Reino Unido tinha uma série de seis máximas nas paredes de seu escritório no Palácio de Buckingham. Uma delas dizia: "Ensine-me a não oferecer nem receber elogios baratos." A bajulação não passa disto: elogios baratos. Certa vez, li uma definição que merece ser registrada: "A bajulação é dizer ao outro exatamente o que ele pensa de si mesmo." O poeta e filósofo Ralph Waldo Emerson escreveu: "Empregue a linguagem que quiser, mas você só conseguirá dizer o que você é."

Se a bajulação resolvesse tudo, todos aprenderíamos o truque e seríamos especialistas em relações humanas.

Quando não estamos enfrentando algum problema, costumamos passar 95% do tempo pensando em nós mesmos. Mas, quando paramos de pensar em nós mesmos e começamos a pensar nos pontos fortes dos outros, não precisamos recorrer à bajulação falsa e barata.

Saber valorizar o outro é uma das virtudes mais negligenciadas hoje em dia. Deixamos de elogiar os filhos quando tiram boas notas na escola e deixamos de encorajá-los quando assam um bolo ou conseguem montar um quebra-cabeça sozinhos pela primeira vez. Nada alegra mais uma criança que esse tipo de interesse e aprovação dos pais.

Da próxima vez que gostar do filé-mignon do restaurante, mande um recado para o chef dizendo que o prato estava excelente, e, quando um vendedor cansado tratá-lo com uma gentileza fora do comum, não deixe de mencionar.

Todo pastor, palestrante, orador sabe como é desanimador entregar-se para uma plateia e não receber um único comentário elogioso de volta. O que se aplica aos profissionais vale em dobro para os trabalhadores em escritórios, lojas e fábricas, para nossa família e nossos amigos. Nos relacionamentos interpessoais, nunca devemos esquecer que todos aqueles que nos cercam são seres humanos que anseiam pelo reconhecimento.

Aonde quer que você vá, tente deixar um rastro amigável de pequenas centelhas de gratidão. Você se surpreenderá ao vê-las formar pequenas chamas de amizade que crescerão e se transformarão em faróis para iluminar seu caminho da próxima vez que percorrê-lo.

Uma das responsabilidades do cargo de Pamela Dunham, de New Fairfield, Connecticut, era supervisionar o trabalho de um faxineiro que vinha cumprindo muito mal suas tarefas. Os outros funcionários zombavam dele e sujavam os corredores para implicar. Era uma situação horrível, e muito tempo produtivo estava sendo desperdiçado.

Pam tentou motivar o faxineiro das mais diversas formas, sem sucesso, mas reparou que ele às vezes fazia muito bem o serviço. Assim, fez questão de começar a elogiá-lo diante dos outros. Com isso, ele foi melhorando a cada dia, e em pouco tempo começou a fazer o trabalho com eficiência. Atualmente, faz um excelente trabalho e é valorizado e reconhecido pelas pessoas. O reconhecimento sincero gerou resultados positivos numa situação em que as críticas e a zombaria haviam fracassado.

Magoar as pessoas não provoca mudanças nelas e nunca é necessário. Certa vez, li um velho ditado e resolvi recortá-lo e colá-lo no espelho de casa para ler todos os dias. Diz o seguinte: "Passarei por este caminho apenas uma vez. Por isso, se existe qualquer bem ou qualquer gesto de bondade que eu possa fazer em benefício de qualquer ser humano, que eu faça agora. Que eu não adie ou deixe de lado, pois não passarei aqui novamente."

Ralph Waldo Emerson disse: "Todo homem que encontro é superior a mim de algum modo. E, nesse particular, aprendo com ele."

Se isso valia para Emerson, provavelmente é mil vezes mais verdadeiro para nós, certo? Vamos parar de pensar em nossas realizações, nossos desejos, e tentar descobrir os pontos fortes da outra pessoa. Esqueça a bajulação. Ofereça um reconhecimento honesto e verdadeiro. Seja "caloroso ao demonstrar reconhecimento e pródigo nos elogios", e as pessoas prezarão e guardarão suas palavras, repetindo-as pela vida inteira – mesmo anos depois de você ter se esquecido delas.

PRINCÍPIO 2

Faça elogios honestos e sinceros.

3

"Quem consegue isso tem o mundo inteiro a seu lado; quem não consegue trilha um caminho solitário"

NO VERÃO, COSTUMO PESCAR no estado do Maine. Pessoalmente, adoro morangos com creme, mas os peixes preferem minhocas.

Assim, quando saio para pescar, não penso no que eu quero, mas no que eles querem, por isso não coloco morangos com creme no anzol. Balanço uma minhoca ou um gafanhoto na frente do peixe e pergunto: "Quer dar uma mordidinha?"

Por que não aplicar o mesmo bom senso da pescaria ao lidar com as pessoas?

Foi o que fez Lloyd George, primeiro-ministro da Grã-Bretanha durante a Primeira Guerra Mundial. Quando perguntavam como ele se mantinha no poder depois que outros líderes do período – Woodrow Wilson, Vittorio Emanuele Orlando e Georges Clemenceau – haviam sido esquecidos, Lloyd George respondia que, se pudesse atribuir sua permanência no topo a uma única razão, seria ao fato de ter aprendido que era necessário lançar a isca adequada ao peixe.

Por que falar sobre nossos desejos? É bobagem. Claro que você sempre quer falar dos seus desejos. O problema é que ninguém mais quer. As outras pessoas são iguais a você: estão interessadas no que elas próprias desejam.

Portanto, a única forma de influenciar as pessoas é falar sobre o que *elas* querem e mostrar como alcançar o que desejam.

Lembre-se disso quando quiser convencer alguém a fazer alguma coisa. Por exemplo, se não quer que os filhos fumem, não faça sermões, não diga que é o que você quer. Em vez disso, mostre que o cigarro pode atrapalhá-los caso queiram entrar para a equipe de basquete ou de atletismo.

Isso vale para crianças, bezerros ou chimpanzés. Veja este exemplo: certo dia, Ralph Waldo Emerson e seu filho tentaram obrigar um bezerro a entrar no curral, mas cometeram o erro de pensar apenas no que queriam: Emerson empurrava, o filho puxava. O problema era que o bezerro fez o mesmo: pensou apenas no que queria. Assim, firmou as pernas e, teimoso, se recusou a deixar o pasto. A empregada deles viu a situação. Não era capaz de escrever ensaios nem livros, mas, pelo menos nessa ocasião, mostrou que entendia de bezerros muito mais que Emerson. Pensou no que o animal queria. Então, num gesto maternal, colocou um dedo na boca do bichinho para que ele sugasse enquanto o conduzia delicadamente até o curral.

Cada ato que você realizou desde o dia em que nasceu aconteceu porque você queria alguma coisa. E quando você fez uma grande doação? Pois é, não foi uma exceção à regra. Você doou porque queria ajudar, queria fazer um ato belo, generoso, divino. "O que vocês fizeram a algum dos meus menores irmãos, a mim o fizeram."

Se você tivesse mais apreço ao dinheiro do que a essa sensação, não teria feito a doação. Claro, você pode ter doado por vergonha de recusar ou a pedido de um cliente. Mas uma coisa é certa: você agiu assim porque queria algo.

Harry A. Overstreet disse em seu esclarecedor livro *Influencing Human Behavior* (Influenciando o comportamento humano): "A ação parte daquilo que fundamentalmente desejamos [...] e o melhor conselho que se pode dar a quem precisa persuadir alguém no trabalho, em casa, na escola ou na política é o seguinte: primeiro, desperte no outro um desejo ardente. Quem consegue isso tem o mundo inteiro a seu lado; quem não consegue trilha um caminho solitário."

Andrew Carnegie, um pobre garoto escocês que começou a trabalhar ganhando dois centavos por hora e acabou doando 365 milhões de dólares, aprendeu desde cedo que a única forma de influenciar as pessoas era falar sobre o que elas desejavam. Ele frequentou a escola por apenas quatro anos, no entanto, aprendeu como ninguém a lidar com gente.

Para ilustrar: a cunhada dele andava preocupada com os dois filhos. Ambos estudavam em Yale e estavam tão ocupados com a própria vida que não escreviam nem se importavam com as cartas ansiosas enviadas pela mãe.

Sabendo disso, Andrew Carnegie apostou que conseguiria fazer os dois lhe escreverem uma resposta sem sequer pedir. Escreveu para os sobrinhos uma carta cheia de conversa-fiada, mencionando no rodapé, como quem não queria nada, que junto com a carta havia uma nota de cinco dólares para cada um.

Entretanto, não enviou o dinheiro.

Pouco tempo depois, chegaram respostas pelo correio agradecendo ao "querido tio Andrew" por sua gentil mensagem e... você pode concluir por si mesmo o que veio a seguir.

Outro exemplo de persuasão é o de Stan Novak, de Cleveland, Ohio, aluno do nosso curso. Stan voltou para casa uma noite e encontrou Tim, seu caçula, gritando e esperneando na sala de estar. Ia começar o jardim de infância no dia seguinte e estava reclamando porque não queria ir. A reação normal de Stan seria mandar o menino para o quarto de castigo e dizer a ele que era melhor mudar de ideia. Mas, naquela noite, percebendo que isso não deixaria Tim animado para começar a frequentar a escola, Stan se sentou e começou a pensar: "Se eu fosse Tim, por que ficaria animado com a ideia de ir para o jardim de infância?" Ele e a esposa fizeram uma lista de todas as coisas divertidas que o garoto faria – pintar com as mãos, cantar e fazer novos amigos. Em seguida, partiram para a ação.

"Eu, minha mulher e meu outro filho começamos a fazer pintura com as mãos na mesa da cozinha, nos divertindo muito. Pouco tempo depois, Tim já estava nos espiando. Em seguida, se aproximou e pediu para participar. Eu respondi: 'Ah, não! Primeiro você precisa ir para o jardim de infância para aprender a pintar com as mãos.' Em seguida, com todo o entusiasmo, repassei a lista que eu e minha mulher tínhamos feito, mas de uma forma que ele pudesse entender, explicando que ele se divertiria muito no jardim de infância."

Stan fez uma pausa, como que rememorando a situação.

"Na manhã seguinte, achei que tinha sido o primeiro a acordar, mas, quando fui para a sala, encontrei Tim na poltrona, dormindo profundamente. 'O que está fazendo aqui?', perguntei ao acordá-lo, e ele respondeu: 'Estou esperando para ir para o jardim. Não quero atrasar.' O entusiasmo da família tinha despertado em Tim um desejo que nunca teríamos conseguido provocar com discussões ou ameaças."

Talvez você queira persuadir alguém a fazer algo. Antes de falar, porém, pare e pergunte a si mesmo: "Como posso estimular essa pessoa a querer fazer isso?" Ao nos fazermos essa pergunta, evitamos nos precipitar e ficar tagarelando inutilmente sobre o que queremos.

Certa vez, aluguei o salão de baile de um hotel de Nova York por 20 noites em cada estação, para realizar uma série de palestras. No início de uma dessas temporadas, alguém do hotel me informou que o aluguel seria quase o triplo do valor inicialmente acordado. Recebi a notícia depois que os ingressos tinham sido vendidos.

Claro que eu não queria pagar o novo valor, mas de que adiantaria falar sobre a minha vontade com a direção do hotel? Eles só estavam interessados no que queriam. Por isso, dias depois, fiz uma visita ao gerente.

"Fiquei um pouco chocado ao receber sua carta, mas não o recrimino de forma alguma", falei. "Se estivesse na sua posição, provavelmente teria escrito uma carta parecida. Seu dever como gerente do hotel é torná-lo o mais lucrativo possível. Se não fizer isso, poderá e deverá ser demitido. Mas agora vamos pegar uma folha de papel e escrever as vantagens e desvantagens desse aumento de valor."

Peguei uma folha de papel timbrado e fiz uma linha vertical no meio. De um lado escrevi "Vantagens", e, do outro, "Desvantagens".

Na coluna das "Vantagens", escrevi as seguintes palavras: "Salão livre". Em seguida, expliquei a ele que uma vantagem seria ter o salão desocupado, pronto para ser alugado para festas e convenções. "É uma grande vantagem, porque esse tipo de evento paga bem mais do que uma série de palestras. Se eu comprometo 20 noites do seu salão durante essa estação, com certeza isso significa a perda de negócios bem lucrativos."

Em seguida, considerei as desvantagens: "Em primeiro lugar, em vez de aumentar a receita que vai obter de mim, você vai reduzi-la. Na verdade, vai zerá-la, porque não posso pagar o valor que está pedindo. Serei obrigado a realizar as palestras em outro lugar. Tem outra desvantagem para o senhor. Essas palestras atraem um grande número de pessoas instruídas e cultas para seu hotel. É uma boa forma de publicidade, não é? Na verdade, se gastasse 5 mil dólares em anúncios nos jornais, o senhor não seria capaz de trazer tanta gente para o hotel quanto eu trarei com as palestras. Isso tem um grande valor, não acha?"

Enquanto falava, escrevi as duas "desvantagens" e entreguei a folha de papel ao gerente pedindo que ele refletisse sobre as vantagens e desvantagens e depois me enviasse sua decisão final.

No dia seguinte, recebi uma carta me informando que o aluguel sofreria um reajuste de 50%, em vez de 200%.

Veja bem, eu consegui essa redução sem dizer uma palavra sobre o que desejava. Falei o tempo inteiro sobre o que *ele* queria e como conseguir o que desejava. Imagine que eu tivesse feito o que é mais humano e natural – entrar furioso no escritório do gerente e dizer: "Como pode aumentar o aluguel em 200% sabendo que os ingressos já foram impressos e distribuídos e que todos os anúncios já foram feitos? Sério, 200%? Isso é ridículo! Absurdo! Não vou pagar!"

O que teria acontecido? Eu e ele começaríamos a discutir, e o bate-boca esquentaria, pegaria fogo... e você sabe como essas coisas terminam. Mesmo que eu o convencesse de que estava errado, ele estaria com o orgulho ferido, e isso dificultaria que ele recuasse e cedesse.

Eis um dos melhores conselhos já dados sobre a delicada arte dos relacionamentos humanos: "Se existe um segredo para o sucesso, ele consiste na capacidade de entender o ponto de vista do outro e enxergar não só com seus olhos, mas também com os olhos dele", disse Henry Ford.

Isso é tão bom que dá vontade de repetir: "*Se existe um segredo para o sucesso, ele consiste na capacidade de entender o ponto de vista do outro e enxergar não só com seus olhos, mas também com os olhos dele.*"

É tão simples, tão óbvio, que qualquer um deveria enxergar a veracidade desse conselho imediatamente. Porém, a verdade é que 90% das pessoas no planeta ignoram esse fato 90% do tempo.

Quer um exemplo? Observe as cartas que chegarem à sua mesa de trabalho amanhã de manhã. Você perceberá que a maioria viola os princípios mais básicos do bom senso. Veja também a carta a seguir, escrita pelo gerente do Departamento de Rádio de uma agência de publicidade com escritórios em todo o continente. Essa carta foi enviada aos gerentes de estações de rádio locais de todo o país. (Coloquei entre colchetes minhas reações a cada parágrafo.)

Sr. John ____
____, Indiana

Prezado Sr. ____

A empresa ____ deseja manter sua posição de liderança entre as agências que atuam no segmento da publicidade radiofônica.

[Quem se importa com os desejos de sua empresa? Eu estou preocupado com meus próprios problemas. O banco está ameaçando executar a hipoteca da minha casa, os parasitas estão destruindo o jardim, a Bolsa despencou ontem. Perdi o trem das 8h15 hoje de manhã, não fui convidado para a festa dos Jones ontem à noite, o médico me contou que tenho pressão alta, neurite e caspa. E aí o que acontece? Chego preocupado no escritório, abro a correspondência e encontro um sujeitinho da cidade grande com uma conversa mole sobre o que a empresa dele deseja. Se ele soubesse como uma carta dessas pega mal, deixaria o ramo da publicidade e começaria a fabricar vermicida.]

As contas de alcance nacional desta agência foram o verdadeiro sustentáculo da nossa rede. Os anúncios que vendemos nos mantêm no topo das agências ano após ano.

[Você é um figurão rico e está no topo, não é? E daí? Não dou a mínima se sua empresa é tão grande quanto a General Motors, a General Electric e as três Forças Armadas juntas. Se tivesse o juízo de um beija-flor, você perceberia que quero saber de mim mesmo, não de você. Todo esse papo sobre seu sucesso me faz sentir pequeno e sem importância.]

Desejamos oferecer aos nossos clientes a última palavra em informações sobre as emissoras de rádio.

[Isso é o que *você* quer! Só que eu não quero saber dos seus desejos, nem dos desejos do presidente dos Estados Unidos. Vou dizer de uma vez por todas: o que me interessa é o que eu quero, e você ainda não disse uma palavra sobre isso nesta carta absurda.]

Poderia, portanto, colocar a empresa ____ na sua lista preferencial de envio de informações semanais sobre a estação, com todos os detalhes que serão úteis para que a agência se programe de forma inteligente?

["Lista preferencial." Que cara de pau! Você me faz sentir insignificante com esse papo de que sua empresa é enorme e depois quer ser colocado numa lista "preferencial", e ainda por cima nem pede "por favor"!]

Uma pronta resposta a esta carta, dando conta de suas últimas ações, será útil aos nossos interesses mútuos.

[Seu idiota! Você me envia uma carta padronizada e enviada para todos os cantos e tem a audácia de pedir que eu me sente e dite uma carta pessoal acusando o recebimento de sua circular, quando estou preocupado com a hipoteca, as plantas e minha pressão arterial. E ainda me pede uma "pronta resposta". Como assim "pronta resposta"? Não sabe que sou tão ocupado quanto você? Pelo menos, é assim que prefiro pensar.

Aliás, quem lhe deu o direito de sair me dando ordens? Você terminou a carta falando dos "nossos interesses mútuos". Pelo menos no fim você começou a ver as coisas pela minha perspectiva. Mas não explicou como isso será vantajoso para mim.]

Atenciosamente,
Fulano de tal
Gerente do Departamento de Rádio

P.S.: Envio anexo um recorte do jornal da cidade que poderá interessá-lo. Talvez queira retransmiti-lo em sua estação.

[Finalmente, no P.S., você menciona algo que pode me ajudar a resolver um dos meus problemas. Por que não começou a carta com isso? Mas, também, de que adianta? Um publicitário que é capaz de me soterrar com tantas baboseiras deve ter algum problema. Você não precisa de uma carta listando nossas "últimas ações". O que precisa é de um frasco de iodo para estimular sua tireoide.]

■ ■ ■

Pois bem, se aqueles que dedicam a vida à publicidade e posam de especialistas na arte de influenciar pessoas a comprar escrevem uma carta dessas, o que esperar do açougueiro, do padeiro ou do mecânico?

Eis outra carta, esta escrita pelo superintendente de um grande terminal de carga para Edward Vermylen, aluno deste curso. Qual foi o efeito dela sobre o destinatário? Leia, e eu lhe direi.

A. Zerega's Sons, Ltda.
Rua Front, 28
Brooklyn, N.Y. 11201
Aos cuidados do Sr. Edward Vermylen

Senhores,

As operações em nossa estação de transbordo ferroviário estão prejudicadas, pois um alto percentual da carga é entregue no fim da tarde. Isso provoca congestionamento, horas extras de nossos funcionários, atraso dos caminhões e, em alguns casos, atraso também das entregas. Em 10 de novembro, recebemos de sua empresa um lote de 510 itens que chegou aqui às 16h20.

Solicitamos sua cooperação para superar os efeitos indesejáveis que ocorrem quando recebemos a carga tardiamente. Pedimos que, nos dias em que nos enviar um volume como o que recebemos na data anteriormente mencionada, os senhores se esforcem para que o caminhão de entrega chegue mais cedo ou que pelo menos parte da carga chegue aqui pela manhã.

Para os senhores, as vantagens desse arranjo são uma descarga mais pronta dos caminhões e a garantia de saber que suas mercadorias serão despachadas no mesmo dia em que forem recebidas.

Atenciosamente,
Fulano de Tal, superintendente

Depois de ler a carta, o Sr. Vermylen, gerente de vendas da A. Zerega's Sons, enviou-a para mim com o seguinte comentário:

> A carta surtiu o efeito contrário do pretendido. Ela começa descrevendo as dificuldades no terminal deles, o que não nos interessava. Eles solicitam nossa cooperação sem cogitar se causaria algum inconveniente e, por fim, só no último parágrafo mencionam que, se cooperarmos, conseguiremos uma descarga mais rápida de nossos caminhões e a garantia de que o frete será despachado no mesmo dia em que for recebido.
>
> Em outras palavras, aquilo que mais nos interessa é mencionado por último. No fim das contas, a carta gera um clima de oposição, não de cooperação.

Vamos tentar reescrever e melhorar essa carta. Não vamos perder tempo falando dos nossos problemas. Como prega Henry Ford, é preciso "entender o ponto de vista do outro e enxergar não só com seus olhos, mas também com os olhos dele".

Eis aqui uma forma de revisar a carta. Talvez não seja a ideal, mas veja se não acha melhor.

Prezado Sr. Vermylen,

Sua empresa tem sido um de nossos excelentes clientes há 14 anos. Claro que somos muito gratos por poder atendê-los, e estamos ansiosos para fornecer o serviço rápido e eficiente que vocês merecem. No entanto, infelizmente, não somos capazes de manter o mesmo padrão quando seus caminhões chegam com um grande carregamento no fim da tarde, como aconteceu em 10 de novembro. E por quê? Acontece que muitos dos nossos clientes também costumam fazer entregas a essa hora. Assim, ocorre um congestionamento. Isso significa que seus caminhões acabam detidos no cais e, às vezes, o transporte de sua mercadoria sofre atrasos.

É uma situação ruim, mas evitável. Se as entregas forem feitas pela manhã sempre que possível, os caminhões poderão se movimentar, sua carga receberá atenção imediata e nossos funcionários poderão ir para casa no início da noite saborear um delicioso jantar com um prato das massas que o senhor fabrica.

Seja qual for o horário de chegada de seus carregamentos, estaremos sempre felizes em fazer tudo que esteja ao nosso alcance para servi-lo prontamente.

Sabemos que o senhor é um homem ocupado. Por favor, não se dê ao trabalho de responder a esta mensagem.

Atenciosamente,
Fulano de Tal, superintendente

Barbara Anderson era bancária em Nova York e queria se mudar para Phoenix, Arizona, por uma questão de saúde de seu filho. Usando os princípios que tinha aprendido no curso, ela escreveu a seguinte carta para 12 bancos de Phoenix:

Prezado Senhor,

Minha experiência de dez anos no sistema bancário deve interessar a uma instituição que vem apresentando um crescimento tão rápido quanto a sua.

Ocupei diversas funções no Bankers Trust Company, de Nova York, antes de assumir meu posto atual como gerente de agência, o que me permitiu acumular muita experiência em todas as etapas do processo bancário, entre as quais relações com clientes, crédito e administração.

Vou me mudar para Phoenix no mês de maio e tenho certeza de que posso contribuir para o crescimento e o aumento do lucro de sua instituição. Estarei na cidade na semana do dia 3 de abril e adoraria ter a oportunidade de lhe mostrar como posso ajudar seu banco a alcançar suas metas.

Atenciosamente,
Barbara L. Anderson

Você acha que a Sra. Anderson recebeu alguma resposta a essa carta? Pois bem: ela foi convidada para uma entrevista por 11 dos 12 bancos e pôde escolher a melhor proposta de trabalho. Por quê? Porque, na carta, a Sra. Anderson não informava o que *ela* queria. Em vez disso, explicava como poderia ajudá-los, concentrando-se nas necessidades *deles*, e não nas dela própria.

Hoje em dia, milhares de vendedores cansados, desencorajados e mal remunerados lotam as calçadas das ruas. Por quê? Porque só pensam no que desejam. Eles não percebem que as pessoas não querem comprar nada. Se quisessem, sairiam para comprar. O fato é que as pessoas só estão interessadas em resolver os próprios problemas. Se os vendedores conseguissem mostrar como seus serviços ou mercadorias nos ajudarão a resolver nossos problemas, não precisariam vender nada. As pessoas comprariam. E os clientes gostam de sentir que estão comprando, e não que alguém está lhes vendendo algo.

Infelizmente, muitos vendedores passam a vida sem enxergar as coisas do ponto de vista do cliente. Por exemplo, morei por muitos anos em Forest Hills, bairro residencial de Nova York. Certo dia, quando corria para a estação de trem, encontrei um corretor de imóveis que comprava e vendia propriedades na região havia anos. Ele conhecia Forest Hills muito bem, por isso, na pressa, perguntei a ele se minha casa de estuque era feita com ripas metálicas ou telhas ocas. Ele respondeu que não sabia e disse algo que eu já sabia – que poderia descobrir com um telefonema à Associação de Casas e Jardins de Forest Hills. Na manhã seguinte, recebi uma carta dele. Ele havia descoberto a informação que eu queria? Não. Ele poderia ter obtido a resposta de que eu precisava com um telefonema de 60 segundos, mas, na carta, simplesmente repetiu que eu poderia obtê-la com um telefonema e aproveitou para perguntar se poderia cuidar do meu seguro residencial. Não estava interessado em me ajudar, apenas em *se* ajudar.

J. Howard Lucas, de Birmingham, Alabama, conta como dois vendedores da mesma empresa lidaram com situação semelhante. Ele relatou que, muitos anos atrás, era gerente de uma pequena empresa. Num edifício próximo havia a sucursal de uma grande seguradora. Seus corretores tinham áreas de atuação, e a empresa de Lucas estava nas mãos de dois deles, a quem chamou de Carl e John. Certa manhã, Carl apareceu no escritório dele e, como quem não queria nada, mencionou que sua empresa tinha acabado de lançar um novo seguro de vida para executivos e que achava que esse novo produto poderia lhe interessar mais tarde. Ficou de voltar quando tivesse mais informações.

Naquele mesmo dia o outro corretor, John, o viu na calçada enquanto voltava de um intervalo com os colegas e gritou: "Ei, Luke, espere aí! Tenho uma grande notícia para vocês." Saiu correndo e, empolgado, contou-lhes sobre o seguro de vida para executivos que sua empresa tinha lançado naquele mesmo dia. (O mesmo que Carl mencionara casualmente.) "John queria que nossas apólices fossem as primeiras a ser emitidas", explicou Lucas. O corretor citou alguns fatos importantes sobre a cobertura e terminou dizendo: "É um seguro tão novo que vou pedir para alguém da sede vir aqui amanhã dar explicações. Enquanto isso, vamos assinar e enviar os formulários, para que a pessoa que venha aqui tenha mais dados para trabalhar."

Como ressaltou Lucas, "o entusiasmo dele despertou em nós um desejo ardente pelo seguro, embora ainda não tivéssemos os detalhes. Um tempo depois, as informações confirmaram a primeira impressão de John sobre as apólices, e ele não só vendeu um seguro para cada um de nós, como depois dobrou nossa cobertura".

Lucas terminou a história dizendo: "Carl poderia ter vendido essas apólices para nós, mas não fez qualquer esforço para despertar nosso desejo."

O mundo está cheio de gente ambiciosa e egoísta. Por isso, o raro indivíduo que é altruísta e busca servir aos outros está em grande vantagem. A concorrência é pequena. Owen D. Young, advogado famoso e um dos grandes líderes empresariais nos Estados Unidos, disse uma vez: "Aqueles que conseguem se colocar no lugar dos outros, que conseguem compreender o funcionamento da mente alheia, não precisam se preocupar com o que o futuro lhes reserva."

Se a única lição que você tirar deste livro for aprender a pensar pela perspectiva da outra pessoa, essa capacidade, por si só, poderá ser uma das bases para a construção de sua carreira.

Enxergar o ponto de vista da outra pessoa e despertar nela um desejo ardente não deve ser encarado como manipulação para tirar proveito dela ou prejudicá-la. Todos os envolvidos devem ganhar com a negociação. Nas cartas para o Sr. Vermylen, tanto o remetente quanto o destinatário lucrariam com a implementação das medidas sugeridas. Tanto a Sra. Anderson quanto o banco que a contratou se beneficiaram da carta enviada, pois a instituição contratou uma funcionária valiosa, e ela conquistou um bom emprego. E no caso dos seguros que John vendeu para o Sr. Lucas, os dois ganharam com a transação.

Michael. E. Whidden, de Warwick, Rhode Island, vendedor da Shell Oil Company para a região, nos dá outro exemplo em que todos ganham a partir do princípio de despertar um desejo ardente. Michael queria se tornar o melhor vendedor de seu distrito, mas um posto de gasolina vinha dificultando sua vida. Era um estabelecimento administrado por um homem de idade que não tinha o menor interesse em manter as instalações limpas. O posto estava em condições tão precárias que as vendas caíam sem parar.

O gerente não dava ouvidos aos apelos de Michael para melhorar as condições do posto. Assim, depois de muitas tentativas de persuasão e muita insistência – sem efeito –, Michael decidiu convidar o gerente a visitar o mais novo posto Shell de sua região. O homem ficou tão impressionado com as instalações que, quando Michael o visitou novamente, o posto estava limpo e havia registrado um aumento nas vendas. Com isso, Michael alcançou o status de melhor vendedor do distrito. Todas as conversas e tentativas de convencimento tinham sido em vão, mas, ao apresentar o posto moderno e despertar no gerente um desejo ardente, o vendedor alcançou seu objetivo, e os dois se beneficiaram.

A maioria das pessoas vai para a faculdade e aprende a ler Virgílio e a dominar os mistérios do cálculo, mas jamais descobre como a própria mente funciona. Por exemplo, certa vez dei aulas de oratória eficiente para jovens recém-formados que estavam começando a trabalhar para a Carrier, a grande fabricante de aparelhos de ar condicionado. Um dos participantes queria persuadir os outros a jogar basquete no tempo livre. Para tentar convencê-los, disse o seguinte:

"Quero que venham jogar basquete. Eu gosto de jogar, mas nas últimas vezes em que fui à quadra não havia gente suficiente. Numa dessas noites, eu e mais duas pessoas estávamos batendo uma bola e... acabei com o olho roxo. Queria que todos aparecessem lá amanhã à noite. Quero jogar basquete."

Ele falou algo de interessante? Você não quer ir a uma quadra deserta, quer? Além disso, também não liga para o que o outro deseja, e certamente não quer arranjar um olho roxo.

Será que ele poderia demonstrar aos colegas como obter o que eles desejam indo ao ginásio? Com certeza. Mais energia. Mais apetite. Mente ativa. Diversão. Jogos. Basquete.

Repetindo o sábio conselho do professor Overstreet: *Primeiro, desperte no outro um desejo ardente. Quem consegue isso tem o mundo inteiro a seu lado; quem não consegue trilha um caminho solitário.*

Um dos alunos do curso de escrita estava preocupado com seu filho pequeno. A criança estava abaixo do peso para a idade e se recusava a comer direito. Os pais se valiam do método habitual para tentar fazê-lo comer. Brigavam e resmungavam. "Mamãe quer que você coma isso e aquilo." "Papai quer que você cresça e fique forte."

O menino se importava tanto com os pedidos quanto nós damos atenção a um grão de areia na praia.

Ninguém com o mínimo bom senso pode esperar que uma criança de 3 anos compreenda o ponto de vista de um adulto de 30 anos, mas era exatamente isso que o pai do menino esperava. Por fim, o pai percebeu e disse a si mesmo: "O que o meu filho quer? Como posso conciliar o que eu quero com o que ele quer?"

Foi fácil encontrar a resposta. O menino tinha um velocípede e adorava brincar na calçada de casa, no Brooklyn. A alguns metros dali morava um menino maior e brigão, que o derrubava do velocípede para passear nele. O menininho corria e chamava a mãe, que precisava sair de casa, tirar o valentão do velocípede e devolvê-lo ao filho. Isso acontecia quase todos os dias.

O que o menino queria? Não era preciso ser Sherlock Holmes para encontrar a resposta. Seu orgulho, sua raiva, seu desejo de se sentir importante – todas as suas emoções mais fortes – provocavam nele a vontade de se vingar, de dar um soco no nariz do vizinho valentão. Assim, quando seu pai explicou e prometeu que um dia ele seria capaz de confrontar o outro garoto se comesse as refeições preparadas pela mãe, a comida deixou de ser um problema. O menino teria comido qualquer coisa para ficar grande o bastante e enfrentar quem o humilhara tantas vezes.

Depois de resolver esse problema, os pais enfrentaram outro. O menino tinha o desagradável hábito de fazer xixi na cama. Ele dormia com a avó. De manhã, a senhora o acordava, passava a mão no lençol e dizia:

– Olha só, Johnny, você fez de novo.

E o menino respondia:

– Não fiz, não. Foi você.

Avisos, broncas, castigos, até palmadas – nada adiantava para manter a cama seca. Os pais se perguntavam: "Como fazer o menino parar de molhar a cama?"

Ora, o que ele desejava? Em primeiro lugar, ele queria um pijama igual ao do pai, em vez de um camisolão como o da vovó. Sabendo disso, a avó, que não aguentava mais a situação, se ofereceu para comprar um pijama igual, caso ele parasse de fazer xixi na cama. Em segundo lugar, ele queria ter uma cama só para ele. A avó não fez objeções.

A mãe o levou a uma loja de departamentos no Brooklyn, piscou para a vendedora e disse:

– Este jovem cavalheiro quer fazer algumas compras.

Para fazê-lo se sentir importante, a vendedora perguntou:

– Como posso ajudá-lo, meu jovem?

– Quero comprar uma cama – respondeu o menino, orgulhoso.

Quando mostraram ao menino a cama que sua mãe queria que ele escolhesse, ela piscou para a vendedora, que persuadiu o menino a comprá-la.

A cama foi entregue no dia seguinte. De noite, quando o pai chegou em casa, o menino correu até a porta, gritando:

– Papai! Papai! Vem aqui em cima ver a cama que eu comprei!

Ao olhar para a cama, o pai obedeceu aos princípios de Charles Schwab: foi "caloroso ao demonstrar reconhecimento e pródigo nos elogios".

– Não vai fazer xixi na cama, não é? – perguntou o pai.

– Ah, não! De jeito nenhum.

E o menino manteve a promessa, pois envolvia seu orgulho. Aquela era sua cama. Ele tinha comprado sozinho. E agora estava usando pijama, igual a um homenzinho. Ele queria agir como homem, e foi o que fez.

Outro pai, K. T. Dutschmann, engenheiro especializado em telefonia e aluno deste curso, não conseguia fazer a filha de 3 anos tomar o café da manhã. Os métodos de sempre – broncas, pedidos, persuasão – tinham fracassado. Os pais se perguntavam: "Como fazê-la querer se alimentar?"

A menina adorava imitar a mãe e se sentir adulta. Assim, certa manhã, deixaram que ela se sentasse numa cadeira e preparasse o próprio café da manhã. No momento certo, o pai apareceu na cozinha enquanto ela mexia o cereal. A garota exclamou: "Olha, papai, hoje estou fazendo o cereal!"

Ela comeu dois pratos cheios sem que ninguém insistisse – só porque queria. Havia conquistado a sensação de importância. Ao preparar o cereal, descobriu um meio de se expressar.

O advogado e político William Winter comentou certa vez que "a autoexpressão é uma necessidade dominante da natureza humana". Por que não conseguimos adaptar essa psicologia aos negócios? Quando tivermos uma ideia brilhante, em vez de fazer os outros pensarem que ela é nossa, por que não deixá-los entrar na cozinha e ajudar a prepará-la? Eles passarão a pensar que a ideia é deles, vão gostar dela e talvez comer dois pratos cheios.

Lembre-se: "Primeiro, desperte no outro um desejo ardente. Quem consegue isso tem o mundo inteiro a seu lado; quem não consegue trilha um caminho solitário."

PRINCÍPIO 3

Desperte no outro um desejo ardente.

EM RESUMO
TÉCNICAS FUNDAMENTAIS PARA LIDAR COM AS PESSOAS

PRINCÍPIO 1

Não critique, não condene, não reclame.

PRINCÍPIO 2

Faça elogios honestos e sinceros.

PRINCÍPIO 3

Desperte no outro um desejo ardente.

PARTE DOIS

Seis formas de fazer as pessoas gostarem de você

1

Faça isso e você será bem-vindo em qualquer lugar

POR QUE LER ESTE LIVRO PARA DESCOBRIR como fazer amigos? Por que não estudar a técnica do maior conquistador de amigos que o mundo já conheceu? Quem? Você pode encontrá-lo amanhã, andando na rua. Quando chegar a dois metros de distância, ele balançará a cauda. Se você parar e fizer carinho, ele vai pular em cima de você e demonstrar afeto. E você sabe que não há interesses ocultos: ele não quer lhe vender um imóvel nem se casar com você.

Já parou para pensar que o cachorro é o único animal que não precisa trabalhar para viver? A galinha tem que pôr ovos, a vaca dá leite e o canário canta. Mas tudo o que o cachorro faz é oferecer amor.

Quando eu tinha cinco anos, meu pai comprou um filhote de pelo castanho-claro para mim. Ele foi a luz e a alegria da minha infância. Todas as tardes, por volta das quatro e meia, ele se sentava na frente de casa e ficava imóvel, observando a estrada com seus lindos olhos. Assim que ouvia minha voz ou me via sacudindo a merendeira, ele partia como um raio, subindo esbaforido a colina para me receber com pulos de alegria e latidos de êxtase.

Durante cinco anos, Tippy foi meu companheiro de todas as horas. Até que, numa noite trágica que nunca esquecerei, foi atingido por um raio e morreu a dois metros de mim. A morte do meu cachorro foi a tragédia da minha infância.

Você nunca leu um livro de psicologia, Tippy. Não precisava. Sabia, por algum instinto divino, que conseguia fazer mais amigos em dois meses demonstrando interesse genuíno pelos outros do que em dois anos tentando fazer os outros se interessarem por você. Vou repetir. *É possível fazer mais amigos em dois meses, demonstrando interesse por eles, do que em dois anos, tentando fazer com que os outros se interessem por você.*

No entanto, nós sabemos que, na prática, as pessoas tropeçam pela vida afora tentando fazer com que os outros se interessem por elas. Claro que essa tática não funciona. Ninguém quer saber de você. Ninguém quer saber de mim. As pessoas só querem saber de si mesmas – de manhã, ao meio-dia e depois do jantar.

A Companhia Telefônica de Nova York elaborou um estudo detalhado de conversas telefônicas para descobrir a palavra mais usada. Você já sabe qual é: o pronome pessoal "eu", que foi usado 3.900 vezes em 500 ligações. Quando você vê uma foto de grupo, quem procura em primeiro lugar?

Se tentarmos apenas impressionar as pessoas e despertar o interesse delas por nós, nunca teremos muitos amigos sinceros. Não é assim que se conquista um amigo de verdade.

Napoleão tentou, e, em seu último encontro com a imperatriz, disse: "Josefina, fui mais afortunado que qualquer outro homem deste planeta. No entanto, neste momento, você é a única pessoa com quem posso contar."

E os historiadores têm suas dúvidas se Napoleão realmente podia contar com ela.

O famoso psicólogo austríaco Alfred Adler escreveu um livro chamado *What Life Should Mean to You* (O que a vida deve significar para você), no qual afirma: "O indivíduo que não se interessa pelo seu semelhante passa pelas maiores dificuldades na vida e causa os maiores males aos outros. É entre esses indivíduos que se verificam todos os fracassos humanos."

É possível ler dezenas de livros de psicologia sem encontrar uma afirmação tão importante quanto essa. O que Adler escreveu é tão rico em significado que vou repeti-lo em destaque:

> *O indivíduo que não se interessa pelo seu semelhante passa pelas maiores dificuldades na vida e causa os maiores males aos outros. É entre esses indivíduos que se verificam todos os fracassos humanos.*

Certa vez, fiz um curso de escrita de contos na Universidade de Nova York. Numa das aulas, o editor de uma importante revista se colocou diante da turma e disse que bastava ler alguns parágrafos das inúmeras histórias que apareciam sobre sua mesa diariamente para saber se o autor gostava ou não das pessoas. "Se o escritor não gosta das pessoas, as pessoas não vão gostar de suas histórias", afirmou.

Esse veterano interrompeu duas vezes a aula sobre escrita de ficção e pediu desculpas pelo sermão, enfatizando: "O que estou dizendo a vocês são as mesmas coisas que um pregador diria, mas lembrem-se: para ser um escritor bem-sucedido, é preciso se interessar pelas pessoas."

Se isso vale para quem escreve ficção, pode ter certeza de que também vale ao lidar com as pessoas cara a cara.

Passei uma noite no camarim de Howard Thurston da última vez que ele esteve na Broadway. Thurston era considerado o rei dos mágicos. Durante 40 anos, viajou pelo mundo sem parar, criando ilusões, encantando plateias, deixando as pessoas sem ar. Mais de 60 milhões de espectadores assistiram a seu espetáculo ao longo da carreira, o que lhe proporcionou um lucro de quase 2 milhões de dólares.

Pedi ao Sr. Thurston que me contasse o segredo de seu sucesso. Com certeza não tinha relação com seu grau de instrução, pois ele fugiu de casa ainda criança, virou sem-teto, viajou em vagões de carga, dormiu em pilhas de feno, mendigou comida de porta em porta e aprendeu a ler dentro dos vagões, olhando para os sinais à margem da ferrovia.

Teria ele um conhecimento superior de magia? Não, ele me contou que havia centenas de livros sobre ilusionismo e dezenas de pessoas sabiam tanto quanto ele sobre o assunto. Mas Thurston tinha duas coisas que os outros não tinham. Em primeiro lugar, a capacidade de projetar sua personalidade para além das luzes da ribalta. Ele era um *showman*. Conhecia a natureza humana. Tudo o que fazia – cada gesto, cada entonação de voz, cada sobrancelha erguida – era cuidadosamente ensaiado, e seus atos eram cronometrados com total precisão.

Em segundo lugar, Thurston tinha um interesse genuíno pelas pessoas. Ele me revelou que muitos mágicos olhavam para a plateia e diziam a si mesmos: "Aí está um bando de bobos, um bando de caipiras. Vou enganar todo mundo." O método de Thurston, porém, era totalmente diferente. Ele me contou que cada vez que subia no palco dizia a si mesmo: "Eu me sinto grato porque estas pessoas vieram me ver. Graças a elas consigo ganhar a vida fazendo o que gosto. Vou lhes proporcionar o melhor espetáculo possível."

Ele declarou que nunca pisava no palco sem primeiro repetir para si mesmo: "Eu amo meu público. Eu amo meu público." Ridículo? Absurdo? Você tem o direito de pensar o que quiser. Estou apenas reproduzindo, sem fazer comentários, uma receita utilizada por um dos mais famosos mágicos de todos os tempos.

George Dyke, de North Warren, Pensilvânia, foi obrigado a deixar seu posto de gasolina e oficina mecânica após 30 anos de trabalho quando construíram uma autoestrada que passava bem no terreno onde estava seu negócio. Não demorou muito para que os dias ociosos da aposentadoria o deixassem entediado; assim, ele começou a passar o tempo tentando tocar seu velho violino. Não demorou para que começasse a viajar pela região para ouvir música e conversar com violinistas talentosos da área. Com seu jeito humilde e amistoso, geralmente George se interessava em descobrir o passado e os interesses de cada músico que conhecia.

Embora não fosse um grande violinista, fez muitas amizades. Comparecia a festivais e logo se tornou conhecido entre os fãs de música country como "Tio George, o Arranhador de Cordas de Violino do Condado de Kinzua". Quando ouvimos Tio George, ele estava com 72 anos e aproveitava cada minuto de sua vida. Ao manter um interesse genuíno pelas outras pessoas, ele criou uma nova existência para si numa fase da vida em que a maioria das pessoas considera que sua capacidade produtiva já acabou.

Esse também era um dos segredos da espantosa popularidade de Theodore Roosevelt. Até os criados o amavam. Seu valete, James E. Amos, escreveu um livro sobre ele chamado *Theodore Roosevelt, Hero to His Valet* (Theodore Roosevelt, um herói para seu valete). Na obra, Amos relata um incidente esclarecedor:

> Certo dia, minha mulher perguntou ao presidente sobre um determinado tipo de perdiz. Ela nunca tinha visto aquele tipo específico, e Roosevelt descreveu o animal em detalhes. Tempos depois, tocou o telefone na nossa casa [Amos e a mulher moravam numa casinha na propriedade de Roosevelt em Oyster Bay.] Minha mulher atendeu, e era o Sr. Roosevelt do outro lado da linha. Ele havia telefonado para avisar que uma perdiz daquela raça estava perto da nossa janela e que, se ela olhasse para fora, veria a ave. Pequenas coisas como essa eram típicas dele. Sempre que passava por nossa casa, mesmo quando não estávamos à vista, ouvíamos ele chamar "Ooo, Anniiiie!" ou "Ooo, Jaaaames!". Era seu jeito de fazer uma saudação carinhosa quando passava por lá.

Como os empregados poderiam não gostar de alguém assim? Como qualquer pessoa seria capaz de não gostar dele?

Certo dia, Roosevelt apareceu na Casa Branca quando o presidente Taft e sua esposa não se encontravam. Ele demonstrou seu carinho sincero pelas pessoas humildes cumprimentando todos os antigos funcionários da Casa Branca pelo nome, até as copeiras. De acordo com o jornalista e militar Archie Butt:

"Quando viu Alice, uma das empregadas da cozinha, Roosevelt perguntou se ainda fazia broa de milho. Alice contou que ainda preparava a broa para os criados ocasionalmente, mas que ninguém a comia no andar de cima. 'Eles demonstram mau gosto, e direi isso ao presidente quando o vir', disse Roosevelt em voz alta. Alice lhe serviu uma broa num prato, e ele foi para o escritório comendo e cumprimentando jardineiros e outros funcionários enquanto passava [...]. Roosevelt se dirigiu a cada pessoa da mesma forma que costumava fazer no passado. Ike Hoover, porteiro-chefe da Casa Branca durante quarenta anos, tinha lágrimas nos olhos ao dizer: 'Este é o único dia feliz que tivemos em quase dois anos, e nenhum de nós trocaria esse momento por uma nota de 100 dólares.'"

A mesma preocupação por pessoas aparentemente sem importância ajudou o representante de vendas Edward M. Sykes, de Chatham, Nova Jersey, a manter uma conta. Eis o relato dele:

"Muitos anos atrás, eu fazia visitas a clientes para a Johnson e Johnson na região de Massachusetts. Uma das contas pertencia a uma farmácia em Hingham. Sempre que eu entrava na loja, conversava por alguns minutos com o funcionário que servia refrigerantes e com o balconista antes de falar com o dono e anotar o pedido. Certo dia, procurei o dono da loja e ele me mandou sair, pois não estava mais interessado em comprar produtos da J&J. Alegou que a empresa estava concentrando suas atividades em mercados e bazares, em detrimento das pequenas farmácias. Saí com o rabo entre as pernas e passei algumas horas dirigindo sem rumo pelas ruas da cidadezinha. Por fim, decidi voltar e tentar ao menos explicar a posição da empresa para o dono da loja."

Sykes contou que, ao chegar, cumprimentou o vendedor de refrigerantes e o balconista como sempre fazia. "Quando procurei o dono, ele sorriu, me recebeu bem e fez um pedido duas vezes maior que o normal. Fiquei surpreso e perguntei o que havia acontecido, pois minha visita anterior tinha sido poucas horas antes. Ele apontou para o vendedor de refrigerantes e disse que, depois que eu saí, o jovem entrou em sua sala e comentou que eu era um dos poucos vendedores que se davam ao trabalho de cumprimentar todo mundo. Disse ao dono da loja que, se havia algum vendedor que merecia suas vendas, essa pessoa era eu. O dono concordou e permaneceu sendo um cliente fiel. Nunca esqueci que o interesse genuíno nos outros é uma das mais importantes qualidades para um vendedor... Aliás, isso vale para qualquer pessoa."

Por experiência própria, descobri que, demonstrando um interesse genuíno, é possível conquistar a atenção, o tempo e a cooperação das pessoas mais requisitadas.

Anos atrás, dei aulas de escrita de ficção no Instituto do Brooklyn para Artes e Ciências. Queríamos que escritores famosos e ocupados como Kathleen Norris, Fannie Hurst, Ida Tarbell, Albert Payson Terhune e Rupert Hughes fossem até lá e nos brindassem com suas experiências. Por isso, escrevemos para eles dizendo que admirávamos suas obras e estávamos interessados em receber seus conselhos e aprender os segredos do sucesso.

Cada uma das cartas recebeu a assinatura de cerca de 150 alunos. Deixamos claro que compreendíamos que eles eram pessoas ocupadas demais para preparar uma aula. Assim, anexamos à carta uma lista de perguntas a serem respondidas sobre eles mesmos e sobre seus métodos de trabalho. Eles gostaram. Quem não gostaria? E assim, saíram de casa e foram até o Brooklyn para nos ajudar.

Utilizando o mesmo método, persuadi Leslie M. Shaw, secretário do Tesouro do governo Theodore Roosevelt; George W. Wickersham, procurador-geral do governo Taft; William Jennings Bryan; Franklin D. Roosevelt e muitos outros homens ilustres a conversar com meus alunos nos cursos de oratória.

Qualquer pessoa, seja ela trabalhadora em uma fábrica, atendente ou até um rei sentado em seu trono, gosta de ser admirada. Veja o exemplo do *Kaiser* alemão. Ao fim da Primeira Guerra Mundial, provavelmente ele era o homem mais desprezado e odiado do mundo. Até seu país se voltou contra ele depois que fugiu para a Holanda a fim de salvar seu pescoço. O ódio era tão forte que milhões de pessoas adorariam fazê-lo em pedaços ou queimá-lo na fogueira.

No meio de toda essa fúria incendiária, o *Kaiser* recebeu uma carta simples e sincera, escrita por um menino, transbordante de gentileza e admiração. O garotinho dizia não se importar com o que os outros pensavam: ele o amaria para sempre e o consideraria seu eterno imperador. O *Kaiser* ficou profundamente comovido pela carta e convidou o menino para visitá-lo. O menino foi na companhia da mãe – e, no fim, o *Kaiser* se casou com ela. Esse garotinho não precisava ler um livro sobre como fazer amigos e influenciar pessoas. Ele sabia fazer isso por instinto.

Se quisermos fazer amigos, devemos nos dispor a fazer coisas pelos outros – coisas que exigem tempo, energia, generosidade e cuidado. Quando o duque de Windsor era o príncipe de Gales, foi programada para ele uma viagem à América do Sul. Antes da viagem, ele passou meses estudando espanhol para fazer discursos no idioma do país visitado. E, por essa razão, os sul-americanos o amaram.

Durante anos, fiz questão de descobrir a data de aniversário dos meus amigos. Como? Embora não acredite na astrologia, comecei a perguntar se acreditavam que a data do nascimento tinha alguma relação com o caráter e o temperamento. Em seguida, perguntava à pessoa qual o mês e o dia do seu nascimento. Se ela respondesse 24 de novembro, por exemplo, eu ficava repetindo "24 de novembro, 24 de novembro". Assim que a pessoa me dava as costas, eu escrevia o nome e a data e depois anotava as informações num caderninho de aniversariantes. Assim, no início de cada ano eu marcava as datas dos aniversários num calendário, para que chamassem minha atenção automaticamente. Quando a data chegava, o aniversariante recebia uma carta ou um telegrama meu. Que sucesso eu fazia! Por muitas vezes fui a única pessoa a se lembrar.

Se queremos fazer amigos, devemos cumprimentar as pessoas com animação e entusiasmo. Quando alguém lhe telefonar, use esse método. Atenda com um "Alô" num tom de voz que transmita como está feliz com a ligação. Muitas empresas treinam suas telefonistas para atender com um tom de voz que irradie interesse e entusiasmo. Quem liga sente que a empresa se preocupa com ele. Vamos nos lembrar disso ao atender o telefone amanhã.

Demonstrar interesse genuíno pelos outros não só conquista amigos para você como também pode fazer com que a clientela desenvolva um sentimento de lealdade à sua empresa. Uma edição da revista do National

Bank of North America, em Nova York, publicou a seguinte carta, escrita pela correntista Madeline Rosedale:

> *Gostaria que soubessem o quanto aprecio sua equipe. Todos são muito amáveis, educados e prestativos. Depois de esperar numa longa fila, é um grande prazer encontrar um caixa que me cumprimenta de forma tão simpática.*
>
> *No ano passado, minha mãe ficou hospitalizada cinco meses. Durante esse tempo, procurei ser atendida pela caixa Marie Petrucello. Ela demonstrava interesse pelo estado de saúde da minha mãe e sempre perguntava pelos progressos que fazia.*

Alguém duvida que a Sra. Rosedale continuará sendo correntista desse banco?

Charles R. Walters, funcionário de um dos grandes bancos de Nova York, foi encarregado de preparar um relatório confidencial sobre determinada empresa. Ele conhecia apenas uma pessoa que sabia os fatos de que precisava com urgência. Enquanto o Sr. Walters era acompanhado até a sala do presidente, uma jovem apareceu à porta do escritório e disse ao presidente que não tinha selos para ele naquele dia.

"Estou colecionando selos para meu filho de 12 anos", contou o presidente ao Sr. Walters.

O Sr. Walters explicou sua missão e começou a fazer perguntas. O presidente deu respostas vagas, genéricas. Não queria falar e parecia que nada poderia persuadi-lo a mudar de ideia. A entrevista foi breve e entediante.

"Sinceramente, fiquei sem saber o que fazer", explicou o Sr. Walters ao relatar a história para a turma. "Mas então me lembrei do que a secretária dissera... selos, um filho de 12 anos... E lembrei que o Departamento de Exterior do banco coletava os selos retirados de cartas que vinham de todos os continentes."

Ele contou que, na tarde seguinte, procurou o presidente e pediu que avisassem que estava levando alguns selos para o filho dele.

"Fui recebido com entusiasmo? Sim, senhor. Ele não apertaria minha mão com mais entusiasmo nem se estivesse em campanha para o Congresso. Irradiava sorrisos e boa vontade. 'Meu George vai adorar este aqui', dizia ele sem parar enquanto examinava os selos. 'E olha este aqui! É um tesouro!'"

O Sr. Walters disse que passou meia hora falando de selos e olhando retratos do filho do presidente. "Em seguida", relatou, "ele devotou mais de uma hora de seu tempo a me transmitir todas as informações que eu queria saber, e eu nem sequer tinha tocado nesse assunto. Ele me contou tudo o que sabia, depois chamou seus subordinados e fez perguntas. Então telefonou para alguns de seus sócios. Ele me soterrou de fatos, números, relatórios e correspondências. No jargão dos jornalistas, consegui um furo."

Outro exemplo.

Durante muitos anos, C. M. Knaphle Jr., da Filadélfia, tentou vender combustível para uma grande rede de postos, mas a empresa continuava se abastecendo com um fornecedor de fora da cidade e, ainda por cima, o caminhão-pipa passava bem na porta do escritório de Knaphle. Certa noite, antes de uma das minhas aulas, ele soltou o verbo, despejando sua ira contra as grandes redes de lojas, dizendo que eram uma praga para o país.

E ele ainda tinha a coragem de se perguntar por que não conseguia vender para aquele cliente...

Seja como for, sugeri que ele mudasse a tática. Em resumo, o que aconteceu foi o seguinte: eu e os alunos decidimos marcar um dia para debater a respeito do crescimento das redes de lojas, discutindo se esse movimento era prejudicial ou benéfico ao país. Sugeri que Knaphle mudasse de lado e assumisse a defesa da rede de lojas.

Dias depois, ele foi procurar um dos executivos da empresa que tanto desprezava e disse: "Não estou aqui para tentar vender combustível. Venho pedir um favor." Então, falou sobre o debate que haveria em sala de aula e acrescentou: "Venho pedir ajuda, pois não consigo pensar em ninguém mais capaz de me fornecer os fatos necessários. Estou louco para vencer o debate, e agradecerei qualquer ajuda que puder me dar."

Eis o resto da história nas palavras do próprio Sr. Knaphle:

"Eu havia pedido que ele me concedesse apenas um minuto de seu tempo. Foi com essa condição que ele aceitou me receber. Quando expliquei o caso, ele me pediu que sentasse e falou comigo durante uma hora e 47 minutos. Chamou outro executivo que havia escrito um livro sobre redes de lojas. Escreveu para a Associação Nacional de Redes de Lojas e conseguiu para mim a cópia de um debate sobre o assunto. Ele acredita que as redes de lojas estão prestando um verdadeiro serviço para a humanidade. Sente orgulho do que está fazendo por centenas de comunidades. Seus olhos chegavam a brilhar enquanto falava, e confesso que ele me fez ver coisas que nunca me haviam ocorrido. Ele mudou meu ponto de vista.

O Sr. Knaphle contou que, quando saiu, o executivo o acompanhou até a porta, pôs o braço em volta dos seus ombros, lhe desejou sucesso no debate e pediu que voltasse a visitá-lo para contar como havia se saído. As últimas palavras que lhe disse foram: "Por favor, venha me visitar de novo daqui a alguns meses. Gostaria de fazer um pedido de combustível."

"Para mim, aquilo foi quase um milagre", disse o Sr. Knaphle. "Ele me ofereceu um pedido sem que eu tivesse feito qualquer menção a isso. Fiz mais avanços em duas horas, ao demonstrar interesse genuíno nele e em seus problemas, do que teria conseguido em 10 anos, tentando fazê-lo se interessar por mim e por meu produto."

O senhor não descobriu nenhuma novidade, Sr. Knaphle, pois há muito tempo – 100 anos antes do nascimento de Cristo – Públio Siro, famoso poeta romano, afirmou: "Nós nos interessamos pelos outros quando estão interessados em nós."

Assim como qualquer outro princípio das relações humanas, uma demonstração de interesse deve ser sincera, deve recompensar não apenas a pessoa que demonstra interesse, mas também a que recebe atenção. É uma via de mão dupla, em que as duas partes envolvidas se beneficiam.

Martin Ginsberg, aluno do nosso curso em Long Island, Nova York, relatou como o interesse especial de uma enfermeira afetou profundamente sua vida:

"Era o Dia de Ação de Graças, e eu tinha 10 anos. Estava na enfermaria de um hospital beneficente da cidade e tinha uma grande cirurgia ortopédica agendada para o dia seguinte. Eu sabia que teria meses de confinamento, recuperação e dor pela frente. Meu pai tinha morrido. Eu morava com minha mãe num apartamento minúsculo pago com benefícios do governo. Naquele dia, minha mãe não conseguiu me visitar. Conforme o dia foi passando, eu me senti tomado por sentimentos de solidão, desespero e medo. Sabia que ela estava sozinha em casa, preocupada comigo, sem companhia, sem ninguém com quem fazer a refeição, sem ter sequer dinheiro para pagar por um jantar de Ação de Graças."

Emocionado, Martin fez uma breve pausa, mas seguiu em frente:

"Meus olhos se encheram de lágrimas e escondi a cabeça sob o travesseiro, debaixo das cobertas. Chorei em silêncio, mas foi um choro tão amargo que meu corpo inteiro tremia de dor."

De repente, Martin se animou ao lembrar que um tempo depois, uma jovem aluna de enfermagem o ouviu soluçar e se aproximou. "Ela tirou a coberta do meu rosto e começou a enxugar minhas lágrimas. Contou como se sentia solitária, tendo que trabalhar naquele dia sem poder ficar com a família, e me perguntou se eu gostaria de jantar com ela. Trouxe duas bandejas de comida: fatias de peru e purê de batata e, de sobremesa, sorvete com calda de cranberry. Conversou comigo, tentou afastar meus medos. Seu turno de trabalho terminava às 16h, mas ela ficou comigo quase até as 23h. Jogamos, conversamos, e ela me fez companhia até eu dormir."

Com um sorriso, ele concluiu com um balanço positivo de sua história:

"Desde que eu tinha 10 anos, vivi muitos dias de Ação de Graças, mas sempre me lembro dessa ocasião e dos sentimentos de frustração, medo, solidão que tomaram conta de mim, mas também do carinho e da gentileza de uma desconhecida que, de algum modo, conseguiu tornar tudo suportável."

Se você quiser que os outros gostem de você, se quiser desenvolver amizades verdadeiras, se quiser ajudar os outros enquanto ajuda a si mesmo, tenha em mente o seguinte princípio:

PRINCÍPIO 1

Desenvolva um interesse genuíno pelos outros.

2

Um jeito simples de causar boa primeira impressão

Certa vez, durante um jantar em Nova York, uma das convidadas – uma mulher que havia herdado muito dinheiro – estava ansiosa para causar boa impressão a todos. Ela havia gastado uma pequena fortuna em peles, diamantes e pérolas, mas não tinha feito nada em relação a seu rosto, que irradiava amargura e egoísmo. Ela não percebia o que todos sabem: a expressão do rosto é muito mais importante do que as roupas do corpo.

Charles Schwab me disse que seu sorriso valia um milhão de dólares. Talvez ele estivesse se subestimando, pois sua personalidade, seu encanto, sua capacidade de fazer as pessoas gostarem dele foram quase totalmente responsáveis por seu sucesso extraordinário. E um dos aspectos mais encantadores de sua personalidade era o sorriso cativante.

Atos falam mais do que as palavras, e um sorriso diz: "Eu gosto de você. Você me faz feliz. Fico feliz em ver você."

É por isso que os cachorros fazem tanto sucesso. Ficam tão felizes ao nos ver que pulam de alegria. E é por isso que ficamos naturalmente felizes em vê-los.

O sorriso de um bebê tem o mesmo efeito.

Você já esteve na sala de espera de um consultório e reparou no rosto das pessoas que aguardam com impaciência para serem atendidas? O Dr. Stephen K. Sproul, veterinário em Raytown, Missouri, me contou que, certa vez, num dia típico de primavera, sua sala de espera estava lotada de clientes que aguardavam para vacinar seus bichinhos. Ninguém falava com ninguém, e provavelmente todos estavam pensando nas dezenas de coisas que prefeririam estar fazendo em vez de "perder tempo" sentados naquela sala. Durante uma de nossas aulas, ele contou:

"Havia seis ou sete clientes esperando quando uma jovem chegou com um bebê de nove meses e um gatinho e sentou-se ao lado de um homem bastante incomodado com a longa espera. O que aconteceu em seguida foi que o bebê simplesmente olhou para ele e abriu aquele sorriso largo, típico deles. O que o homem fez? O que qualquer um faria, claro. Devolveu o sorriso. Logo depois, começou a conversar com a mulher sobre o bebê dela e seus próprios netos, e em seguida todos na sala de espera já estavam participando do bate-papo. O tédio e a tensão se transformaram numa experiência agradável."

Um sorriso falso não engana ninguém. Sabemos quando é um ato mecânico e ficamos chateados. Estou falando de um sorriso de verdade, um sorriso caloroso, que vem de dentro, valioso.

O professor James V. McConnell, psicólogo da Universidade de Michigan, expressou seus sentimentos sobre o sorriso: "As pessoas que sorriem tendem a gerenciar, ensinar e vender com mais eficiência e a criar filhos mais felizes. Há muito mais informação num sorriso do que num rosto carrancudo. É por isso que encorajar é uma ferramenta de ensino bem mais eficiente do que castigar."

A gerente de recursos humanos de uma grande loja de departamentos em Nova York me disse que achava melhor contratar um vendedor sem escolaridade, mas com um sorriso agradável, do que um doutor em filosofia carrancudo.

O efeito de um sorriso é poderoso – mesmo quando não pode ser visto. As companhias telefônicas americanas têm um programa chamado "O Poder do Telefone", oferecido a seus funcionários que usam o aparelho para vender serviços ou produtos. No programa, sugerem que os funcionários sorriam ao falar pelo telefone. Acontece que o sorriso é transmitido pela voz.

Robert Cryer, gerente do Departamento de TI de uma empresa de Cincinnati, Ohio, contou como conseguiu encontrar o candidato certo para preencher uma vaga crítica:

"Eu estava tentando desesperadamente recrutar um Ph.D. em Ciência da Computação para o meu departamento. Por fim, encontrei um jovem com as qualificações ideais, prestes a se formar. Após diversas conversas telefônicas, soube que ele havia recebido várias propostas de outras empresas, muitas delas maiores e mais conhecidas do que a minha. Fiquei encantado quando ele aceitou trabalhar conosco. Depois de um tempo, perguntei por que nos escolhera. Ele fez uma pausa e respondeu: 'Acho que foi porque os gerentes das outras empresas falavam ao telefone de um jeito frio, profissional. Fiquei com a sensação de que eu não era nada mais que uma transação comercial. Por outro lado, quando eu ouvia sua voz, parecia que você estava feliz em falar comigo, que realmente queria que eu fizesse parte da sua organização.' Pode ter certeza de que até hoje falo ao telefone com um sorriso no rosto."

O presidente do conselho administrativo de uma das maiores empresas de fabricação de borracha dos Estados Unidos me revelou que, segundo suas observações, as pessoas raramente têm sucesso em qualquer atividade quando a executam sem se divertir. Esse líder industrial não acredita na velha máxima de que o trabalho duro é a única chave mágica que destranca a porta para os nossos desejos.

"Conheço gente que teve êxito porque se divertia horrores à frente dos negócios", disse ele. "Depois, vi como essas pessoas mudaram quando a diversão se transformou em trabalho. O negócio ficou chato. Elas perderam toda a alegria e fracassaram."

Se você espera que as pessoas se sintam bem ao estar com você, você também precisa se sentir bem ao estar com as pessoas.

Pedi a milhares de empresários que sorrissem para alguém em todas as horas do dia, durante uma semana, e depois contassem os resultados na sala de aula. Funcionou? Leia a carta de William B. Steinhardt, um corretor de ações de Nova York. Não se trata de um caso isolado. Na verdade, existem centenas de casos assim.

> *Estou casado há mais de 18 anos, e todo esse tempo eu raramente sorri para minha mulher, nem falei com ela por mais de dois minutos desde a hora de acordar até sair para o trabalho. Sou um dos sujeitos mais rabugentos que já caminharam pelas calçadas da Broadway.*
>
> *Quando você pediu que eu falasse sobre a experiência com os sorrisos, pensei em tentar fazer isso durante uma semana. Assim, no dia seguinte, enquanto penteava o cabelo, olhei para minha cara rabugenta no espelho e disse a mim mesmo: "Bill, você vai acabar com essa cara feia hoje. Vai sorrir. E vai começar agora mesmo." Quando me sentei à mesa para tomar o café da manhã, cumprimentei minha mulher e, sorrindo, disse: "Bom dia, querida."*
>
> *Você me avisou que ela poderia ficar surpresa, mas subestimou a reação dela. Minha mulher ficou perplexa. Chocada. Falei que, no futuro, ela deveria esperar aquele comportamento regularmente, e tenho agido assim todas as manhãs.*
>
> *Minha mudança de atitude trouxe mais felicidade para o nosso lar nos últimos dois meses, desde que comecei, do que toda a felicidade que havia em casa no último ano.*
>
> *Quando saio de casa para o trabalho, cumprimento o ascensorista do meu edifício com um "bom-dia" e um sorriso; me dirijo ao porteiro com um sorriso; sorrio para o caixa do metrô quando peço o troco. Quando estou na Bolsa de Valores, sorrio para gente que até pouco tempo nunca havia me visto sorrir.*
>
> *Em pouco tempo todos estavam retribuindo o sorriso. Quando alguém me procura para reclamar ou falar de problemas, trato com todo*

o carinho e animação. Sorrio enquanto escuto o que a pessoa tem a dizer e percebo que é mais fácil encontrar as soluções para os problemas. Descobri que os sorrisos me trazem muito dinheiro todos os dias.

Eu divido o escritório com outro corretor. Um de seus funcionários é um jovem simpático. Fiquei tão satisfeito com os resultados que vinha obtendo que, recentemente, contei a ele sobre minha nova filosofia. Ele me confessou que, quando cheguei para dividir o escritório, ele me achou um resmungão horrível, e só recentemente havia mudado de ideia. Disse que eu era realmente humano quando sorria.

Também parei de criticar as pessoas. Agora, em vez de recriminar, demonstro meu apreço e faço elogios. Parei de falar sobre o que quero e estou tentando ver as coisas do ponto de vista do outro. E isso causou literalmente uma revolução na minha vida. Agora sou um homem muito diferente, mais feliz, mais rico, mais rico em amizades e em felicidade... as únicas coisas que importam de verdade.

E o que fazer se você não tem vontade de sorrir? Duas coisas. Primeiro, obrigue-se a sorrir. Se estiver sozinho, obrigue-se a assobiar ou cantarolar. Aja como se já estivesse feliz, pois isso tende a deixá-lo feliz. O psicólogo e filósofo William James explica: "A ação parece seguir a sensação, mas, na verdade, ação e sensação andam juntas. Ao regular a ação, que está sob um controle mais direto da vontade, podemos, indiretamente, regular a sensação, que não conseguimos controlar. Assim, se perdemos o bom humor, o caminho soberano e voluntário para reavê-lo é proceder alegremente, agir e falar como se o bom humor já existisse."

Todos procuram a felicidade, e existe uma forma segura de alcançá-la: controlando os pensamentos. A felicidade não depende das condições externas, mas de condições internas.

Não é o que você tem, quem você é, onde está ou o que está fazendo que o torna feliz ou infeliz. É o que você pensa sobre tudo. Duas pessoas podem estar no mesmo lugar fazendo a mesma coisa. As duas podem ter a mesma conta bancária e o mesmo prestígio – e uma delas pode se sentir péssima e a outra, feliz. Por quê? Por causa das diferentes posturas mentais. Já vi tantos rostos felizes entre camponeses pobres que trabalham duro com ferramentas primitivas sob o calor escaldante dos trópicos quanto nos escritórios com ar condicionado de Nova York, Chicago ou Los Angeles.

"Não existe nada intrinsecamente bom ou mau; tudo depende do que pensamos", disse Shakespeare.

Certa vez, Abe Lincoln declarou que "a maioria das pessoas é tão feliz quanto decide ser". Estava certo. Vi uma comprovação dessa verdade certa vez, enquanto subia a escadaria para a estação de trem de Long Island, Nova York. Bem na minha frente havia um grupo de 30 ou 40 meninos com bengalas e muletas pelejando para subir os degraus. Um deles precisou ser carregado. Fiquei estarrecido com as risadas, a animação do grupo. Falei com um dos homens que estavam tomando conta dos garotos.

"É verdade", disse ele. "Quando uma criança percebe que vai ficar com dificuldades motoras pelo resto da vida, no começo fica em estado de choque, mas, depois que supera essa sensação, normalmente se conforma com o destino e se torna tão feliz quanto qualquer outra criança."

Tive vontade de tirar o chapéu para aqueles meninos. Eles me ensinaram uma lição que espero nunca esquecer.

Trabalhar sozinho, fechado num escritório, não é apenas solitário, mas elimina qualquer oportunidade de fazer amizade com outros funcionários da empresa. A Sra. Maria Gonzalez, de Guadalajara, México, tinha um emprego desses. Invejava a camaradagem dos colegas de empresa quando ouvia as conversas e risadas. Nas primeiras semanas, quando passava por eles no corredor, ela, muito tímida, desviava o olhar.

Depois de algumas semanas, disse a si mesma: "Maria, você não pode esperar que essas pessoas a procurem. Você tem que ir atrás delas." Na primeira oportunidade em que foi ao bebedouro, abriu o maior sorriso e disse "Oi, como vai?" para cada uma das pessoas que encontrou. O efeito foi imediato. Os sorrisos e cumprimentos foram retribuídos. O corredor parecia mais iluminado; o trabalho, mais amistoso. Ela conheceu pessoas, e alguns desses conhecidos se transformaram em amigos. O trabalho e a vida se tornaram mais agradáveis e interessantes.

Leia com atenção o sábio conselho a seguir, do ensaísta e editor Elbert Hubbard – mas lembre-se de que não basta ler; é preciso pôr em prática:

Sempre que sair de casa, levante a cabeça e encha os pulmões. Absorva a luz do sol. Cumprimente seus amigos com um sorriso e ponha sua alma em cada aperto de mão. Não tenha medo de ser mal interpretado e não desperdice um minuto sequer pensando em seus inimigos. Tente estabelecer em sua mente aquilo que deseja fazer e então, sem se desviar, você avançará rumo à sua meta. Tenha em mente as coisas maravilhosas e incríveis que deseja fazer e, com o passar dos dias, você descobrirá que está inconscientemente agarrando oportunidades necessárias para realizar seu desejo, assim como os insetos que habitam os corais retiram o alimento do movimento das marés. Visualize mentalmente a pessoa capaz, sincera e útil que você deseja ser e, a cada hora que passar, esse pensamento o transformará no indivíduo que deseja ser... O pensamento é supremo. Mantenha uma postura mental correta: a postura da coragem, da sinceridade e da animação. Pensar da forma correta é criar. Todas as coisas se tornam realidade a partir do desejo e cada prece sincera é atendida. Nós nos tornamos aquilo que nosso coração decide. Levante a cabeça. Nós somos deuses dentro de uma crisálida.

Os antigos chineses eram muito sábios em relação ao modo como o mundo funciona. Eles tinham um provérbio que todos deveríamos gravar na mente. É assim: "Um homem sem um rosto sorridente não deve abrir uma loja."

Seu sorriso é um mensageiro da sua boa vontade. Seu sorriso alegra a vida de todos que o veem. Para quem já viu dezenas de pessoas fazendo carranca ou virando a cara, seu sorriso é como um raio de sol surgindo por trás das nuvens. Um sorriso pode ajudar qualquer pessoa a perceber que nem tudo está perdido, que existe alegria no mundo, sobretudo quando ela está sendo pressionada por superiores, clientes, professores, pelos pais ou até pelos filhos.

Anos atrás, em reconhecimento às pressões sofridas por seus vendedores durante a correria das compras de Natal, uma loja de departamentos de Nova York presenteou os leitores de seus anúncios com a seguinte filosofia:

O valor de um sorriso no Natal

Não custa nada, mas cria muito.

Enriquece aqueles que recebem sem empobrecer quem dá.

Acontece em um piscar de olhos, mas a lembrança às vezes dura para sempre.

Ninguém é tão rico que possa dispensar nem tão pobre que não enriqueça com seus benefícios.

Ele cria a felicidade no lar, alimenta a boa vontade nos negócios e inspira a amizade entre as pessoas.

É repouso para os exaustos, luz para os desanimados, sol para os tristes e o melhor antídoto da natureza contra os problemas.

No entanto, não pode ser comprado, pedido, emprestado ou roubado, pois não existe até que alguém o dê.

E se, na correria das compras de último minuto do Natal, alguns de nossos vendedores estiverem cansados demais para sorrir, podemos pedir que você nos deixe um de seus sorrisos?

Pois ninguém precisa tanto de um sorriso quanto aqueles que não têm mais nenhum para dar!

PRINCÍPIO 2

Sorria.

3

Se você não fizer isso, vai arranjar problema

UMA TRAGÉDIA ACONTECEU NO VILAREJO de Stony Point, condado de Rockland, Nova York, em 1898. Uma criança havia morrido, e naquele dia os vizinhos se preparavam para ir ao funeral. Jim Farley foi até o estábulo preparar seu cavalo. O solo estava coberto de neve, o tempo estava frio e ameaçador. Fazia dias que o cavalo não se exercitava. Quando o animal foi conduzido até o cocho para beber água, rodopiou, deu um coice e matou Jim Farley. Assim, o minúsculo vilarejo teve dois funerais naquela semana, em vez de um.

Jim Farley deixou viúva, três meninos e algumas centenas de dólares como prêmio de seguro de vida.

O primogênito, também chamado Jim, tinha 10 anos e foi trabalhar numa olaria, transportando areia num carrinho de mão e despejando-a em moldes, virando os tijolos para secarem ao sol. O garoto nunca teve a oportunidade de estudar. Porém, com sua simpatia natural, ele tinha talento para fazer com que as pessoas gostassem dele e acabou enveredando pela política. Com o passar dos anos, desenvolveu uma incrível capacidade de gravar o nome das pessoas.

Farley não chegou a estudar um dia sequer no ensino médio, mas antes de completar 46 anos já havia sido honrado com diplomas de quatro universidades e se tornado presidente do Comitê Nacional do Partido Democrata e chefe dos Correios dos Estados Unidos.

Entrevistei Farley uma vez e lhe perguntei o segredo do sucesso. Ele respondeu:

– Trabalho duro.

Não me aguentei e disse:

– Não me faça rir.

Ele me perguntou, então, o que eu achava que era o segredo de seu sucesso, e respondi:

– Pelo que soube, o senhor sabe o primeiro nome de 10 mil pessoas.

– Errado: sei o primeiro nome de 50 mil pessoas – corrigiu ele.

Essa habilidade ajudou o Sr. Farley a colocar Franklin D. Roosevelt na Casa Branca, ao administrar a campanha do então candidato em 1932.

Durante os anos em que viajou como vendedor de artigos de gesso e nos anos em que foi funcionário da prefeitura em Stony Point, Farley desenvolveu um sistema para guardar nomes.

No início, era muito simples. Sempre que conhecia alguém, Farley descobria seu nome completo e alguns fatos sobre a família da pessoa, seus negócios e opiniões políticas. Juntava todos esses fatos na cabeça como se fosse uma imagem, e, quando voltava a vê-la, mesmo que fosse um ano depois, ele apertava sua mão e perguntava sobre a família e sobre as plantas do quintal. Não surpreende que tenha conquistado seguidores!

Nos meses antes do início da campanha de Roosevelt para a presidência, Farley escreveu centenas de cartas por dia para pessoas espalhadas pelos estados do oeste e do noroeste do país. Depois, entrou num trem e em 19 dias visitou 20 estados, percorrendo mais de 30 mil quilômetros de charrete, trem, automóvel e barco. Chegava a uma cidade, encontrava seus conhecidos para um almoço, café da manhã, chá ou jantar e batia um papo de coração aberto. Em seguida, partia para outro trecho da jornada.

Assim que voltou para o leste, Farley escreveu para uma pessoa em cada cidade visitada pedindo uma lista de todos aqueles com quem havia falado. A lista final continha milhares e milhares de nomes. No entanto, cada pessoa da lista recebeu uma pequena mostra da consideração de James Farley: uma carta pessoal escrita por ele. As cartas começavam com "Querido Bill" ou "Querida Jane" e eram sempre assinadas por "Jim".

Farley descobriu cedo que as pessoas estão mais interessadas no próprio nome do que em todos os outros nomes do planeta juntos. Lembrar-se do nome e usá-lo sem dificuldade é fazer um elogio sutil e muito eficiente. Mas, se esquecê-lo ou escrevê-lo errado, você se coloca em tremenda desvantagem. Por exemplo, certa vez organizei um curso de oratória em Paris e enviei circulares para todos os americanos residentes na cidade. As datilógrafas francesas tinham pouco conhecimento da língua inglesa e cometeram erros ao digitar os nomes. Um homem, gerente de um grande banco americano em Paris, me escreveu uma resposta desaforada porque seu nome tinha sido escrito errado.

Às vezes é difícil se lembrar de um nome, sobretudo se a pronúncia é complicada. Em vez de tentar aprender, muita gente ignora ou chama a pessoa por um apelido fácil. Durante um tempo, Sid Levy fez visitas a um cliente chamado Nicodemus Papadopoulos. A maioria das pessoas o chamava simplesmente de "Nick". Levy nos contou:

"Fiz o esforço especial de dizer o nome várias vezes para mim mesmo antes de telefonar. Quando o cumprimentei pelo nome completo, dizendo 'Boa tarde, Sr. Nicodemus Papadopoulos', ele ficou chocado. Por alguns segundos, que me pareceram vários minutos, não houve resposta do outro lado da linha. Por fim, com a voz embargada, ele disse: 'Sr. Levy, ao longo dos 15 anos em que estou neste país, ninguém jamais se esforçou para me chamar pelo meu nome correto.'"

Qual a razão do sucesso de Andrew Carnegie?

Ele era chamado de o Rei do Aço, porém pouco entendia de siderurgia. Centenas de pessoas que trabalhavam sob seu comando sabiam bem mais a respeito.

Mas ele sabia como lidar com pessoas, e isso o tornou um homem rico. Ainda criança, Carnegie demonstrou talento para a organização e gênio para a liderança. Aos 10 anos, também descobriu a assombrosa importância que as pessoas dão ao próprio nome e usou a informação para obter cooperação. Para ilustrar: quando criança, na Escócia, ele capturou uma coelha. Em pouco tempo, tinha uma ninhada inteira e nada para alimentar os filhotes. No entanto, teve uma ideia brilhante. Disse *às crianças* da vizinhança que, se saíssem para colher trevos e dentes-de-leão para alimentar os animais, ele daria o nome delas aos coelhinhos.

O plano funcionou, e Carnegie nunca esqueceu essa lição.

Anos depois, ele ganhou milhões ao aplicar a mesma psicologia aos negócios. Certa vez, queria vender trilhos de aço para a Pennsylvania Railroad, cujo presidente, na época, era J. Edgar Thomson. Então construiu uma imensa usina siderúrgica em Pittsburgh e batizou-a de "Siderúrgica Edgar Thomson".

Agora adivinhe. Quando a Pennsylvania Railroad precisou de trilhos de aço, onde acha que J. Edgar Thomson comprou?

Quando Carnegie e George Pullman disputaram a supremacia na venda de vagões-leito, o Rei do Aço mais uma vez se lembrou da lição dos coelhos.

A Central Transportation Company, controlada por Andrew Carnegie, enfrentava a empresa de Pullman. Ambas disputavam a venda de vagões-leito para a Union Pacific Railroad. Os adversários se atacavam cortando preços e acabando com qualquer chance de lucrar com o negócio. Certo dia, tanto Carnegie quanto Pullman foram para Nova York se reunir com o conselho de diretores da Union Pacific. Uma noite, em reunião no Hotel St. Nicholas, Carnegie falou:

– Boa noite, Sr. Pullman. Será que nós dois não estamos fazendo papel de bobo?

– Como assim?

Em seguida, Carnegie explicou o que tinha em mente – uma fusão dos interesses dos dois. Pintou um retrato brilhante das vantagens mútuas que teriam ao trabalhar juntos, em vez de competirem. Pullman ouviu com atenção, mas não ficou inteiramente convencido. Por fim, perguntou:

– E como se chamaria a nova companhia?

Carnegie respondeu de imediato:

– Ora, seria Pullman Palace Car Company, naturalmente.

Pullman se animou.

– Venha ao meu quarto – convidou ele. – Vamos conversar.

Essa conversa entrou para a história da indústria.

A política de lembrar e valorizar os nomes dos amigos e parceiros de negócios era um dos segredos da liderança de Andrew Carnegie. Ele se orgulhava de ser capaz de chamar muitos de seus operários pelo primeiro nome e se gabava de nunca ter tido transtornos causados por greve na produção de suas siderúrgicas enquanto as comandava.

Benton Love, presidente da Texas Commerce Bancshares, acredita que quanto mais uma corporação cresce, mais fria se torna.

"Um modo de aquecê-la é gravar o nome das pessoas", disse ele. "O executivo que me conta que não consegue lembrar nomes está me dizendo duas coisas: que não consegue se lembrar de uma parte significativa do seu negócio e que vai mais atrapalhar do que ajudar."

A comissária de bordo da TWA Karen Kirsch, de Rancho Palos Verdes, Califórnia, adquiriu o hábito de aprender o nome dos passageiros ao pronunciá-lo enquanto os serve. A estratégia resultou em muitos elogios tanto aos seus serviços quanto à companhia aérea. Um passageiro escreveu: "Fazia tempo que eu não voava com a TWA, mas a partir de agora vou começar a voar só com essa empresa. Vocês me transmitem a sensação de que a companhia aérea passou a adotar um serviço muito personalizado, e isso é importante para mim."

As pessoas têm tanto orgulho do próprio nome que se esforçam para perpetuá-lo a qualquer custo. Decepcionado por não ter um filho homem para dar continuidade a seu sobrenome, até o velho e experiente fanfarrão P. T. Barnum, o maior showman de sua época, ofereceu 25 mil dólares ao neto C. H. Seeley, caso passasse a se chamar "Barnum" Seeley.

Durante muitos séculos, nobres e magnatas patrocinaram artistas, músicos e escritores para que as obras dessas pessoas fossem dedicadas a eles.

As bibliotecas e os museus devem suas mais valiosas coleções a pessoas que não conseguiram suportar a ideia de que seus nomes fossem esquecidos. A Biblioteca Pública de Nova York guarda as coleções Astor e Lenox. O Metropolitan Museum perpetua os nomes de Benjamin Altman e de J. P. Morgan. E quase todas as igrejas são adornadas por vitrais gravados com os nomes dos doadores que ajudaram a erguê-los. Grande parte dos prédios universitários leva o nome de doadores que contribuíram com grandes somas para conquistar essa honra.

Em geral, não lembramos os nomes das pessoas por uma simples razão: não dedicamos o tempo e a energia necessários a nos concentrar, repetir e fixar as informações na mente. Inventamos desculpas. Estamos ocupados demais. Mas provavelmente *não* estamos mais ocupados que Franklin D. Roosevelt, e ele tinha tempo para gravar o nome até dos mecânicos com quem tinha contato.

Para ilustrar: a Chrysler construiu um carro especial para o Sr. Roosevelt, que não podia usar os veículos comuns por ter paralisia nas pernas. W. F. Chamberlain e um mecânico fizeram a entrega do automóvel na Casa Branca. A seguir, vou transcrever uma carta que tenho diante de mim, do Sr. Chamberlain relatando a experiência:

> *Ensinei o presidente Roosevelt a dirigir um carro com o auxílio de uma série de engenhocas, mas ele me ensinou muito sobre a arte de lidar com as pessoas. Quando cheguei à Casa Branca, o presidente foi extremamente simpático e agradável. Ele me chamou pelo nome e me deixou totalmente à vontade. O que mais me impressionou foi seu enorme interesse em tudo o que eu mostrava e dizia. O carro era projetado para ser operado inteiramente pelas mãos. Uma multidão se reuniu para ver o veículo, e ele exclamou:*
>
> *– Achei maravilhoso! Basta apertar um botão, e ele anda. É possível dirigir sem esforço. Achei incrível... Não sei o que o faz andar. Adoraria ter tempo para desmontá-lo e entender como funciona.*
>
> *Enquanto os amigos e a equipe de Roosevelt admiravam a máquina, ele disse diante de todos:*
>
> *– Sr. Chamberlain, com certeza aprecio todo o tempo e todo o esforço que dedicou a desenvolver este carro. É um belíssimo trabalho.*
>
> *Ele admirou o radiador, o espelho retrovisor especial e o relógio, os faróis, os estofados, a posição do assento do motorista, as malas com seu monograma no bagageiro. Em outras palavras, reparou em todos os detalhes aos quais eu havia dedicado grande atenção. Fez questão de apontar esses diversos itens para a Sra. Roosevelt, a Srta. Perkins, o secretário do Trabalho e sua secretária particular. Chegou a incluir o antigo porteiro da Casa Branca na conversa, ao dizer:*
>
> *– George, você vai ter que dar uma atenção especial às malas.*
>
> *Após a aula de direção, o presidente virou para mim e disse:*
>
> *– Pois bem, Sr. Chamberlain, o conselho do Banco Central está me esperando há meia hora. Acho melhor eu voltar para o trabalho.*

Levei um mecânico comigo para a Casa Branca. Ao chegar, ele foi apresentado a Roosevelt. Não chegou a falar com o presidente, e Roosevelt ouviu seu nome apenas uma vez. Era um sujeito tímido e ficou o tempo todo um pouco afastado. Mas, antes de nos deixar, o presidente procurou o mecânico, apertou sua mão e o chamou pelo nome, agradecendo sua visita a Washington. E ele não estava agradecendo da boca para fora. Estava sendo sincero. Deu para sentir.

Dias depois de eu voltar para Nova York, recebi uma foto autografada do presidente Roosevelt e um bilhete de agradecimento, no qual ele voltava a expressar seu apreço pela minha colaboração. Não sei como encontrou tempo para isso.

Franklin D. Roosevelt sabia que uma das formas mais simples, óbvias e importantes de ganhar a boa vontade das pessoas é lembrar o nome delas e fazer com que se sintam importantes. No entanto, quantos de nós se dão a esse trabalho? Metade das vezes que somos apresentados a um desconhecido, conversamos por alguns minutos e mal conseguimos lembrar seu nome na hora da despedida.

Uma das primeiras lições que um político aprende é: "Lembrar o nome de um eleitor é um ato digno de um estadista. Esquecer é estar fadado ao esquecimento."

E a capacidade de lembrar nomes é quase tão importante nos negócios e na vida social quanto é na política. Napoleão III, imperador da França e sobrinho do grande Napoleão, gabava-se de lembrar os nomes de todas as pessoas que conhecia, apesar de todas as suas obrigações reais. Sua técnica era simples. Se não ouvisse o nome com clareza, ele dizia:

– Perdão. Não ouvi bem o seu nome. – Se fosse um nome incomum, emendava: – Como se soletra?

Durante a conversa, ele se dava ao trabalho de repetir o nome diversas vezes e tentava associá-lo mentalmente aos traços, à expressão e à aparência geral da pessoa. Se fosse alguém importante, Napoleão ia ainda mais longe. Assim que ficava sozinho, escrevia o nome num papel, olhava para ele, concentrava-se, gravava com segurança na cabeça e, por fim, rasgava o papel. Assim, obtinha uma impressão visual do nome, além da auditiva.

Tudo isso consome tempo, mas, como já dizia Emerson, "boas maneiras são compostas por pequenos sacrifícios".

Não só os reis ou grandes executivos deveriam dar a devida importância aos nomes. Isso vale para todos. Ken Nottingham, empregado da General Motors em Indiana, costumava almoçar no refeitório da empresa. Certa vez, reparou que uma mulher que trabalhava atrás do balcão vivia de cara feia.

"Ela já estava preparando os sanduíches fazia umas duas horas, e eu era apenas mais um sanduíche para ela. Eu disse o que queria. Ela pesou o presunto numa pequena balança, pegou uma folha de alface, algumas batatas fritas e me entregou tudo. No dia seguinte, entrei na mesma fila. Mesma mulher, mesma cara feia. A única diferença foi que eu reparei no broche com seu nome. Sorri, disse 'Olá, Eunice' e fiz o meu pedido. Pois bem: ela ignorou a balança, encheu meu sanduíche de presunto, botou três folhas de alface e me serviu tanta batata frita que elas quase não couberam no prato."

Devemos estar cientes da *magia* contida em um nome e perceber que esse único item é de inteira propriedade da pessoa com quem estamos conversando. Não pertence a mais ninguém. O nome dá individualidade, singulariza a pessoa. A informação que transmitimos ou o pedido que fazemos assume uma importância especial quando pronunciamos o nome do indivíduo. O nome faz toda a diferença quando lidamos com os outros, sejam eles garçons ou executivos experientes.

PRINCÍPIO 3

Lembre-se de que as pessoas consideram o próprio nome o som mais agradável e mais importante de qualquer idioma.

4

Um jeito fácil de se tornar bom de papo

UM TEMPO ATRÁS, participei de uma mesa de bridge. Não jogo bridge, e nessa reunião encontrei uma mulher que também não jogava. Ela sabia que, no passado, eu havia sido empresário de Lowell Thomas, antes de ele fazer carreira no rádio, e que eu havia viajado muito pela Europa enquanto o ajudava a preparar as palestras que ele fazia. Ela disse:

– Ah, Sr. Carnegie, quero que me fale sobre todos os lugares maravilhosos que visitou e as coisas que viu.

Quando nos sentamos no sofá, ela contou que tinha acabado de voltar de uma viagem à África na companhia do marido.

– África! – exclamei. – Que interessante! Sempre tive vontade de conhecer a África, mas nunca visitei esse continente, a não ser durante uma escala de 24 horas em Argel. Me diga: você visitou algum país com animais de grande porte? Sim? Que sorte! Fiquei com inveja. Fale sobre a África, por favor.

Isso a ocupou durante 45 minutos. Nunca mais me perguntou sobre minhas viagens nem sobre o que eu tinha visto. A verdade é que ela não queria me ouvir falar sobre minhas viagens, só queria um ouvinte interessado que lhe permitisse inflar o próprio ego e falar sobre os lugares que visitara.

Esse comportamento *é* incomum? Não, muita gente é assim.

Por exemplo, certa vez conheci um renomado botânico num jantar em Nova York organizado por um editor. Eu nunca havia conversado com um botânico e o achei fascinante. Fiquei empolgado enquanto ele falava sobre plantas exóticas, experimentos no desenvolvimento de novas formas de plantas e estufas (ele me revelou fatos estarrecedores sobre a humilde batata). Eu tinha uma modesta estufa em casa, e ele foi gentil a ponto de me ensinar a resolver alguns dos meus problemas.

Como disse, estávamos num jantar. Devia haver mais de 10 outros convidados, mas eu violei todas as normas da boa educação, ignorei praticamente todo mundo e conversei horas a fio com o botânico.

Quando deu meia-noite, eu me despedi de todos e fui embora. Em seguida, soube que o botânico virou-se para o anfitrião e fez uma série de elogios a mim. Disse que eu tinha sido "muito estimulante", entre outras coisas, e concluiu afirmando que eu tinha uma "conversa muito interessante".

Uma conversa muito interessante? Mas eu mal havia falado algumas palavras. Se eu quisesse dizer qualquer coisa, teria que mudar de assunto, pois entendia tanto de botânica quanto da anatomia do pinguim. Acontece que eu o ouvi com atenção. Estava interessado de verdade. Ele percebeu e, claro, ficou satisfeito. Esse tipo de atenção é um dos maiores elogios que podemos fazer a alguém. "Poucos seres humanos estão imunes à lisonja implícita na profunda atenção", escreveu Jack Woodford, autor de *Strangers in Love* (Desconhecidos apaixonados). E, nesse caso, eu fui além de oferecer minha profunda atenção. Fui "caloroso ao demonstrar reconhecimento e pródigo nos elogios".

Eu disse ao botânico que a conversa tinha sido muito interessante e realmente instrutiva – e era verdade. Disse que gostaria de ter os conhecimentos dele – e era verdade. Disse que adoraria passear pelo campo com ele – e fiz isso. Disse que adoraria voltar a conversar com ele – e isso aconteceu.

E ele achou que eu era bom de papo, quando na verdade era apenas um bom ouvinte e o encorajava a falar.

Qual é o segredo, o mistério, de uma reunião de negócios bem-sucedida? De acordo com Charles W. Eliot, ex-presidente de Harvard: "Não há mistério para um contato profissional bem-sucedido. É muito importante prestar atenção exclusivamente na pessoa que está falando. Não há nada tão lisonjeiro quanto isso."

O próprio Eliot foi um grande mestre na arte de ouvir. Henry James, um dos primeiros grandes romancistas dos Estados Unidos, disse:

"Para o Dr. Eliot, ouvir não era apenas fazer silêncio, mas uma atividade. Ele se sentava com a coluna bem ereta e as mãos no colo, e o único movimento que fazia era girar os polegares um contra o outro, mais rápido ou mais devagar. Ele encarava o interlocutor e parecia ouvir também com os olhos, além dos ouvidos. O Dr. Eliot ouvia com a mente e refletia atentamente sobre o que você tinha a dizer... Ao final da reunião, o interlocutor tinha a sensação de que o Dr. Eliot havia falado."

Mais claro, impossível. Não é preciso estudar quatro anos em Harvard para descobrir isso. No entanto, existem inúmeros donos de lojas de departamentos que alugam imóveis caros, conseguem economizar na hora de comprar os estoques, fazem vitrines lindas, gastam rios de dinheiro em publicidade, mas, no fim, contratam vendedores que não fazem a menor ideia de como ser bons ouvintes – vendedores que interrompem, contradizem e praticamente expulsam os clientes da loja.

Uma loja de departamentos em Chicago quase perdeu uma cliente fiel que gastava milhares de dólares por ano por causa de uma vendedora que não sabia ouvir. A Sra. Henrietta Douglas, que fez nosso curso em Chicago, tinha adquirido um casaco numa liquidação. Quando chegou em casa, reparou que o forro estava rasgado. Voltou no dia seguinte e pediu para fazer uma troca. A vendedora nem quis ouvir sua reclamação.

– Você comprou na liquidação – disse a mulher, então apontou para um cartaz na parede e exclamou: – Leia! *Não aceitamos devoluções*. Depois que a compra é feita, não fazemos trocas. Conserte o forro por sua conta.

– Mas a mercadoria estava danificada... – queixou-se a Sra. Douglas.

– Não importa – interrompeu a vendedora. – Não é não!

A Sra. Douglas estava prestes a ir embora, indignada, jurando nunca mais voltar, quando foi cumprimentada pela gerente do departamento, que a conhecia de longa data. A compradora relatou o problema. A gerente ouviu com atenção a história inteira, examinou o casaco e, por fim, disse:

– Realmente não aceitamos devoluções de peças de liquidação para evitar ficar com mercadorias da temporada anterior, mas isso não se aplica a artigos defeituosos. Vamos consertar ou substituir o forro, ou, se preferir, devolvemos o dinheiro.

Que diferença de tratamento! Se a gerente não tivesse aparecido e ouvido a consumidora, a loja poderia ter perdido para sempre uma cliente antiga.

A habilidade de ouvir é tão importante no lar quanto no mundo dos negócios. Millie Esposito, de Croton-on-Hudson, Nova York, começou a ouvir atentamente tudo o que os filhos lhe diziam. Certa noite, estava sentada na cozinha com o filho Robert, conversando sobre algo em que o garoto vinha pensando, quando de repente ele soltou:

– Mãe, eu sei que você me ama muito.

A Sra. Esposito ficou emocionada e disse:

– Claro que amo muito. Você tinha dúvida?

– Não, mas sei que você me ama porque, sempre que eu quero conversar, você para o que está fazendo e me escuta.

Até aquelas pessoas agressivas ou que adoram criticar tudo amolecem e ficam mais tranquilas na presença de um ouvinte paciente e compreensivo, que permanece em silêncio enquanto ouve o reclamão furioso. Para ilustrar: a Companhia Telefônica de Nova York descobriu há alguns anos que precisaria lidar com um dos clientes mais agressivos que já haviam entrado em contato com a empresa. O sujeito telefonou para a central de atendimento e xingou para valer. Estava espumando de raiva. Ameaçou arrancar o telefone da parede, e tudo isso porque se recusava a pagar cobranças supostamente erradas. Ele escreveu cartas para os jornais. Deu entrada em inúmeras queixas junto à Comissão de Serviços Públicos e abriu diversos processos contra a telefônica.

Por fim, a empresa decidiu marcar um encontro com o sujeito, enviando um de seus mais habilidosos "solucionadores de problemas". O funcionário da empresa ouviu o cliente furioso e o deixou desabafar à vontade. Simplesmente ouviu, disse "sim" e se solidarizou com seu sofrimento.

"Ele falou espumando de raiva por quase três horas, e eu fiquei ouvindo", relembrou o "solucionador de problemas" ao relatar a experiência na sala de aula. "Então, voltei a procurá-lo e ouvi mais. Eu me encontrei com ele quatro vezes e, antes do fim do quarto encontro, me afiliei à organização que ele estava fundando. Ele a batizou de Associação de Proteção aos Assinantes de Telefonia. Ainda pertenço a essa organização e, até onde sei, sou o único membro no mundo, além dele."

Ele fez uma pausa, mas continuou o relato:

"Ouvi atentamente e me condoí por tudo o que ele mencionou nesses encontros. Nenhum representante da empresa tinha conversado assim com o sujeito, e ele se tornou quase amistoso. O motivo que me levou a vê-lo não foi mencionado nas três primeiras conversas, mas na quarta o caso foi completamente resolvido. Ele pagou todas as contas e, pela primeira vez na história de seus problemas com a companhia telefônica, retirou voluntariamente as queixas da Comissão de Serviços Públicos."

Sem dúvida este homem se considerava uma espécie de missionário, defendendo os direitos da população contra a exploração insensível da empresa. Mas, na verdade, o que ele realmente queria era se sentir importante. No começo, ele precisou fazer um escarcéu e reclamar para obter esse sentimento. Mas, assim que passou a se sentir importante por causa dos encontros com um representante da empresa, as queixas imaginárias desapareceram por completo.

Certa manhã, muitos anos atrás, um cliente zangado entrou bufando no escritório de Julian F. Detmer, fundador da Detmer Woolen Company, que depois se tornaria a maior distribuidora mundial de lã para a alfaiataria.

"Esse homem nos devia uma pequena quantia", explicou-me o Sr. Detmer. "Ele negava, mas sabíamos que estava enganado. Assim, nosso Departamento de Cobranças insistiu em cobrar o pagamento. O problema foi que, após receber uma série de cartas do departamento, ele fez as malas, viajou para Chicago e apareceu na minha sala dizendo que não só me daria um calote, como nunca mais gastaria um centavo sequer em produtos da Detmer Woolen Company."

Relembrando, Detmer fez uma breve pausa.

"Ouvi com paciência tudo o que ele tinha a dizer. Fiquei tentado a interrompê-lo, mas percebi que não seria uma boa estratégia. Quando ele finalmente se acalmou e começou a ficar receptivo, eu disse, tranquilamente: 'Quero agradecer-lhe por vir a Chicago me dizer tudo isso. O senhor me fez um grande favor, pois, se nosso Departamento de Cobranças o incomodou, talvez tenha incomodado outros bons clientes, o que seria péssimo. Acredite: minha ansiedade por ouvir o que o senhor tinha a dizer era muito maior do que a sua para me dizê-las.'"

Detmer sorriu ao relembrar a cena.

"Foi a última coisa que ele esperava ouvir. Acho que ficou um pouquinho decepcionado, pois havia viajado até Chicago para me dizer poucas e boas, mas lá estava eu, agradecendo, em vez de retrucar. Garanti que eliminaríamos a cobrança dos livros e que ela seria esquecida, pois ele era um homem zeloso, que cuidava de apenas uma conta, enquanto nossos contadores tinham de examinar milhares delas. Portanto, era mais provável que ele estivesse certo do que meus funcionários. Em seguida, contei a ele que compreendia exatamente como se sentia e que, no lugar dele, sem dúvida me sentiria da mesma forma. Por fim, como ele disse que deixaria de comprar conosco, recomendei alguns revendedores de lã."

Detmer contou que, no passado, eles costumavam almoçar juntos quando o cliente vinha a Chicago, por isso o convidou para almoçar naquele dia. "Ele aceitou com relutância, mas, quando voltamos para o escritório, fez o maior pedido que já havia encomendado à minha empresa. Voltou para casa mais calmo e, para ser justo conosco assim como tínhamos sido com ele, examinou as cobranças, descobriu que tinha perdido uma delas e decidiu nos enviar um cheque junto com um pedido de desculpas. Tempos depois, ele e a mulher tiveram um filho, um menino, e ele decidiu que o nome do meio da criança seria Detmer. Permaneceu nosso amigo e cliente até sua morte, 22 anos depois."

Anos trás, um pobre imigrante holandês limpava as vitrines de uma padaria depois da escola para ajudar no sustento da família. Eram tão pobres que, depois do expediente, ele saía pelas ruas com um cesto e recolhia pedrinhas de carvão que caíam na entrega. Aquele menino, Edward Bok, não chegou a somar seis anos de escolaridade em toda a sua vida, porém acabou se tornando um dos mais bem-sucedidos editores de revista da história do jornalismo americano. Como conseguiu? Essa é uma longa história, mas é possível contar brevemente como ela começou. Bok empregou os princípios defendidos neste capítulo.

Ele largou a escola aos 13 anos para ser office boy da Western Union, mas nunca desistiu da ideia de estudar. Então começou a estudar por conta própria. Economizou o dinheiro do transporte e deixou de almoçar até ter o suficiente para comprar uma enciclopédia de biografias de grandes personagens americanos – e fez algo inédito: leu sobre a vida de pessoas famosas e escreveu-lhes pedindo informações adicionais sobre a infância delas. Era um bom ouvinte. Pediu que famosos contassem a ele um pouco mais sobre si. Ele escreveu ao general James A. Garfield, que na época disputava a presidência da República, perguntando se era verdade que, quando menino, ele trabalhara como rebocador num canal, e Garfield respondeu. Escreveu para o general Grant com perguntas sobre determinada batalha, e Grant desenhou um mapa para Bok, convidou o menino, então com 14 anos, para jantar e passou a noite conversando com ele.

Em pouco tempo o mensageiro da Western Union trocava correspondências com muitos dos nomes mais famosos do país: Ralph Waldo Emerson, Oliver Wendell Holmes, Longfellow, a Sra. Abraham Lincoln, Louisa May Alcott, o general Sherman e Jefferson Davis. Ele não apenas se correspondia com esses notáveis como, assim que conseguiu tirar férias, visitou muitos deles na condição de hóspede muito bem-vindo em seus lares. A experiência criou nele uma confiança inestimável. Essas pessoas proporcionaram a ele uma visão e uma ambição que moldaram sua vida. E tudo isso só foi possível pela aplicação dos princípios que estamos discutindo neste capítulo.

Isaac F. Marcosson, jornalista que entrevistou centenas de celebridades, declarou que muitas pessoas não conseguem causar boa impressão porque não escutam com atenção. "Ficam tão preocupadas com o que vão dizer que não mantêm os ouvidos atentos. Pessoas muito importantes já me disseram que preferem os bons ouvintes aos bons falantes, mas a capacidade de ouvir parece mais rara do que qualquer outra virtude."

Não só as pessoas importantes anseiam por um bom ouvinte – as pessoas comuns também. Como apareceu certa vez na *Reader's Digest*: "Muitas pessoas chamam um médico quando, na verdade, só precisam de uma plateia."

Durante os momentos mais sombrios da Guerra Civil, Lincoln escreveu para um velho amigo em Springfield, Illinois, pedindo que ele fosse a Washington. Na carta, alegava que tinha alguns problemas que gostaria de discutir. O velho vizinho apareceu na Casa Branca, e Lincoln discorreu durante horas sobre a conveniência de fazer uma proclamação libertando os escravos. Examinou todos os argumentos pró e contra a medida, depois leu cartas e artigos de jornal, alguns denunciando-o por não ter abolido a escravidão e outros com medo de que ele promovesse a abolição. Horas depois, Lincoln apertou a mão do antigo vizinho, despediu-se e mandou-o de volta para Illinois sem sequer pedir sua opinião. Foi praticamente um monólogo de Lincoln. O encontro pareceu ajudá-lo a enxergar o assunto com mais clareza.

"Ele parecia mais tranquilo depois da conversa", comentou o velho amigo.

Lincoln não queria conselhos. Queria apenas um ouvinte amistoso e simpático com quem pudesse desabafar. Isso é o que todos queremos quando estamos com problemas. Muitas vezes, isso é tudo que deseja um cliente irritado, um funcionário insatisfeito ou um amigo magoado.

Um dos maiores ouvintes dos tempos modernos foi Sigmund Freud. Um homem que o conheceu descreveu seu modo de ouvir as pessoas:

"Foi algo tão marcante que nunca esquecerei. Ele tinha qualidades que nunca encontrei em nenhum outro homem. Eu jamais havia visto uma atenção tão concentrada. Não tinha essa coisa do 'olhar agudo que penetra a alma'. O olhar dele era suave e acolhedor. Ele falava baixo e com calma. Pouco gesticulava. Mas a atenção que me deu, a forma como parecia absorver minhas palavras mesmo quando eu não me expressava bem, era extraordinária. *Você não faz ideia do que significa ser ouvido dessa forma.*"

Se quiser saber como fazer as pessoas se afastarem de você, rirem pelas suas costas ou demonstrarem desprezo, aqui está a receita: nunca ouça ninguém por muito tempo. Fale de si mesmo sem parar. Se tiver uma ideia enquanto o outro estiver falando, não o espere terminar a frase: interrompa sem medo.

Você conhece pessoas assim? Eu conheço, infelizmente, e o mais espantoso é que algumas delas ocupam posições de destaque. Chatos – é isso que são. Chatos com o ego inflado e a sensação de que são importantes. São pessoas que só falam de si, que só pensam em si. "As pessoas que só pensam em si são irremediavelmente mal-educadas", disse o Dr.

Nicholas Murray Butler, presidente da Universidade Columbia por muitos anos. "Por mais instruídas que sejam, elas não têm educação."

Se você deseja ser bom de papo, seja um ouvinte atento. Para ser interessante, seja interessado. Faça perguntas que os outros vão gostar de responder. Encoraje-os a falar sobre si mesmos e sobre suas realizações.

Lembre-se: as pessoas com quem você fala estão cem vezes mais interessadas em si e nas próprias necessidades e problemas do que em você e em seus problemas. A dor de dente de alguém significa mais para a própria pessoa do que um milhão de pessoas morrendo de fome na China. Um furúnculo no pescoço interessa mais do que quarenta terremotos na África. Pense nisso da próxima vez que puxar assunto com alguém.

PRINCÍPIO 4

Seja um bom ouvinte.
Encoraje os outros a falar de si.

5
Como despertar o interesse das pessoas

TODOS AQUELES QUE TINHAM a oportunidade de visitar Theodore Roosevelt ficavam impressionados com a amplitude de seus conhecimentos. Não importava se era um vaqueiro ou um oficial da cavalaria, um político nova-iorquino ou um diplomata, Roosevelt sempre sabia o que dizer. E como conseguia? A resposta era simples. Sempre que esperava um visitante, Roosevelt ficava acordado na véspera, até tarde da noite, lendo sobre o assunto que despertava grande interesse em seu convidado.

Acontece que, assim como todo grande líder, Roosevelt sabia que a estrada para o coração de uma pessoa é falar sobre aquilo que ela mais preza. O genial William Lyon Phelps, ensaísta e professor de literatura em Yale, aprendeu essa lição bem cedo.

"Quando tinha 8 anos, passei um fim de semana visitando minha tia Libby Linsley em sua casa em Stratford, às margens do rio Housatonic", escreveu ele em um ensaio no livro *A natureza humana*. "Certa noite, um homem de meia-idade apareceu por lá e, após cumprimentar minha tia, começou a me dar atenção. Na época, eu estava empolgado com barcos, e ele começou a falar do assunto, despertando meu interesse. Depois que o homem partiu, falei dele com o maior entusiasmo. Minha tia me explicou que o homem era um advogado de Nova York que não dava a mínima para barcos. 'Então por que ele falou comigo o tempo inteiro sobre barcos?', perguntei. 'Porque é bem-educado. Percebeu seu interesse e falou sobre um assunto que sabia que seria do seu interesse. Ele quis ser agradável.' Nunca me esqueci do comentário da minha tia."

Enquanto escrevo este capítulo, tenho diante de mim uma carta de Edward L. Chalif, um homem muito dedicado ao trabalho dos escoteiros. Ele relatou:

> *Certo dia, descobri que precisava de um favor. Haveria um grande encontro de escoteiros na Europa, e eu queria que o presidente de uma das maiores empresas dos Estados Unidos arcasse com as despesas de viagem de um dos meus meninos.*
>
> *Por sorte, pouco antes de me encontrar com esse homem, ouvi dizer que ele havia assinado um cheque de um milhão de dólares, que depois foi cancelado, mas que ele havia mandado emoldurar.*
>
> *Assim, a primeira coisa que fiz ao entrar em seu escritório foi pedir para ver o cheque. Um cheque de um milhão de dólares! Comentei que não conhecia ninguém que tivesse feito um cheque nesse valor e que queria contar para os meninos que tinha visto mesmo um cheque de um milhão de dólares. Ele ficou todo feliz e me mostrou. Fiquei admirando o cheque, depois pedi que me contasse o que tinha acontecido.*

Reparou que o Sr. Chalif não começou a conversa falando sobre os escoteiros, nem sobre o encontro na Europa, muito menos sobre o que ele queria? Ele falou sobre o que interessava a seu interlocutor. Eis o resultado:

"Depois de um tempo, o homem me perguntou: 'Ah, aliás, sobre o que você queria conversar comigo?' Eu falei, e, para minha imensa surpresa, ele não só atendeu ao meu pedido de imediato como foi além. Eu pedira para enviar apenas um garoto para a Europa, mas ele enviou cinco garotos junto comigo, me ofereceu uma carta de crédito de mil dólares e disse para ficarmos lá por sete semanas. Também me entregou cartas de apresentação endereçadas aos presidentes de suas filiais, colocando-os à nossa disposição, e, por fim, nos encontrou em Paris e nos mostrou a cidade. Desde então, tem empregado alguns dos garotos cujos pais estão passando necessidade e se mantém ativo no nosso grupo."

O Sr. Chalif admitiu que, apesar de tudo, sabia que, se não tivesse descoberto o interesse dele e se não conseguisse quebrar o gelo, não teria um décimo da facilidade que encontrara.

Essa técnica é valiosa no mundo dos negócios? Vejamos o exemplo de Henry G. Duvernoy, da Duvernoy & Sons, padaria de Nova York especializada em vendas por atacado.

O Sr. Duvernoy vinha tentando vender pão para determinado hotel de Nova York. Por isso, fazia quatro anos que, toda semana, ligava para o administrador do hotel. Frequentava os mesmos eventos sociais que o homem. Chegou a ocupar quartos no hotel e até a morar lá por um tempo para conquistar o cliente. Em vão.

"Depois de estudar as relações humanas, resolvi mudar de tática", disse o Sr. Duvernoy. "Decidi descobrir o que interessava àquele homem... o que o entusiasmava. Descobri que ele fazia parte de uma sociedade de executivos de hotelaria chamada Hotel Greeters of America. E não era um membro qualquer. Graças a seu entusiasmo, ele se tornara presidente da organização e presidente da International Greeters. Não importava onde as convenções eram realizadas, ele sempre comparecia."

O Sr. Duvernoy contou que, quando viu o administrador no dia seguinte, começou a falar sobre a sociedade. "A reação dele foi incrível. Ele conversou comigo durante uma hora e meia sobre a organização, com um tom de voz vibrante, entusiasmado. Percebi claramente que, para ele, a sociedade não era apenas um hobby, mas uma paixão. Antes de sair do escritório, ele havia me 'vendido' um título de membro da organização. Nesse meio-tempo, não falei nada sobre pão."

Por fim, satisfeito, o Sr. Duvernoy contou que, dias depois, o gerente do hotel lhe telefonou e marcou uma visita para conferir amostras e preços. "'Não sei o que o senhor andou fazendo com nosso amigo, mas o homem está encantado com o senhor!', disse o gerente. Veja só! Eu vinha bombardeando o sujeito havia quatro anos, tentando torná-lo meu cliente, e estaria insistindo até hoje se não tivesse me dado ao trabalho de descobrir quais eram seus interesses e sobre o que ele gostava de conversar."

Depois de concluir o serviço militar, Edward E. Harriman, de Hagerstown, Maryland, decidiu morar no belo vale Cumberland, também em Maryland. Infelizmente, na época havia pouquíssimos empregos disponíveis na região, e uma breve pesquisa revelou que várias empresas da área pertenciam ou estavam sob o controle de um excêntrico empresário chamado R. J. Funkhouser, cuja ascensão da pobreza à riqueza intrigava o Sr. Harriman. No entanto, o magnata era conhecido por ser inacessível a quem procurava emprego. O Sr. Harriman escreveu:

> *Conversei com várias pessoas e descobri que seu maior interesse estava ancorado na sua determinação para obter poder e dinheiro. Descobri que ele se protegia de pessoas como eu com a ajuda de uma secretária severa e dedicada, então, antes de tudo, estudei os interesses e objetivos da mulher, para só depois fazer uma visita inesperada a ela. Durante 15 anos, ela vinha sendo um satélite orbitando em torno do Sr. Funkhouser. Quando eu disse que tinha uma proposta que poderia se tornar um sucesso financeiro e político para ele, ela demonstrou entusiasmo. Também falamos sobre a participação construtiva dela no sucesso do patrão. Depois da conversa, ela conseguiu agendar uma reunião com o Sr. Funkhouser.*
>
> *Entrei no imenso e impressionante escritório dele determinado a não pedir um emprego diretamente. Ele estava sentado diante de uma grande escrivaninha e me perguntou, com uma voz poderosa:*
>
> *– O que foi, meu jovem?*
>
> *– Sr. Funkhouser, acredito que posso ganhar dinheiro para o senhor – respondi.*
>
> *Ele se levantou na hora e me convidou a sentar em uma de suas grandes poltronas estofadas. Enumerei minhas ideias e qualificações para concretizá-las e expliquei como contribuiriam para seu sucesso pessoal e o sucesso de seu negócio.*
>
> *"R.J.", como passei a chamá-lo, me contratou na hora, e há mais de 20 anos venho ampliando seus empreendimentos. Prosperamos juntos.*

Quando nos concentramos nos interesses do outro, o resultado é recompensador para ambas as partes. Howard Z. Herzig, líder no campo das comunicações empresariais internas, sempre seguiu esse princípio.

Quando lhe perguntaram o que ele ganhou com isso, o Sr. Herzig respondeu que não só recebeu uma recompensa diferente de cada pessoa, mas que, no geral, a recompensa foi o enriquecimento de sua própria vida cada vez que conversava com alguém.

PRINCÍPIO 5

Fale sobre assuntos que interessam ao outro.

6

Como fazer as pessoas gostarem de você à primeira vista

Eu estava esperando na fila para enviar uma carta nos correios em Nova York quando reparei que o funcionário parecia entediado com o trabalho – pesar envelopes, entregar os selos, dar o troco, emitir recibos. A mesma rotina monótona ano após ano. Disse a mim mesmo: "Vou fazer esse rapaz gostar de mim. E é óbvio que, para isso, devo dizer algo gentil, não sobre mim, mas sobre ele." Em seguida, perguntei a mim mesmo: "O que posso admirar nele com sinceridade?" Às vezes, essa pergunta é difícil de responder, sobretudo quando lidamos com desconhecidos. Nesse caso específico, porém, foi fácil. Vi de imediato algo que admirei profundamente.

Enquanto ele pesava meu envelope, comentei, entusiasmado:

– Eu daria tudo para ter uma cabeleira como a sua.

Ele levantou os olhos, meio assustado, o rosto se abrindo num sorriso, e, modesto, disse:

– Antigamente ela era muito melhor.

Então eu falei que, mesmo que os dias de glória tivessem passado, a cabeleira dele continuava sendo fantástica. Ele ficou radiante.

Tivemos uma conversa breve e agradável, e a última coisa que ele me disse foi:

– Muitas pessoas já elogiaram meu cabelo.

Aposto que, naquele dia, ele saiu para almoçar caminhando nas nuvens. Aposto que foi para casa naquela noite e contou para a esposa. Aposto que se olhou no espelho e disse: "É mesmo uma bela cabeleira."

Tempos depois contei essa história em público, e um homem me perguntou: "O que o senhor queria dele?"

O que eu queria dele!

Se somos tão egoístas a ponto de não podermos irradiar um pouco de felicidade e fazer um pequeno elogio sem querer nada em troca, então merecemos o fracasso.

Eu queria, sim, alguma coisa daquele sujeito. Queria algo de valor inestimável. E consegui. Obtive o sentimento de ter feito algo por aquele homem sem que ele fosse capaz de retribuir. Esse é um sentimento que cresce dentro de nós e permanece na memória por muito tempo.

Existe uma lei fundamental na conduta humana. Se obedecermos a ela, raramente teremos problemas na vida. Na verdade, se obedecermos a essa lei, teremos inúmeros amigos e uma felicidade constante. Mas, no exato momento em que a violamos, arranjamos problemas. A lei é a seguinte: *Sempre faça com que o outro se sinta importante.* O já mencionado John Dewey dizia que o desejo de ser importante é a mais profunda necessidade da natureza humana. E William James dizia: "O mais profundo princípio da natureza humana é a ânsia de ser reconhecido." Conforme destaquei antes, essa ânsia nos diferencia dos animais. Essa premência é responsável pela própria civilização.

Há milênios os filósofos vêm especulando sobre as regras dos relacionamentos humanos, e, de todas essas especulações, desenvolveu-se apenas um preceito fundamental. Ele não é novo. Na verdade, é tão antigo quanto a própria história. Zoroastro o ensinava a seus seguidores na Pérsia 2.500 anos atrás. Confúcio o pregava na China 2.400 anos atrás. Lao-Tsé, fundador do taoismo, o ensinava a seus discípulos no vale do Han. Buda pregava sobre o assunto à margem do sagrado rio Ganges 500 anos antes do nascimento de Cristo, e os livros sagrados do hinduísmo o ensinavam mil anos antes. Jesus promoveu os mesmos ensinamentos nas colinas pedregosas da Judeia há mais de 19 séculos e resumiu tudo em um pensamento, provavelmente a regra mais importante do mundo: "Fazei aos outros aquilo que quereis que vos façam."

Você quer a aprovação das pessoas. Quer que reconheçam seu verdadeiro valor. Quer se sentir importante no seu mundinho. Não quer ouvir bajulações baratas e falsas, apenas elogios sinceros. Quer que os amigos e colegas de trabalho sejam, como disse Charles Schwab, "calorosos ao demonstrar reconhecimento e pródigos nos elogios." Todos nós queremos.

Portanto, vamos obedecer à Regra de Ouro e dar aos outros o que gostaríamos de receber.

Como? Quando? Onde? A resposta é: o tempo todo, em toda parte.

Durante uma de nossas aulas, David G. Smith, de Eau Claire, Wisconsin, contou como lidou com uma situação delicada ocorrida quando lhe pediram para cuidar da barraquinha de comes e bebes durante um show beneficente.

"Na noite do show, cheguei ao parque e encontrei duas idosas muito mal-humoradas perto da barraca. Aparentemente, cada uma delas achava que havia sido encarregada do projeto. Enquanto eu pensava no que fazer, um membro do comitê de patrocinadores apareceu e me entregou uma caixa com dinheiro trocado e me agradeceu por cuidar do projeto. Em seguida, apresentou-me Rose e Jane dizendo que eram minhas ajudantes e foi embora."

Ele sorriu ao lembrar que, depois disso, fez-se um longo silêncio. "Quando percebi que a caixa com o troco era, de certa forma, um símbolo de autoridade, eu a entreguei a Rose, expliquei que talvez não conseguisse cuidar muito bem das contas e disse que me sentiria melhor se ela ficasse responsável. Em seguida, sugeri que Jane mostrasse aos dois adolescentes designados para a área de bebidas como operar a máquina de refrigerantes e pedi que se encarregasse dessa parte do projeto. A noite foi muito agradável: Rose passou o tempo contando o dinheiro toda feliz, Jane supervisionou os adolescentes e eu aproveitei o show."

Não é preciso esperar ser nomeado embaixador na França ou presidente do Comitê de Piquenique do seu bairro para pôr em prática a filosofia de valorização. Com ela, é possível fazer mágica quase todos os dias.

Se, por exemplo, a garçonete aparecer com purê de batata quando você pediu fritas, diga: "Desculpe incomodar, mas prefiro fritas." É provável que ela responda "Sem problema algum" e troque o acompanhamento simplesmente porque você foi respeitoso.

Pequenas frases que demonstram gentileza, como "Desculpe incomodar", "Você faria a bondade de ______?", "Por gentileza", "Seria um incômodo?" e "Obrigado", azeitam os mecanismos da monótona engrenagem do dia a dia. Além disso, são sinal de boa educação.

Vejamos outro exemplo. Os romances de Hall Caine foram best-sellers no início do século XX. Milhões e milhões de pessoas leram seus livros. Ele era filho de um ferreiro. Estudou, no máximo, por oito anos, mas, quando morreu, era um dos autores mais ricos de sua época. Caine adorava sonetos e baladas. Por isso, devorou toda a poesia de Dante Gabriel Rossetti. Chegou a escrever um ensaio para louvar as realizações artísticas de Rossetti – e enviou uma cópia para o próprio autor. Rossetti ficou encantado.

"Qualquer jovem que tenha uma opinião tão exaltada a respeito da minha capacidade deve ser brilhante", provavelmente pensou Rossetti.

Assim, o poeta convidou o filho do ferreiro a se mudar para Londres e trabalhar como seu secretário. Foi uma guinada na vida de Hall Caine, pois, em seu novo posto, ele conheceu os grandes nomes da literatura de seu tempo. Beneficiando-se dos conselhos dessas pessoas e inspirado pelo encorajamento delas, Caine se lançou numa carreira que inscreveu seu nome no panteão da literatura.

Sua residência, o castelo de Greeba, na Ilha de Man, tornou-se uma meca para turistas de todos os cantos do mundo, e ele deixou uma herança multimilionária. No entanto – quem sabe? –, Caine poderia ter morrido pobre e desconhecido se não tivesse escrito um ensaio expressando sua admiração por um homem famoso.

Esse é o poder do elogio sincero e de coração.

Rossetti considerava-se importante. Isso não tem nada de estranho. Quase todo mundo se considera muito importante.

A vida de muitas pessoas poderia sofrer profundas mudanças se elas tivessem alguém que as fizesse se sentirem importantes. Ronald J. Rowland, um dos instrutores de nosso curso na Califórnia, também é professor de artes e de artesanato. Ele nos escreveu sobre um aluno chamado Chris, da turma de iniciantes:

Chris era um garoto muito tímido e inseguro, o tipo de aluno que geralmente não recebe a devida atenção. Eu também dou aulas para uma turma avançada que, de algum modo, se tornou uma espécie de símbolo de status e privilégio para aqueles que conquistaram o direito de frequentá-la. Numa quarta-feira, Chris trabalhava em sua mesa com dedicação. Quando prestei atenção no garoto, senti que um fogo oculto ardia dentro dele. Perguntei se teria interesse em participar da turma avançada.

Como eu queria ser capaz de expressar o que vi no rosto de Chris, as emoções que tomaram conta daquele garoto tímido de 14 anos enquanto tentava conter as lágrimas.

– Quem, Sr. Rowland? Eu? Acha que sou bom o bastante?

– Sim, Chris, você é bom o bastante.

Nesse momento tive que me afastar, porque as lágrimas queriam brotar dos meus olhos. Quando saiu da sala de aula naquele dia, Chris parecia uns cinco centímetros mais alto. Ele me encarou com aqueles olhos azuis vivos e, com um tom de voz positivo, disse:

– Obrigado, Sr. Rowland.

Naquele dia aprendi algo muito valioso.

Chris me ensinou uma lição que jamais esquecerei: nosso desejo mais profundo é sentir que somos importantes. Para me ajudar a nunca esquecer essa regra, fiz um cartaz onde está escrito "VOCÊ É IMPORTANTE!" e o coloquei na frente da sala de aula, para que todos vejam e para me lembrar que todos os meus alunos são igualmente importantes.

A verdade nua e crua é que quase todas as pessoas que você conhece se sentem superiores a você de algum modo, e uma forma garantida de chegar ao coração delas é deixar que percebam, sutilmente, que você reconhece essa importância com sinceridade.

Lembre-se do que disse Emerson: "Todo homem que encontro é superior a mim de algum modo. E, nesse particular, aprendo com ele."

O patético dessa situação é que, muitas vezes, aqueles que têm menos motivos para ter esse sentimento de realização inflam o próprio ego com estardalhaço e presunção. Como disse Shakespeare: "[...] o homem, o homem orgulhoso/vestido pela mínima autoridade/[...] lança mão de truques tão baratos que fazem os anjos chorarem."

Vou contar como empresários que frequentaram meus cursos aplicaram esses princípios e obtiveram resultados impressionantes. Vejamos o caso de um advogado de Connecticut (que prefere omitir o nome por questões familiares).

Pouco depois de começar a frequentar nossas aulas, o Sr. R. foi de carro até Long Island, acompanhado da mulher, para visitar alguns parentes dela.

A esposa o deixou conversando com uma tia idosa e correu para visitar, sozinha, alguns parentes mais jovens. Poucos dias depois aquele homem deveria fazer uma apresentação sobre o modo como aplicava os princípios do reconhecimento, por isso achou que poderia ter uma experiência válida conversando com aquela senhora. Assim, ele observou a casa inteira à procura de algo que pudesse admirar com sinceridade.

– Esta casa foi construída por volta de 1890, não foi? – perguntou ele.

– Foi, sim – respondeu ela. – Foi exatamente o ano de construção.

– Lembra a casa onde nasci. É linda. Bem construída. Espaçosa. Sabe, não se constroem mais casas como esta.

– Tem razão. Hoje em dia, os jovens não ligam mais para as casas bonitas. Tudo o que querem é ter um apartamento pequeno e sair por aí em seus automóveis. Esta aqui é uma casa dos sonhos – disse ela, a voz vibrando com as boas lembranças. – Foi construída com amor. Meu marido e eu sonhamos com ela durante anos antes de construí-la. Não contamos com um arquiteto. Planejamos tudo sozinhos.

Ela mostrou toda a casa para o Sr. R., que expressou sua sincera admiração pelos lindos tesouros que ela colecionara em suas viagens e prezara durante a vida inteira – xales de lã, um antigo serviço de chá inglês, porcelana Wedgwood, camas e cadeiras francesas, pinturas italianas e cortinados de seda que haviam pertencido a um castelo francês.

Depois de apresentar a casa, ela levou o Sr. R. até a garagem. Lá havia um automóvel Packard praticamente novo com as rodas sobre blocos.

– Meu marido comprou este carro para mim pouco antes de falecer – explicou ela em voz baixa. – Desde que ele morreu, nunca mais o usei... Percebi que você aprecia coisas boas, por isso vou lhe dar este carro de presente.

– Hein? Não, isso é demais para mim. Agradeço sua generosidade, claro, mas eu jamais poderia aceitar. Nem sou seu parente de sangue. Tenho um carro novo, e a senhora tem vários parentes que adorariam ter este Packard.

– Parentes! – exclamou ela. – Sim, tenho parentes que só estão esperando que eu morra para conseguir o carro. Mas não vão ficar com ele.

– Se não quiser dar o automóvel a eles, pode vendê-lo facilmente para um negociante de carros usados.

– Vender?! Acha que eu venderia este carro? Acha que eu suportaria saber que desconhecidos estão andando com este carro para cima e para baixo, com o carro que meu marido comprou para mim? Eu jamais sonharia em vendê-lo. Ele é seu. Você sabe apreciar o belo.

O homem tentou evitar ficar com o automóvel, mas percebeu que estaria ferindo os sentimentos da idosa e acabou aceitando.

Sozinha num casarão com seus xales, antiguidades francesas e lembranças, aquela mulher estava ávida por um pouco de reconhecimento. No passado, tinha sido jovem, bela e requisitada. Tinha construído uma casa cheia de amor e colecionado itens de toda a Europa para embelezá-la. Naquele momento, sentindo-se solitária e isolada, ela ansiava por um pouco de calor humano, por um apreço genuíno – mas não recebia isso de ninguém. Assim, quando encontrou o que desejava, como um oásis no meio do deserto, sua gratidão não poderia ser expressa adequadamente de outra forma que não fosse presenteando o homem com seu querido Packard.

Vejamos outro caso: Donald M. McMahon, que foi superintendente da Lewis and Valentine, empresa de paisagismo de Rye, Nova York, relatou o seguinte incidente:

"Pouco depois de ter comparecido a uma palestra sobre como fazer amigos e influenciar pessoas, eu estava cuidando do paisagismo da propriedade de um famoso jurista. O proprietário apareceu para me dar algumas instruções sobre os locais onde queria canteiros de rododendros e azaleias. Em determinado momento, eu disse: 'Juiz, o senhor tem um belo hobby. Estou admirado com seus lindos cachorros. Soube que todos os anos o senhor conquista muitas fitas azuis na exposição do Madison Square Garden.'"

McMahon contou que o efeito dessa pequena manifestação de apreço foi notável. "O juiz respondeu: 'Sim, eu me divirto muito com os cachorros. Gostaria de visitar o canil?' Ele passou quase uma hora me mostrando os cães e os prêmios recebidos. Chegou a me apresentar os pedigrees e explicou as linhagens responsáveis por tanta beleza e inteligência. Por fim, voltou-se para mim e perguntou: 'Tem filhos pequenos?' 'Sim. Tenho um menino.' 'Ele gostaria de ter um filhote?' 'Ah, sim, com toda certeza. Ficaria enlouquecido.' 'Pois bem, vou dar um filhote para ele.'"

McMahon abriu um grande sorriso e continuou contando a história:

"Ele me explicou como alimentar o filhote. Então, fez uma pausa e disse: 'Você vai esquecer. Melhor eu escrever tudo.' Ele entrou em casa, datilografou o pedigree e as instruções para a alimentação e me deu de presente um filhote que valia muito dinheiro, além de uma hora e 15 minutos de seu tempo valioso. Tudo isso porque expressei minha admiração honesta pelo seu hobby e suas conquistas."

George Eastman, famoso fundador da Kodak, inventou o filme transparente, que tornou possível o cinema, juntou uma fortuna de 100 milhões de dólares e se tornou um dos mais famosos empresários do planeta. No entanto, apesar de todas essas conquistas, ele ansiava por pequenos reconhecimentos, assim como qualquer pessoa.

Para ilustrar: Eastman estava construindo a Escola de Música Eastman e Kilbourn Hall em Rochester, Nova York. Quando James Adamson, presidente de uma fábrica que trabalhava com peças de madeira, soube disso, quis receber o pedido de fornecimento de poltronas dos edifícios. Assim, telefonou para o arquiteto da obra e agendou uma reunião com ele. Quando o Sr. Adamson chegou, o arquiteto disse:

– Sei que o senhor pretende ficar com a encomenda dos assentos, mas posso lhe garantir que não terá a mínima chance se tomar mais do que cinco minutos do tempo de George Eastman. Ele é muito ocupado e rigorosíssimo com relação a isso. Por isso, conte sua história depressa e vá embora.

Adamson estava preparado para fazer exatamente isso.

Quando foi conduzido ao escritório, viu o Sr. Eastman debruçado sobre uma pilha de papéis na escrivaninha. O homem levantou os olhos, tirou os óculos e caminhou até o arquiteto e o Sr. Adamson dizendo:

– Bom dia, cavalheiros, o que posso fazer pelos senhores?

O arquiteto fez as apresentações, e o Sr. Adamson disse:

– Enquanto o esperávamos, fiquei admirando seu escritório. Adoraria trabalhar num lugar assim. Estou no ramo de revestimento em madeira e interiores e nunca vi um escritório mais bonito em toda a minha vida.

– O senhor me fez lembrar de algo que eu havia praticamente esquecido – respondeu Eastman. – É lindo, não acha? Adorei o resultado na época em que foi construído. Mas hoje em dia venho para cá com tanta coisa na cabeça que às vezes passo semanas sem reparar no ambiente.

Adamson deu alguns passos e passou a mão sobre um painel.

– É carvalho inglês, não é? A textura é um pouco diferente do carvalho italiano.

– É – respondeu Eastman. – Carvalho inglês importado. Foi selecionado por um amigo que trabalha com madeiras de lei.

Em seguida, Eastman mostrou-lhe a sala, fazendo comentários sobre as proporções, as cores, os entalhes em madeira e outros detalhes que ele ajudara a planejar e a executar.

Em certo momento, eles pararam diante de uma janela, e Eastman, de seu jeito modesto e discreto, apontou para algumas das instituições com as quais estava tentando ajudar a humanidade: a Universidade de Rochester, o Hospital Geral, o Hospital Homeopático, o Lar dos Amigos e o Hospital Pediátrico. O Sr. Adamson parabenizou Eastman calorosamente pela forma idealista de empregar sua riqueza para aliviar os sofrimentos da humanidade. Em seguida, Eastman abriu uma vitrine de vidro que estava trancada e pegou a primeira câmera fotográfica que possuíra – uma invenção comprada de um inglês.

Adamson fez diversas perguntas sobre as dificuldades que Eastman precisara superar para abrir seu negócio, e o fundador da Kodak falou de coração aberto sobre a infância pobre, contando como sua mãe viúva cuidava de um albergue, enquanto ele trabalhava num escritório de seguros. O horror da pobreza o assombrava dia e noite, e ele decidiu ganhar o suficiente para que a mãe não precisasse mais trabalhar. O Sr. Adamson estimulou Eastman com mais perguntas e ouviu atentamente enquanto o empresário relatava seus experimentos com chapas fotográficas secas. Contou que trabalhava no escritório o dia inteiro e às vezes virava a noite fazendo experiências, tirando breves sonecas enquanto os produtos químicos agiam, às vezes trabalhando e dormindo sem trocar de roupa por até 72 horas seguidas.

James Adamson tinha entrado no escritório de Eastman às 10h15 e fora avisado de que não deveria ocupar mais do que cinco minutos, mas uma hora se passou, duas horas se passaram, e eles continuavam conversando.

Por fim, Eastman virou-se para Adamson e disse:

– Da última vez que fui ao Japão, eu trouxe algumas cadeiras, levei-as para casa e coloquei na varanda. Mas o sol fez a tinta descascar, então outro dia fui até a cidade, comprei tinta e pintei as cadeiras eu mesmo. Quer ver como me saio pintando cadeiras? Venha até a minha casa e almoce comigo. Vou lhe mostrar.

Depois do almoço, o Sr. Eastman mostrou as cadeiras compradas no Japão para o Sr. Adamson. Não valiam mais que alguns dólares, mas George Eastman, já então um multimilionário, tinha orgulho delas porque ele mesmo as pintara.

O valor da encomenda de poltronas chegava a 90 mil dólares. Quem você imagina que ficou com o pedido, James Adamson ou algum concorrente?

Desde aquele dia até a morte de Eastman, ele e Adamson permaneceram grandes amigos.

■ ■ ■

Claude Marais, dono de um restaurante em Rouen, na França, usou o princípio ensinado neste capítulo e impediu que seu estabelecimento perdesse uma funcionária importantíssima. A mulher trabalhava para ele havia cinco anos e era um elo vital entre o Sr. Marais e sua equipe de 21 funcionários. Certo dia, ele ficou chocado ao receber uma carta registrada, enviada por ela, avisando-o de seu desligamento.

O Sr. Marais relatou:

"Fiquei muito surpreso e, acima de tudo, decepcionado, pois tinha a impressão de que havia sido justo com ela e receptivo às suas necessidades. Ela não era apenas uma empregada, mas uma amiga. Provavelmente, eu não a valorizava tanto quanto merecia e talvez exigisse mais dela do que dos outros. Claro que eu não poderia aceitar o pedido de demissão sem uma explicação. Portanto, chamei-a num canto e disse: 'Paulette, você deve compreender que não posso aceitar sua dispensa. Você é muito importante para mim e para esta empresa, e é tão importante para o sucesso deste restaurante quanto eu.' Repeti isso diante da equipe inteira e a convidei a visitar a minha casa, onde reiterei minha confiança nela diante da minha família."

O Sr. Marais contou que, depois disso, Paulette resolveu voltar atrás no pedido de demissão. "Hoje posso confiar nela como nunca. Procuro sempre expressar meu apreço pelo que ela faz, reforçando sua importância para mim e para o restaurante."

"Converse com as pessoas sobre elas mesmas e elas o ouvirão durante horas", dizia Benjamin Disraeli, um dos homens mais perspicazes a assumir o comando do Império Britânico.

PRINCÍPIO 6

Faça o outro se sentir importante – e seja sincero.

EM RESUMO

SEIS FORMAS DE FAZER AS PESSOAS GOSTAREM DE VOCÊ

PRINCÍPIO 1

Desenvolva um interesse genuíno pelos outros.

PRINCÍPIO 2

Sorria.

PRINCÍPIO 3

Lembre-se de que as pessoas consideram o próprio nome o som mais agradável e mais importante de qualquer idioma.

PRINCÍPIO 4

Seja um bom ouvinte. Encoraje os outros a falar de si.

PRINCÍPIO 5

Fale sobre assuntos que interessam ao outro.

PRINCÍPIO 6

Faça o outro se sentir importante – e seja sincero.

PARTE TRÊS

Como fazer as pessoas pensarem como você

1

É impossível ganhar uma discussão

Certa noite, pouco depois do fim da Primeira Guerra Mundial, aprendi uma lição inestimável. Na época, eu estava em Londres e era o empresário de Sir Ross Smith. Durante a guerra, Sir Ross tinha sido o ás australiano da aviação na Palestina. Pouco depois da declaração de paz, ele encantou o mundo ao concluir meia volta ao globo terrestre em 30 dias. Até então, ninguém havia tentado uma proeza semelhante. O feito de Sir Ross foi uma sensação tremenda, e o governo australiano o premiou com 50 mil dólares. O rei da Inglaterra lhe concedeu o título de cavaleiro e, por algum tempo, ele foi o homem mais falado do Reino Unido.

Eu estava num banquete em homenagem a Sir Ross. Durante o jantar, meu vizinho à mesa me contou uma história divertida que se apoiava na seguinte citação: "Existe uma divindade que aperfeiçoa nossos planos, por mais que eles sejam mal traçados por nós."

O homem mencionou que era uma citação bíblica. Estava errado. Eu tinha certeza. Não havia dúvida. Assim, para me sentir importante e demonstrar superioridade, eu me coloquei na posição inoportuna e indesejada de corrigi-lo. Ele se manteve firme. O quê? Shakespeare? Impossível! Absurdo! A citação era da Bíblia, e ele tinha certeza disso.

O sujeito estava à minha direita, e Frank Gammond, velho amigo meu, estava à minha esquerda. O Sr. Gammond estudara Shakespeare durante anos. Por isso, eu e o contador de histórias concordamos em tirar a dúvida com o Sr. Gammond. Ele ouviu, me chutou por baixo da mesa e disse:

– Dale, você está enganado. O cavalheiro tem razão. O trecho *está* na Bíblia.

A caminho de casa naquela noite, falei com o Sr. Gammond:

– Frank, você sabia que a citação era de Shakespeare.

– É claro. *Hamlet*, ato cinco, cena dois. Mas éramos convidados numa ocasião festiva, meu querido Dale. Por que provar que o sujeito estava errado? Isso faria o homem gostar de você? Por que não deixá-lo sair por cima? Ele não pediu nem queria sua opinião. Por que discutir com ele? Evite esse tipo de problema.

O Sr. Gammond me ensinou uma lição que jamais esquecerei. Eu não apenas tinha deixado o contador de histórias numa posição incômoda como também colocara meu amigo numa situação constrangedora. Teria sido muito melhor se eu não partisse para a discussão.

Essa foi uma lição muito necessária, pois sempre fui um debatedor inveterado. Quando jovem, discutia com meu irmão sobre todo e qualquer assunto. Na faculdade, estudei lógica e argumentação e participei de debates competitivos. Mais tarde, lecionei debate e argumentação em Nova York, e uma vez – tenho vergonha de admitir – pensei em escrever um livro sobre o assunto. De lá para cá, ouvi, me envolvi e vi o efeito de milhares de argumentações. Como resultado, cheguei à conclusão de que só existe uma forma de ganhar uma discussão: evitando-a. Evite-a da mesma forma que você evitaria cascavéis e terremotos.

Nove entre dez vezes, uma discussão termina com cada parte ainda mais convencida de que está absolutamente certa.

Não é possível ganhar uma discussão. Não é possível porque, se perdê-la, você perde. E, se ganhar, você perde. Por quê? Bem, imagine que você venceu seu adversário, demonstrou a fragilidade dos argumentos dele e provou que ele está *non compos mentis*. E aí? Você se sentirá bem. E ele? Você fez com que ele se sentisse inferior. Feriu seu orgulho. Ele vai se ressentir do seu triunfo. E...

> Convencido contra a vontade,
> Um homem ainda acredita na sua verdade.

Anos atrás, Patrick J. O'Haire entrou para uma de minhas turmas. Tinha pouca educação formal e adorava um arranca-rabo. No passado, havia trabalhado como motorista particular e tinha me procurado porque vinha tentando vender caminhões, sem muito sucesso. Fiz algumas perguntas e descobri que ele discutia e contrariava exatamente as pessoas com quem tentava fazer negócio. Se um possível cliente apontava um defeito dos caminhões que vendia, Pat ficava furioso e partia para a briga no mesmo instante. Na época, ele ganhava muitas discussões.

"Eu costumava sair do escritório dizendo: 'Falei poucas e boas para aquele sujeito'", revelou-me ele tempos depois. "Sim, falei mesmo, mas não vendi nada."

Meu primeiro problema não era ensinar Patrick J. O'Haire a falar. Minha tarefa imediata era treiná-lo a *parar* de falar e evitar as discussões.

Ao fim do curso, o Sr. O'Haire se tornou um dos melhores vendedores da White Motor Company, em Nova York. Como conseguiu? Eis a história, conforme ele me contou:

"Hoje em dia, se eu entro na sala de um comprador e ele diz: 'O quê? Um caminhão White? Eles não prestam! Não quero nem de presente. Vou comprar um caminhão da concorrência', eu digo: 'O caminhão da concorrência é bom. Se comprá-lo, não vai se arrepender. São feitos por uma boa empresa e vendidos por boa gente.' Quando falo isso o outro fica sem saber o que dizer. Não há espaço para discussão. Se ele diz que a outra marca é a melhor e eu concordo, ele precisa parar. Não pode passar a tarde inteira dizendo isso enquanto concordo com ele. Assim, deixamos de lado a outra marca, e eu começo a falar sobre as qualidades do caminhão White."

Ele parou por um instante para lembrar o passado, em seguida continuou:

"Houve um tempo em que um comentário desse tipo me deixava transtornado. Eu começava a argumentar contra a outra marca, e quanto mais eu atacava, mais meu possível cliente a defendia. E quanto mais ele a defendia, mais se convencia a adquirir o produto da concorrência. Ao olhar para trás, pergunto a mim mesmo como fui capaz de vender alguma coisa. Perdi anos de vida com bate-bocas e discussões. Hoje em dia, mantenho a boca fechada. Vale a pena."

Como dizia o velho e sábio Benjamin Franklin: "Quando você discute, se exaspera e contradiz os outros, é possível obter uma vitória de vez em quando, mas será uma vitória vazia, pois você nunca conseguirá conquistar a boa vontade de seu opositor."

Decida por si mesmo. O que prefere? Uma vitória acadêmica e teatral ou a boa vontade do outro? Quase nunca é possível obter as duas coisas.

Certa vez, o jornal *Transcript*, de Boston, publicou estes versinhos cômicos e significativos:

> William Jay aqui jaz,
> um homem que morreu com seus ideais.
> Estava coberto de razão enquanto vivia apressado,
> mas está coberto de terra como estaria se estivesse errado.

Você pode estar coberto de razão enquanto defende seus argumentos, mas seu esforço para mudar o modo de pensar do outro provavelmente será tão inútil quanto se estivesse errado.

Frederick S. Parsons, contador especialista em imposto de renda, vinha discutindo por uma hora com um fiscal da Receita Federal. O que estava em jogo era um débito no valor de 9 mil dólares. O Sr. Parsons alegava que a quantia era relativa a uma dívida insolúvel, que nunca seria paga. Portanto não poderia ser taxada. O fiscal rebatia dizendo que não era dívida insolúvel coisa nenhuma e que o valor precisava ser taxado.

"O fiscal era um sujeito frio, arrogante e teimoso", comentou o Sr. Parsons enquanto contava a história para a turma. "Não adiantava usar a razão nem apresentar os fatos. Quanto mais discutíamos, mais teimoso ele ficava. Assim, decidi evitar a discussão, mudar de assunto e demonstrar apreço por ele. Eu disse: 'Imagino que seja um assunto insignificante em comparação com as decisões importantes e difíceis que o senhor precisa tomar. Estudei os impostos, mas meu conhecimento veio dos livros. Já o senhor aprendeu com a prática. Às vezes, acho que gostaria de ter um emprego como o seu. Eu aprenderia muito.' E eu estava falando de coração."

Parsons parou por um instante, lembrando a reação do agente.

"O fiscal endireitou as costas na cadeira e falou um bom tempo sobre seu trabalho, contando casos de fraudes astuciosas que descobrira. Aos poucos, o tom de voz dele foi se tornando amistoso, e em pouco tempo ele já estava falando sobre os filhos. Quando foi embora, avisou que pensaria sobre meu problema e tomaria uma decisão em alguns dias. Por fim, ele ligou para meu escritório três dias depois e me informou que havia decidido aceitar a declaração do imposto exatamente como estava."

O fiscal da Receita estava demonstrando uma das fraquezas humanas mais comuns: queria se sentir importante. Enquanto o Sr. Parsons discutia, o fiscal se sentia importante falando em voz alta para reiterar sua autoridade. Mas, assim que o Sr. Parsons admitiu sua importância e a discussão parou, o fiscal se tornou um ser humano simpático e gentil.

Buda dizia: "O ódio nunca tem fim com mais ódio, apenas com amor." Da mesma forma, um equívoco nunca tem fim com uma discussão, apenas com o tato, a diplomacia, a conciliação e um desejo sincero de enxergar o ponto de vista da outra pessoa.

Certa vez, Lincoln repreendeu um jovem oficial do Exército por manter uma discussão agressiva com um colega. Ele disse:

"Nenhum homem que decide se aperfeiçoar ao máximo pode perder tempo com disputas pessoais. Muito menos pode se dar ao luxo de encarar as consequências dessa atitude, entre elas a perversão de sua índole e a perda do autocontrole. Quando seus direitos forem iguais aos do outro, faça grandes concessões; quando seu direito for maior que o do outro, faça concessões menores. Melhor sair da frente do cachorro do que ser mordido por ele. Nem matando o animal a mordida seria curada."

Um artigo publicado na revista *Bits and Pieces* dá algumas sugestões para evitar que uma divergência se transforme em discussão:

> *Acolha a divergência.* Lembre-se do ditado: "Quando dois sócios concordam o tempo todo, um dos dois não é necessário." Se existe algum ponto sobre o qual você não havia pensado, agradeça a quem chamou sua atenção. Talvez essa discordância seja a oportunidade de se corrigir antes de cometer um erro grave.
>
> *Desconfie da sua primeira impressão instintiva.* Numa situação desagradável, nossa primeira reação natural é assumir uma postura defensiva. Cuidado. Mantenha a calma e observe sua primeira reação. Talvez ela seja o que há de pior em você, e não o que há de melhor.
>
> *Controle seu gênio.* Lembre-se de que é possível medir a grandeza de uma pessoa avaliando aquilo que a deixa zangada.
>
> *Ouça antes.* Dê a seus oponentes uma oportunidade de falar. Deixe terminarem o que têm a dizer. Não resista, não se defenda nem inicie uma discussão. Essas atitudes servem apenas para erguer barreiras. Tente construir pontes de entendimento, e não barreiras de desentendimento.
>
> *Procure pontos em comum.* Depois de ouvir seus oponentes, trate primeiro dos pontos e das áreas em que vocês concordam.
>
> *Seja sincero.* Procure admitir e assumir seus erros. Peça desculpa por eles. Isso ajudará a desarmar seus oponentes e a diminuir a postura defensiva.
>
> *Prometa que vai refletir sobre as ideias de seus oponentes e estudá-las com cuidado.* E fale com sinceridade. Seus adversários po-

dem ter razão. É muito mais fácil concordar em avaliar seus próprios pensamentos agora do que tomar uma decisão apressada e, no futuro, se encontrar numa posição em que eles possam dizer: "Tentamos avisá-lo, mas você não quis escutar..."

Agradeça sinceramente a seus oponentes pelo interesse demonstrado. Qualquer um que devote tempo a discordar de você está interessado nas mesmas coisas que você. Pense neles como pessoas que desejam ajudá-lo. Assim, será possível transformar oponentes em amigos.

Adie a ação para permitir que os dois lados tenham tempo de refletir sobre o problema. Sugira uma nova reunião para o fim do dia ou o dia seguinte, quando todos os fatos poderão ser checados. Ao se preparar para a segunda reunião, faça algumas perguntas difíceis a si mesmo: Será que meus oponentes estão certos, ou pelo menos parcialmente certos? Existe alguma verdade por trás do ponto de vista ou dos argumentos deles? Minha reação está aliviando o problema ou aliviando apenas alguma frustração? Minha reação afastará meus oponentes ainda mais ou vai aproximá-los de mim? Minha reação aumentará a consideração que boas pessoas têm de mim? Eu vou vencer ou perder? Que preço terei de pagar se vencer? Será que a divergência pode acabar se eu simplesmente me mantiver em silêncio? Essa situação difícil pode ser uma oportunidade para mim?

Após quase 50 anos de casamento, o tenor Jan Peerce afirmou: "Minha mulher e eu fizemos um pacto há muito tempo, e o mantemos, por mais zangados que estejamos um com o outro. Quando um grita, o outro deve ouvir, porque, quando duas pessoas gritam, não há comunicação, apenas barulho e vibrações ruins."

PRINCÍPIO 1

A única forma de se dar bem numa discussão é evitando-a.

2

Um jeito infalível de fazer inimigos e como evitá-lo

Quando estava na Casa Branca, Theodore Roosevelt confessou que, se estivesse certo 75% do tempo, teria alcançado suas mais altas expectativas. Se 75% era o mais alto patamar que um dos homens mais notáveis do século XX poderia sonhar em atingir, o que esperar de você e de mim?

Se puder garantir que está certo 55% do tempo, você pode ir para Wall Street e ganhar um milhão de dólares por dia. Se não tem certeza de que consegue acertar nem 55% das vezes, por que deveria dizer aos outros que eles estão errados?

É possível usar o olhar, o tom de voz e os gestos para dizer aos outros, com a mesma eloquência das palavras, que eles estão errados. Mas, se você fizer isso, eles concordarão com você? Nunca! Pois você está acertando um golpe em cheio na inteligência, na capacidade de julgamento, no orgulho e no amor-próprio deles. Eles terão vontade de revidar, mas não de mudar de ideia. Você pode usar toda a lógica de Platão ou Kant, mas não conseguirá fazê-los mudar de opinião, pois feriu os sentimentos deles.

Nunca comece a conversa anunciando: "Vou lhe provar isso e aquilo." É ruim. É como se dissesse: "Sou mais inteligente que você. Vou lhe dizer uma ou duas coisas e fazê-lo mudar de ideia." Esse comportamento soa como um desafio. Provoca o conflito e faz o interlocutor querer o enfrentamento antes mesmo de você argumentar.

Mesmo nas condições mais propícias, é difícil fazer com que as pessoas mudem de ideia. Logo, por que dificultar ainda mais? Por que criar obstáculos para si mesmo? Se você vai provar algo, não informe isso a ninguém. Aja de maneira tão sutil e elegante que ninguém perceba que você está fazendo isso. Esse comportamento foi expresso de forma bastante concisa por Alexander Pope:

> "Os homens devem ser ensinados como se não fossem ensinados,
> E o desconhecido, proposto como se fosse algo esquecido."

Mais de 300 anos atrás, Galileu disse:

"Não é possível ensinar qualquer coisa a um homem. Só é possível ajudá-lo a descobri-la dentro de si."

E o lorde Chesterfield disse ao filho:

"Seja mais sábio do que os outros se puder, mas não avise a ninguém."

Por fim, Sócrates disse várias vezes a seus seguidores em Atenas:

"A única coisa que sei é que nada sei."

Não posso querer ser mais inteligente do que Sócrates. Portanto, preciso parar de dizer aos outros que estão errados. Quando faço isso, descubro que vale a pena. Se alguém diz algo que você considera errado – mesmo que você saiba que está errado –, é melhor começar dizendo: "Veja, eu penso diferente, mas posso estar enganado. Muitas vezes eu me engano. Se isso acontecer, quero ser corrigido. Vamos examinar os fatos."

Existe uma magia positiva em frases como: "Posso estar enganado. Muitas vezes eu me engano. Vamos examinar os fatos." Ninguém, sob hipótese alguma e em circunstância alguma, vai se opor a você caso diga algo do tipo.

Um de nossos alunos que empregou essa abordagem ao lidar com os clientes foi Harold Reinke, revendedor da Dodge em Billings, Montana. Ele relatou que, por causa das pressões do ramo automobilístico, costumava ser duro e insensível com as reclamações da clientela. Isso gerava ânimos exaltados, perda de negócios e um ambiente desagradável. Ele falou para a turma:

"Reconheci que esse comportamento não estava me levando a lugar nenhum e decidi mudar. Passei a dizer: 'Nossa revenda tem cometido tantos erros que vivo passando vergonha. Talvez tenhamos nos enganado no seu caso. Me fale sobre o problema.' Essa abordagem desarma o cliente, e, depois que ele desabafa, costuma ficar bem mais razoável na hora de resolver o problema. Na verdade, diversos clientes me agradeceram por ter uma atitude tão compreensiva, e dois chegaram a levar amigos para comprar carros novos. Nesse mercado altamente competitivo, precisamos mais de clientes fiéis, e acredito que demonstrar respeito pela opinião de todos os clientes e tratá-los com diplomacia e cortesia me ajudará a superar a concorrência."

Você nunca arranjará problemas ao admitir que pode estar errado. Essa postura interrompe a discussão, inspira seu oponente a ser tão justo, aberto e receptivo quanto você e o faz admitir que também pode estar errado.

Se você tem certeza absoluta de que a pessoa está enganada e diz isso sem rodeios, o que acontece? Veja o seguinte exemplo: certa vez, o Sr. S., jovem advogado nova-iorquino, trabalhava num caso muito importante diante da Suprema Corte dos Estados Unidos (*Lustgarten vs. Fleet Corporation* 280 U.S. 320). O caso envolvia uma considerável soma de dinheiro e uma importante questão do direito. Durante a argumentação, um dos juízes da Suprema Corte perguntou a ele se o estatuto de limitações da lei do almirantado era de seis anos. O Sr. S. parou, fitou o juiz por um momento e em seguida respondeu, bruscamente, que não existia estatuto de limitações no almirantado.

"Houve um silêncio no tribunal", disse o Sr. S. ao relatar o caso durante uma das aulas do curso. "Tive a sensação de que a temperatura caiu para zero grau. Eu estava certo. O juiz... estava errado. E eu tinha dito isso. Mas isso o tornou mais amigável? Não. Ainda acredito que a lei estava do meu lado. E sei que aquela apresentação foi a melhor da minha vida até então. Mas eu não o persuadi. Cometi um tremendo erro ao dizer a um homem muito culto e famoso que ele estava errado."

Poucas pessoas são lógicas. A maioria de nós tem preconceitos e vieses. A maioria de nós é flagelada por noções preconcebidas, sente ciúme, desconfiança, medo, inveja e orgulho. E a maioria das pessoas não quer mudar de ideia sobre religião, corte de cabelo, comunismo ou sua estrela de cinema preferida. Portanto, caso você tenha vontade de dizer que as pessoas estão erradas, por favor, leia o parágrafo a seguir todos os dias antes do café da manhã. Pertence ao elucidativo livro *A formação da mentalidade*, de James Harvey Robinson.

> Às vezes, mudamos de ideia sem qualquer resistência e com naturalidade, mas, se nos dizem que estamos errados, ficamos ressentidos e nosso coração endurece. Somos incrivelmente negligentes na formação das nossas crenças, mas somos tomados por

uma paixão indevida quando alguém propõe nos livrarmos delas. Claramente, isso não acontece porque nossas ideias nos são caras, mas, sim, porque nossa autoestima é ameaçada... As palavrinhas "meu" e "minha" são as mais importantes nas relações humanas, e perceber isso é o começo da sabedoria. Elas têm a mesma força, não importa se dizemos "meu" jantar, "meu" cachorro e "minha" casa ou "meu" pai, "meu" país e "meu" Deus. Não ficamos apenas ressentidos quando nos dizem que nosso relógio está errado e nosso carro está sujo, mas também que nossa concepção sobre os canais de Marte está errada, nossa pronúncia da palavra "epíteto" é ruim, nosso ponto de vista sobre o valor medicinal da salicina e sobre as datas de Sargão I está equivocado. Gostamos de continuar acreditando naquilo que nos acostumamos a aceitar como verdadeiro, e o ressentimento despertado quando alguém lança dúvidas sobre nossos pressupostos nos leva a procurar uma desculpa para nos agarrarmos a eles. Resultado: a maior parte daquilo que chamamos de raciocínio consiste em encontrar argumentos para continuar acreditando naquilo em que já acreditamos.

Em seu livro *Tornar-se pessoa*, o renomado psicólogo Carl Rogers escreveu (trecho adaptado):

Descobri que é de enorme valor quando consigo me permitir compreender o outro indivíduo. A maneira que escolhi para escrever essa frase pode parecer estranha. É necessário se permitir compreender o outro? Acredito que sim. Nossa primeira reação à maioria das afirmações (que ouvimos dos outros) é avaliar ou julgar, e não compreender. Quando alguém expressa algum sentimento, ponto de vista ou uma crença, nossa tendência quase imediata é sentir que "está certo" ou "é estúpido", "é anormal", "é irracional", "é incorreto", "é ruim". Poucas vezes nos permitimos compreender exatamente o que a afirmativa significa para o outro.

Certa vez, contratei um decorador de interiores para fazer algumas cortinas para minha casa. Quando a conta chegou, fiquei desesperado.

Dias depois, uma amiga me visitou e reparou nas cortinas. Falei o preço, e ela exclamou, com um leve tom de triunfo: "O quê? Que horror! Lamento que ele tenha se aproveitado de você."

Ela disse a verdade, mas poucas pessoas gostam de ouvir verdades que refletem seus pontos de vista. Por isso, como sou humano, tentei me defender. Destaquei que, no fim, a melhor qualidade acaba saindo barata, que não se pode obter qualidade e gosto artísticos a preço de banana, etc.

No dia seguinte, outra amiga apareceu, admirou as cortinas, ficou entusiasmada e disse que adoraria poder arcar com os custos de criações tão belas em sua casa. Minha reação foi totalmente diferente. Confessei: "Para falar a verdade, eu também não tenho condições de arcar. Paguei caro demais. Me arrependi de ter encomendado essas cortinas."

Quando estamos errados, podemos admitir para nós mesmos, e quando somos tratados com tato e gentileza, podemos admitir para os outros e até nos orgulhar de falarmos com franqueza e a mente aberta. Mas não agimos assim se nosso interlocutor faz questão de nos lembrar o fato desagradável.

Horace Greeley, o mais famoso editor americano na época da Guerra Civil, discordava veementemente das políticas de Lincoln. Acreditava ser capaz de levar Lincoln a concordar com ele com uma campanha de ridicularizações e agressões. Greeley agiu dessa forma mês após mês, ano após ano. Chegou ao ponto de escrever um ataque pessoal, brutal, amargo e sarcástico contra Lincoln no dia em que o presidente foi alvejado por Booth. Toda essa amargura teria levado Lincoln a concordar com Greeley? De forma alguma. Ridicularizar e agredir nunca funcionam.

Se quiser excelentes sugestões sobre como lidar com as pessoas, como se comportar e aprimorar sua personalidade, leia a autobiografia de Benjamin Franklin – uma das mais fascinantes histórias de vida já escritas, um clássico da literatura americana. Ben Franklin conta como superou o péssimo hábito de entrar em discussões e se tornou um dos homens mais capazes, gentis e diplomáticos da história dos Estados Unidos.

Certo dia, quando Franklin ainda era um jovem desajeitado, um velho amigo o chamou para uma conversa e soltou algumas verdades inconvenientes. Foi alguma coisa assim:

Ben, você é impossível. Quando você dá uma opinião, ela vem carregada de agressões a quem discordar. São tão ofensivas que ninguém se importa com elas. Seus amigos percebem que se sentem melhor quando você não está por perto. Você é tão sábio que ninguém pode lhe dizer nada. E a verdade é que ninguém vai sequer tentar lhe dizer nada, o que só geraria desgaste e mal-estar. Por isso, é provável que você não aprenda mais do que já sabe atualmente, o que é bem pouco.

Uma das coisas mais incríveis que sei sobre Ben Franklin é a forma como ele aceitou essa repreensão tão incisiva. Na época, ele já era grande e inteligente o bastante para perceber que aquilo era verdade, para sentir que estava fadado ao fracasso e a se tornar um desastre social. Por isso, deu uma guinada. Começou a mudar imediatamente, deixando de lado a insolência e a presunção.

"Eu me impus uma regra: passei a evitar toda e qualquer discussão que pudesse ferir os sentimentos alheios e a me reprimir quando quisesse fazer afirmações categóricas ao expor meus pensamentos. Cheguei a me proibir de usar palavras ou expressões que implicavam uma opinião inabalável, como 'com certeza', 'sem dúvida', etc. No lugar delas, adotei 'acredito', 'entendo' ou 'imagino' que algo é assim ou assado, ou 'no momento, me parece que...'. Quando alguma pessoa afirmava algo que eu acreditava estar errado, eu me negava o prazer de contradizê-la sem a menor cerimônia e demonstrar que ela estava falando um absurdo. Quando eu precisava responder a alguém, começava dizendo que em determinados casos e circunstâncias aquela opinião estaria correta, mas, no caso em questão, parecia haver algumas diferenças, etc. Logo descobri a vantagem dessa mudança de comportamento. As conversas se tornaram mais agradáveis. Passei a dar opiniões de forma modesta, o que fez com que fossem mais bem recebidas e causassem menos contradições. Passei a sofrer menos quando descobria que estava enganado. Quando eu estava certo, tornou-se mais fácil fazer meu ponto de vista prevalecer e os outros reverem os próprios erros e concordarem comigo."

Em outro trecho, ele acrescenta: "Quando passei a agir dessa forma, no começo tive a sensação de que estava cometendo uma violência contra minha natureza, mas, com o passar do tempo, esse comportamento se tornou tão fácil e habitual que talvez tenham se passado cinquenta anos sem que alguém tenha me ouvido soltar qualquer expressão dogmática. Depois da integridade do meu caráter, considero esse hábito a mais importante característica que me ajudou a obter tanta influência junto a meus compatriotas quando propus novas instituições ou a alteração das antigas e tanta influência nos conselhos públicos de que participei. A verdade é que nunca passei de um mau orador, sem eloquência, hesitante na escolha das palavras, com um domínio mediano da linguagem. No entanto, em geral eu conseguia transmitir minhas ideias."

Como os métodos de Ben Franklin funcionam no mundo dos negócios? Vamos examinar dois exemplos.

Katherine A. Allred, de Kings Mountain, Carolina do Norte, é supervisora de engenharia industrial de uma fábrica de fiação. Diante de uma de nossas turmas, ela contou como lidou com um problema difícil antes e depois de nosso treinamento:

"Parte de minha responsabilidade é lidar com o estabelecimento e a manutenção de sistemas de incentivos e de padrões para nossos operadores, de modo que possam ganhar mais dinheiro aumentando a produção. O sistema que estávamos usando funcionava bem quando produzíamos apenas dois ou três tipos de fio, mas pouco antes tínhamos expandido nosso estoque e nossas instalações para permitir a produção de mais de 12 variedades. O sistema anterior não servia mais para fornecer uma remuneração justa pelo trabalho e não incentivava mais um aumento da produção."

Katherine contou que havia desenvolvido um novo sistema que permitiria à fábrica pagar a cada operador pelo tipo de fio. "Entrei numa reunião determinada a mostrar aos diretores que aquela era a abordagem correta. Expliquei detalhadamente por que estavam errados e demonstrei em que pontos estavam sendo injustos e que meu novo sistema tinha todas as respostas necessárias para corrigir os defeitos. Para dizer o mínimo, foi um fracasso retumbante! Perdi tanto tempo defendendo minha posição que não dei a eles nenhum espaço para admitir com elegância os problemas do sistema antigo. O assunto estava encerrado", admitiu.

Ela abriu um sorriso e continuou:

"Depois de comparecer a várias aulas deste curso, percebi claramente onde havia errado. Marquei uma nova reunião e, dessa vez, perguntei onde achavam que estavam os problemas. Conversamos sobre cada ponto, e pedi a opinião de todos sobre o melhor procedimento a ser adotado. De tempos em tempos dei algumas sugestões discretas e deixei que eles desenvolvessem meu sistema sozinhos, naturalmente. No fim da reunião, quando, enfim, apresentei minha proposta, ela foi aceita com entusiasmo."

Ela concluiu dizendo:

"Estou convencida de que, quando dizemos a uma pessoa, sem rodeios, que ela está errada, nada de bom acontece e podemos causar muitos danos. Esse comportamento elimina o sentimento de dignidade própria de quem o ouve. Com isso, você se torna uma parte desagradável de qualquer discussão."

Vejamos outro exemplo, e lembre-se de que os casos que menciono são típicos das experiências de milhares de pessoas. R. V. Crowley era vendedor de uma madeireira em Nova York. Crowley admitiu que, durante muitos anos, disse a seus inspetores, pessoas calejadas no trabalho, que eles estavam errados. E, quando discutia com eles, saía por cima, mas a verdade é que isso não adiantava de nada.

"Inspetores da indústria madeireira são como árbitros de futebol", disse o Sr. Crowley. "Quando tomam uma decisão, nunca mais mudam de ideia."

Depois de um tempo, o Sr. Crowley percebeu que sua empresa estava perdendo milhares de dólares graças às discussões que ele ganhava. Assim, enquanto participava do meu curso, ele decidiu mudar de tática e parar com as argumentações. O que aconteceu? Ele mesmo contou a história a seus colegas de turma:

"Certa manhã, o telefone tocou no escritório. Do outro lado da linha, havia uma pessoa irritada me informando que toda a madeira de um vagão que havíamos despachado para sua fábrica era insatisfatória. A empresa tinha interrompido a descarga e solicitou que tomássemos providências imediatas para retirar a madeira do pátio. Após a descarga de um quarto da carga do vagão, o inspetor deles relatou que a madeira estava 55% abaixo do padrão. Assim, eles se recusavam a aceitar o carregamento."

O Sr. Crowley estava nitidamente tenso ao relembrar a história.

"Fui imediatamente até as instalações deles. No caminho, pensei em qual a melhor forma de lidar com a situação. De modo geral, eu deveria citar as regras de qualidade e tentar usar minha experiência e expertise na inspeção de madeira para convencer o inspetor deles de que a madeira tinha a qualidade exigida e que ele se equivocava na interpretação das regras. No entanto, decidi aplicar os princípios que aprendi neste curso. Quando cheguei, encontrei o agente que fizera a compra e o inspetor, ambos de péssimo humor, preparados para discutir e brigar. Nós três nos dirigimos ao vagão que estava sendo descarregado. Solicitei que continuassem a descarga para vermos como as coisas progrediam. Pedi ao inspetor que separasse as peças rejeitadas, como vinha fazendo, e fizesse outra pilha com as boas."

Os alunos ouviam com atenção.

"Depois de observá-lo por algum tempo, comecei a perceber que a inspeção realmente estava sendo rígida demais e que ele se equivocava na interpretação das regras. A madeira em questão era o pinho-branco, e eu sabia que o inspetor conhecia bem as madeiras resistentes, mas não tinha tanta competência nem experiência com o pinho-branco. O pinho-branco, por acaso, era a minha especialidade, mas mesmo assim não fiz objeções ao modo como ele estava classificando a madeira. Simplesmente continuei observando e, aos poucos, comecei a perguntar por que determinadas peças não eram satisfatórias. Em momento algum insinuei que o inspetor estava errado. Deixei claro que só estava perguntando para poder fornecer à empresa deles exatamente o que queriam nas futuras remessas. Ao fazer perguntas num espírito amistoso, cooperativo, insistindo em dizer que eles estavam corretos ao descartar as tábuas inadequadas, fiz com que o humor do inspetor melhorasse, e a tensão começou a diminuir. Em certo momento, teci um comentário ocasional que o despertou para a possibilidade de que talvez as peças rejeitadas correspondessem ao padrão que eles haviam comprado e que seria necessário um padrão mais caro para atender aos requisitos deles. O tempo todo tomei todo o cuidado para não fazer o inspetor pensar que eu estava criando caso."

O Sr. Crowley contou que, aos poucos, a atitude do inspetor mudou: "Ele enfim admitiu que não tinha experiência com pinho-branco e começou a me fazer perguntas sobre cada peça que saía do vagão. Eu explicava por que as peças tinham a qualidade especificada, mas insisti em dizer que não queríamos que ele aceitasse caso as peças não servissem para sua empresa. Em certo momento, ele começou a se sentir culpado cada vez que colocava uma peça na pilha de rejeitadas e acabou concluindo que o erro era deles, por não terem especificado a qualidade que atendia às suas necessidades. No fim, ele resolveu examinar toda a carga depois que parti, aceitou o lote inteiro e recebemos o valor total da venda."

Ele concluiu falando da lição que tirou do caso:

"Nesse exemplo, um pouquinho de tato e de cuidado para não apontar os erros dos outros evitou que minha empresa perdesse uma soma substancial. Seria difícil estabelecer um valor em dinheiro para a boa vontade que foi preservada nessa situação."

Perguntaram a Martin Luther King como ele, um pacifista, podia admirar o general da Aeronáutica Daniel "Chappie" James, na época o oficial negro mais graduado do país. O Dr. King respondeu: "Julgo as pessoas com base nos princípios delas, e não nos meus."

De forma semelhante, certa vez o general Robert E. Lee falou com o presidente dos Confederados, Jefferson Davis, a respeito de um oficial sob seu comando, usando os termos mais elogiosos. Ao ouvir a conversa, outro oficial ficou estarrecido e resolveu perguntar:

– General, o senhor sabia que o homem que tanto elogia é, na verdade, um de seus piores inimigos, alguém que nunca perde uma oportunidade de maldizê-lo?

– Sim, eu sei – respondeu o general Lee. – Mas o presidente me perguntou o que eu acho dele, e não o que ele acha de mim.

Aliás, não estou revelando nada de novo neste capítulo. Dois mil anos atrás Jesus já dizia:

"Concorda prontamente com teu adversário."

E 2.200 anos antes do nascimento de Jesus, o rei Akhtoi, do Egito, ofereceu conselhos perspicazes ao filho – conselhos extremamente necessários nos dias atuais:

"Seja diplomático. Isso o ajudará a alcançar o que deseja."

Em outras palavras, não discuta com seu cliente, seu cônjuge ou seu adversário. Não diga que estão errados, não os irrite. Use um pouco de diplomacia.

PRINCÍPIO 2

Demonstre respeito pela opinião alheia.
Nunca diga "Você está errado".

3

Se estiver errado, admita o erro

A UM MINUTO DA MINHA CASA existia uma floresta de mata virgem onde arbustos de amoras silvestres ficavam cobertos de branco na primavera, os esquilos faziam ninhos e cuidavam dos filhotes e o capim crescia até ficar da altura de um cavalo. Esse bosque intocado se chamava Forest Park, um lugar que provavelmente não havia mudado muito desde a época em que Colombo descobriu a América. Eu costumava caminhar por ali com Rex, meu pequeno buldogue de Boston. Era um cachorro simpático e inofensivo, e, como raramente encontrávamos alguém, eu deixava Rex solto, sem guia nem focinheira.

Um dia, encontramos um guarda da polícia montada no parque, e ele estava louco para demonstrar autoridade.

– Por que seu cachorro está solto aqui no parque, sem guia e sem focinheira? – recriminou-me. – Não sabe que é contra a lei?

– Sim, eu sei – respondi baixinho –, mas não pensei que teria problemas por aqui.

– Pois é, não pensou! O problema é que a lei não liga para o que você acha. Esse cachorro podia matar um esquilo ou morder uma criança. Vou deixar passar desta vez, mas, se eu voltar a pegar esse cachorro por aqui sem focinheira e sem guia, vai ter que se explicar para o juiz.

Humildemente, prometi obedecer.

E obedeci – algumas vezes. Mas Rex não gostava da focinheira, nem eu. Por isso, decidimos arriscar. Durante um tempo não houve problema, até que, certa tarde, aconteceu: Rex e eu estávamos correndo para o alto de uma colina e, de repente – para meu desespero –, vi o mesmo guarda montado num cavalo. Rex estava na frente, correndo bem na direção dele.

Eu sabia que estava em apuros, por isso nem esperei ele se pronunciar. Fui logo falando:

– O senhor me pegou em flagrante. Sou culpado. Não tenho desculpas. O senhor me avisou na semana passada que, se voltasse aqui com meu cachorro sem focinheira, eu seria multado.

– Pois é – interrompeu o guarda em tom tranquilo. – Sei que é tentador deixar um cachorrinho desses correr ao ar livre quando não há ninguém por perto.

– Com certeza é tentador. Mas eu infringi a lei.

– Bom, um cachorrinho desses não vai machucar ninguém – ponderou ele.

– Não, mas pode matar os esquilos.

– Acho que está levando isso muito a sério. Vamos fazer o seguinte: deixe o cachorro correr até o outro lado da colina, onde não consigo vê-lo... e depois esquecemos o assunto.

Aquele guarda era um ser humano que só queria se sentir importante. Por isso, quando eu mesmo comecei a me recriminar, a única forma que ele tinha de alimentar sua autoestima era assumindo uma postura magnânima e demonstrando piedade.

Agora, imagine que eu tivesse tentado me defender... Pois é, já tentou argumentar com um policial?

Em vez de enfrentá-lo, admiti que ele estava completamente certo e que eu estava absolutamente errado. E admiti rápido, sem dar margem a dúvida. O caso terminou de um jeito divertido – eu tomando o lado dele, e ele tomando o meu lado. Nem o lorde Chesterfield teria sido mais gentil do que aquele guarda, que apenas uma semana antes me ameaçara com as penas da lei.

Se sabemos que vamos ser repreendidos, não é melhor passar à frente do outro e nós mesmos nos darmos a bronca? Não é bem mais fácil fazer uma autocrítica do que suportar a condenação alheia?

Diga você mesmo todas as coisas depreciativas que você sabe que o outro pretende dizer – e diga antes que a pessoa tenha chance de falar qualquer coisa. Se você agir dessa forma 100 vezes, em 99 a outra pessoa agirá de forma generosa, tolerante, e seus erros serão minimizados, da mesma forma que o guarda fez comigo.

O ilustrador Ferdinand E. Warren usou essa técnica para conquistar a boa vontade de um petulante e raivoso comprador de arte. Ele contou sua história diante de uma turma do curso:

"Ao fazer desenhos para a publicidade e para publicações, é importante ser bem preciso e exato. Alguns editores de arte exigem que suas encomendas sejam executadas de imediato. Nesses casos, erros podem acontecer. Conheço um diretor de arte que sempre fica feliz ao encontrar algum errinho. Costumo sair da sala dele aborrecido, não por causa da crítica, mas por causa da forma como ele me ataca. Recentemente, entreguei um trabalho urgente para esse editor, e logo em seguida ele me telefonou, pedindo que eu me dirigisse à sua sala imediatamente. Disse que havia algo de errado. Quando cheguei, descobri que era exatamente o que eu temia."

Warren fez uma pausa.

"Ele estava hostil, satisfeito por ter a chance de me criticar. Furioso, perguntou por que eu havia feito isso e aquilo. Foi minha oportunidade de aplicar a autocrítica que vinha estudando. Respondi: 'Sr. Fulano, se o que está dizendo é verdade, cometi um erro, e não existe nenhuma desculpa para ele. Tenho feito desenhos para o senhor há tempo suficiente para saber que deveria ter mais cuidado. Estou envergonhado.' Imediatamente, ele começou a me defender: 'Sim, tem razão, mas no fim das contas não é um erro sério. É apenas...' Eu o interrompi: 'Qualquer erro pode causar um grande prejuízo, e todos são irritantes.' Ele tentou me interromper, mas não permiti."

Warren sorriu.

"Comecei a me divertir. Pela primeira vez na vida, eu estava me criticando... e adorando. 'Eu devia ter sido mais cuidadoso', continuei. 'O senhor sempre me oferece trabalhos e merece que eu dê o melhor de mim. Por isso, vou refazer o desenho todo.' 'Não! Não! Nem me passou pela cabeça fazê-lo ter esse trabalho.' Ele elogiou meu trabalho, explicou que queria apenas uma pequena mudança e disse que meu erro era mínimo e não havia causado nenhum prejuízo financeiro à empresa. Por fim, disse que era um mero detalhe e que eu não precisava me preocupar. Meu empenho em fazer uma autocrítica acabou com a disposição belicosa do homem. Ele me convidou para almoçar e, antes de nos despedirmos, me entregou um cheque e fez uma nova encomenda."

De certa forma, você se sente satisfeito quando tem a coragem de assumir os próprios erros. Essa atitude não só alivia o ar de culpa e acaba com a postura defensiva, como também costuma ajudar a resolver o problema criado pelo erro.

Bruce Harvey, de Albuquerque, Novo México, se enganara ao autorizar o pagamento do salário integral de um funcionário que estava de licença médica. Quando descobriu o equívoco, comunicou ao funcionário e explicou que, para corrigi-lo, precisaria subtrair do próximo contracheque a quantia recebida indevidamente. O homem perguntou se poderia devolver o dinheiro em parcelas mensais, pois a cobrança total lhe causaria um sério problema financeiro. Harvey explicou que precisaria obter a aprovação do supervisor. Ele relatou a história:

"Eu sabia que meu supervisor iria explodir quando soubesse. Enquanto tentava decidir o melhor modo de lidar com a situação, percebi que era o responsável por toda a confusão e teria que admitir isso para meu chefe. Entrei na sala dele e disse que tinha cometido um erro. Em seguida, informei todos os fatos. Ele explodiu, dizendo que era culpa do RH. Repeti que a culpa era minha. Ele explodiu de novo, reclamando do descuido da Contabilidade. Expliquei novamente que era culpa minha. Ele reclamou de outras duas pessoas. Todas as vezes, reiterei que a responsabilidade era minha. Por fim, ele me olhou e disse: 'Tudo bem, é culpa sua. Agora resolva o problema.' O erro foi corrigido, e ficou tudo bem. Eu me senti ótimo porque consegui lidar com uma situação tensa e tive a coragem de não procurar desculpas. Desde então, meu chefe demonstra mais respeito por mim."

Qualquer pessoa pode tentar justificar seus erros – e a maioria delas faz justamente isso –, mas admitir os próprios erros faz com que o indivíduo se destaque em meio à multidão e proporciona a ele uma sensação de grandeza e exultação. Por exemplo, um dos mais belos registros da história a respeito de Robert E. Lee é a forma como ele assumiu sozinho a culpa pelo fracasso do ataque de Pickett em Gettysburg.

O ataque de Pickett foi, sem dúvida, um dos mais incríveis e pitorescos da história do mundo ocidental. O próprio general George E. Pickett era um indivíduo pitoresco. Seu cabelo ruivo era tão longo que as madeixas quase tocavam os ombros e, assim como Napoleão durante as campanhas militares na Itália, ele escrevia cartas de amor ardentes enquanto estava no campo de batalha.

Seus devotados soldados bateram continência, empolgados, naquela trágica tarde de julho, enquanto ele partia, alegre, com o chapéu torto sobre a orelha direita e ar jovial, em direção ao Exército da União. Seus soldados vibraram e o seguiram, os homens tão próximos que se encostavam, as fileiras em sequência, com os estandartes tremulando ao vento e as baionetas reluzindo ao sol. Era uma visão imponente. Audaciosa.

Magnífica. Um murmúrio de admiração atravessou as linhas da União enquanto contemplavam o exército dos confederados.

Os soldados de Pickett avançaram em trote tranquilo, atravessando pomares e milharais, cruzando um campo e um desfiladeiro. O tempo inteiro, os canhões inimigos abriam buracos sinistros em suas fileiras. Mas eles foram em frente, sombrios e incansáveis.

De repente, a infantaria da União saiu de seu esconderijo atrás de um muro de pedra em Cemetery Ridge e começou a disparar saraivadas e mais saraivadas de tiros contra os soldados de Pickett. O topo da colina era um cobertor de fogo, um matadouro, um vulcão em erupção. Em minutos, todos os comandantes de brigada de Pickett foram abatidos, exceto um, e quatro quintos de seus 5 mil homens haviam tombado.

Comandando os soldados confederados no ataque final, o general Lewis A. Armistead avançou rapidamente, saltou um muro de pedra e, sacudindo o chapéu na ponta da espada, gritou:

– Vamos com a baioneta, rapazes!

E foi o que fizeram os soldados confederados. Pularam o muro, enfiaram as baionetas nos inimigos, esmagaram crânios a coronhadas e ergueram as bandeiras do Sul em Cemetery Ridge.

Os estandartes do Sul tremularam apenas por um curto instante, mas esse instante, por mais breve que tenha sido, marcou o auge da ofensiva da Confederação. O ataque brilhante e heroico de Pickett foi o começo do fim. Lee havia fracassado. Não conseguiria penetrar o Norte. E sabia disso.

O Sul estava condenado.

Lee ficou tão triste, tão abalado, que enviou uma carta com pedido de dispensa e solicitou a Jefferson Davis, presidente dos confederados, que designasse "um homem mais jovem, mais capaz" que ele. Se quisesse atribuir o desastroso fracasso do ataque de Pickett a outra pessoa, Lee poderia ter encontrado dezenas de álibis. Alguns de seus comandantes de divisão haviam falhado. A cavalaria não chegou a tempo para apoiar o ataque da infantaria. Isso tinha dado errado, aquilo tinha sido mal executado.

Mas Lee era nobre demais para responsabilizar os outros. Enquanto os soldados de Pickett, derrotados e ensanguentados, voltavam com dificuldade para as linhas confederadas, Robert E. Lee foi se encontrar com eles, sozinho, e os cumprimentou com uma autocensura que beirava o sublime: "Foi tudo culpa minha", disse. "Eu perdi essa batalha. Eu e mais ninguém."

Poucos generais em toda a história tiveram a coragem e o caráter para admitir algo assim.

Michael Cheung, professor de nosso curso em Hong Kong, me contou como a cultura chinesa apresenta alguns problemas especiais e como, às vezes, é necessário reconhecer que o benefício da aplicação de um princípio pode ser mais vantajoso do que o apego a uma antiga tradição. Em sua turma, havia um aluno de meia-idade, um pai que estava afastado do filho havia muito tempo. O pai fora viciado em ópio, mas estava curado. Na tradição chinesa, a pessoa mais velha não pode dar o primeiro passo numa reconciliação, por isso o pai sentia que cabia ao filho tomar essa iniciativa.

O homem revelou para a turma que nunca tinha visto os netos e que queria muito rever o filho. Seus colegas, todos chineses, compreendiam o conflito entre o desejo e a antiga tradição. O pai sentia que os jovens deviam respeitar os mais velhos e que ele estava certo em não ceder e aguardar que o filho o procurasse.

Perto do fim do curso, o pai voltou a se dirigir à turma:

"Ponderei bastante sobre o problema. Dale Carnegie diz: 'Se você estiver errado, admita depressa e de maneira enfática.' É tarde demais para eu admitir meu erro depressa, mas posso admiti-lo de maneira enfática. Fiz mal ao meu filho. Ele estava certo em não querer me ver e me expulsar de sua vida. Talvez eu perca o prestígio ao pedir perdão a uma pessoa mais nova, mas a culpa é minha, e é minha responsabilidade assumir isso."

A turma o aplaudiu e lhe ofereceu todo o apoio. Na aula seguinte, ele contou que tinha ido à casa do filho, pedido perdão e sido perdoado. Disse que havia começado um novo relacionamento com o filho, a nora e os netos que finalmente conhecera.

Elbert Hubbard foi um dos escritores e jornalistas mais originais da história, e suas frases mordazes costumavam despertar um ressentimento feroz. Mas Hubbard tinha a rara habilidade de lidar com as pessoas, e com frequência transformava os inimigos em amigos.

Por exemplo, quando um leitor irritado escrevia uma carta para dizer que não concordava com o artigo tal e o ofendia, ele costumava responder assim:

Pensando bem, não concordo inteiramente com o que escrevi. Nem tudo o que escrevi ontem me agrada hoje. Fico feliz em saber que o senhor pensou sobre o assunto. Da próxima vez que estiver pelas redondezas, venha nos fazer uma visita, e, conversando, resolveremos esse assunto de uma vez por todas. Aqui vai um aperto de mão, apesar da distância que nos separa.

Cordialmente,
Elbert Hubbard

O que dizer a alguém que o trata dessa forma?

Quando você estiver com a razão, tente conquistar as pessoas com um pouco de tato e delicadeza, e, quando estiver errado – o que, para ser sincero, acontece com uma frequência surpreendente –, admita o erro rápido e com entusiasmo. Não só porque essa técnica produz excelentes resultados, mas porque, acredite, nessas circunstâncias é bem mais divertido admitir a culpa do que tentar se defender.

Lembre-se do antigo provérbio: "Brigando você nunca obtém o bastante, mas cedendo você conquista bem mais do que espera."

PRINCÍPIO 3
Se estiver errado, admita depressa e de maneira enfática.

4
Uma gota de mel

SE VOCÊ SE IRRITAR E SAIR POR AÍ dizendo poucas e boas, vai se sentir bem ao descarregar esses sentimentos. Mas o que acontece com a outra pessoa? Ela terá o mesmo prazer que você? Será que seu tom agressivo e sua atitude hostil vão contribuir para que ela concorde com você?

"Se você se aproximar de mim com os punhos cerrados, garanto que os meus vão se cerrar muito mais rápido que os seus", disse Woodrow Wilson. "Mas, se me procurar e disser 'Vamos discutir o assunto juntos, e, se divergirmos, vamos compreender por que e em que pontos divergimos', então descobriremos que não estamos tão distantes, que temos poucos pontos de divergência e muitos de concordância. E concluiremos que, com paciência, sinceridade e desejo de nos unir, nós nos uniremos."

Ninguém reconheceu tanto a veracidade da declaração de Woodrow Wilson quanto John D. Rockefeller Jr. Em 1915, Rockefeller era o homem mais desprezado do Colorado. Uma das mais sangrentas greves da história da indústria americana vinha abalando o estado havia dois terríveis anos. Mineiros agressivos, furiosos, exigiam remunerações mais altas da Colorado Fuel and Iron Company, controlada por Rockefeller. Houve vandalismo, e a polícia foi chamada. Sangue foi derramado. Grevistas foram mortos a tiros.

Num momento como esse, com a atmosfera carregada de ódio, Rockefeller queria convencer os grevistas de seus pontos de vista. E conseguiu. Como?

Depois de passar semanas fazendo amigos, Rockefeller se dirigiu aos representantes dos grevistas. O discurso, em sua integridade, é uma obra-prima. Produziu resultados impressionantes. Acalmou as ondas de ódio que ameaçavam engoli-lo. Fez com que ele conquistasse uma multidão de admiradores. Apresentou os fatos de forma tão amistosa que os grevistas voltaram ao trabalho sem dizer mais uma palavra sobre o aumento pelo qual haviam lutado com tanta violência.

Reproduzo, a seguir, a abertura desse notável discurso. Reparem como ele reluz com um espírito amistoso. Lembre-se de que Rockefeller estava falando para homens que, dias antes, queriam enforcá-lo nos galhos de uma macieira. No entanto, ele foi tão delicado e simpático que parecia estar se dirigindo a um grupo de médicos missionários. O discurso é radiante, com trechos como "estou *orgulhoso* por estar aqui", "após *visitar seus lares* e conhecer a esposa e os filhos de vocês, nos encontramos aqui não como desconhecidos, mas como *amigos*, e é no espírito dessa *amizade recíproca* que estou feliz por ter esta oportunidade de tratar de nossos interesses em comum."

> *Hoje é um dia memorável da minha vida. É a primeira vez que tenho a felicidade de me encontrar com os representantes dos funcionários desta grande companhia, seus encarregados e superintendentes, todos juntos, e posso garantir que estou orgulhoso por estar aqui e que me lembrarei desta reunião enquanto viver. Caso este encontro*

tivesse sido realizado duas semanas atrás, eu estaria aqui na condição de desconhecido da maioria, sendo capaz de reconhecer poucos rostos. Na semana passada, tive a oportunidade de visitar todos os acampamentos de jazidas de carvão na área sul e de conversar individualmente com todos os representantes, à exceção daqueles que estavam fora. Após visitar seus lares e conhecer a esposa e os filhos de vocês, nos encontramos aqui não como desconhecidos, mas como amigos, e é no espírito dessa amizade recíproca que estou feliz por ter esta oportunidade de tratar de nossos interesses em comum.

Como esta é uma reunião de gestores e representantes dos empregados, é somente graças à cortesia de vocês que me encontro aqui, pois não tenho a sorte de fazer parte de nenhum dos grupos. No entanto, sinto que tenho uma relação íntima com os senhores, pois, de certo modo, represento tanto os acionistas quanto os diretores.

Não é um exemplo soberbo da bela arte de transformar inimigos em amigos?

Imagine o que aconteceria se Rockefeller tivesse usado outra estratégia. Imagine se ele tivesse discutido com os mineiros e dito umas boas verdades a eles. Imagine se ele tivesse usado o tom de voz e insinuações para dizer que os mineiros estavam errados. Imagine se ele tivesse usado a lógica para demonstrar que estavam errados. O que teria acontecido? Rockefeller teria provocado mais cólera, mais ódio, mais revolta.

Se o coração de um homem está tomado pela discórdia e pela má vontade em relação a você, não é possível convencê-lo de suas ideias, mesmo que use toda a lógica possível. Pais briguentos, patrões e maridos autoritários e esposas rabugentas devem perceber que as pessoas não desejam mudar de ideia. Não podem ser obrigadas a concordar comigo ou com você. Mas, se formos delicados e amistosos, é possível conduzi-las a isso.

Lincoln disse isso há mais de 100 anos. Aqui estão suas palavras:

Existe um velho ditado, muito verdadeiro, que diz que "uma gota de mel captura mais moscas que um galão de fel". O mesmo ocorre com os homens. Se você quiser conquistar alguém para uma causa, primeiro deve convencer a pessoa de que é seu amigo sincero. Essa é a gota de mel que captura o coração dela. A gota que, não importa o que se diga, é o caminho mais rápido para se chegar à razão.

Executivos do mundo dos negócios aprenderam que a melhor estratégia é ser amigável com os grevistas. Por exemplo, quando 2.500 empregados da fábrica White Motor Company fizeram greve por aumentos salariais e pela instalação de um sindicato, Robert F. Black, então na presidência da companhia, não perdeu a cabeça, não condenou, não ameaçou, muito menos começou a chamá-los de tiranos e comunistas. Pelo contrário: elogiou os grevistas. Publicou um anúncio nos jornais de Cleveland cumprimentando-os pela "forma pacífica como abandonaram suas ferramentas". Ao descobrir que os piqueteiros andavam ociosos, comprou 20 bolas de beisebol e luvas, e os convidou para jogar nos terrenos baldios. Para quem preferia boliche, ele alugou uma pista.

O espírito amigável do Sr. Black agiu da forma esperada: gerou amizade. Assim, os grevistas pegaram vassouras, pás e carrinhos de mão e começaram a catar fósforos, papéis, guimbas de cigarro e de charuto por toda a fábrica. Imagine grevistas limpando as instalações da fábrica enquanto batalhavam por melhores salários e pelo reconhecimento do sindicato. Um acontecimento como esse era inédito na longa e turbulenta história das disputas trabalhistas nos Estados Unidos. A greve terminou em uma semana com um acordo e não deixou qualquer sentimento de mal-estar ou rancor.

Daniel Webster foi um dos mais bem-sucedidos advogados da história dos Estados Unidos. No entanto, acompanhava seus argumentos mais poderosos com comentários amigáveis do tipo "Caberá ao júri examinar a questão", "Talvez valha a pena levar em consideração", "Eis alguns fatos que os senhores certamente não esquecerão" ou "Os senhores, com o conhecimento da natureza humana, verão facilmente a relevância desses fatos". Não era um trator. Não era adepto da pressão. Não tentava forçar ninguém a aceitar suas opiniões. Webster empregava uma abordagem tranquila, amistosa e branda, e isso contribuiu para que se tornasse famoso.

É bem provável que você nunca seja chamado para resolver uma greve ou fazer um pronunciamento diante do júri, mas talvez queira baixar o valor do seu aluguel. Como a abordagem amistosa poderia ajudá-lo? Vejamos.

O engenheiro O. L. Straub queria reduzir o aluguel e sabia que o proprietário do imóvel era um sujeito turrão. Ele contou sua história durante uma apresentação para a turma:

"Escrevi para ele notificando-o que deixaria o apartamento assim que o contrato expirasse. A verdade era que eu não queria me mudar. Queria ficar se pudesse baixar o preço do aluguel. Mas a situação estava muito difícil. Outros inquilinos tentaram... e fracassaram. Todos me diziam que o proprietário era um indivíduo de trato extremamente difícil. Mas eu disse a mim mesmo: 'Estou fazendo um curso sobre como lidar com as pessoas, então vou experimentar com ele... e ver se funciona.'"

Ele fez uma pausa.

"Acompanhado do secretário, ele foi me visitar assim que leu a carta. Eu o recebi à porta com um cumprimento amigável, quase explodindo de tanta boa vontade e entusiasmo. Não comecei dizendo que o aluguel estava caro. Antes de tudo falei que adorava o imóvel. Fui 'caloroso ao demonstrar reconhecimento e pródigo nos elogios'. Dei os parabéns pelo modo como administrava o prédio e disse que adoraria permanecer ali por mais um ano, mas que não tinha condições financeiras. Ficou claro que ele nunca havia sido recebido daquele jeito por um inquilino. Ele mal sabia como agir."

Straub parou novamente, relembrando os fatos.

"Em seguida", continuou ele, "o proprietário começou a me contar seus problemas. Inquilinos reclamões. Um deles tinha escrito 14 cartas, algumas delas cheias de insultos. Outro ameaçou romper o contrato se o senhorio não impedisse o vizinho de cima de roncar. 'Fico aliviado em encontrar um inquilino satisfeito como o senhor', disse ele. E então, sem que eu sugerisse, se ofereceu para baixar um pouco o meu aluguel. Eu queria um desconto maior, por isso disse um valor que poderia pagar. Ele aceitou sem discutir. Quando estava indo embora, de repente ele virou para mim e perguntou: 'Como posso ajudá-lo a decorar o apartamento?'"

Straub parecia satisfeito com seu relato, e concluiu: "Se eu tivesse tentado reduzir o aluguel usando os métodos dos demais inquilinos, tenho certeza de que também teria fracassado. Foi minha abordagem amigável, simpática e de reconhecimento que o conquistou."

Dean Woodcock, de Pittsburgh, Pensilvânia, é superintendente de um departamento da distribuidora de eletricidade local. Sua equipe é chamada para consertar equipamentos instalados no alto dos postes. Esse tipo de trabalho costumava ser realizado por um departamento diferente e tinha sido transferido para a seção de Woodcock pouco tempo antes. Embora sua equipe tivesse sido treinada para realizar as tarefas, era a primeira vez que tinha sido convocada para executá-las. Todos na organização queriam ver se a equipe conseguiria lidar com a nova função e de que forma atingiriam o objetivo. Assim, o Sr. Woodcock, vários de seus subgerentes e membros dos outros departamentos foram ver a operação. Muitos carros e caminhões estavam no local, e havia um monte de gente por perto, observando os dois homens no alto do poste.

Ao olhar em volta, Woodcock percebeu que um homem foi até um carro, pegou uma câmera e começou a fotografar a cena. Quem trabalha em serviços de infraestrutura costuma saber da importância das relações públicas e, de repente, Woodcock percebeu que, para o homem da câmera, aquela cena toda parecia um exagero, com dezenas de pessoas convocadas para fazer um trabalho executado por dois homens. Assim, caminhou em direção ao fotógrafo e disse:

– Vejo que está interessado na nossa operação.

– Estou, sim, e minha mãe vai ficar mais interessada ainda. Ela tem ações da sua empresa. Isso vai abrir os olhos dela. Talvez perceba que o investimento não foi uma boa ideia. Há anos venho dizendo que há muito desperdício em empresas como a sua. Aqui está a prova. E talvez os jornais também gostem dessas fotos.

– Parece mesmo um desperdício, não é? Eu pensaria o mesmo. Mas acontece que esta é uma situação singular...

Dean Woodcock explicou que aquele era o primeiro trabalho do tipo para seu departamento e que todos, desde os executivos até os escalões inferiores, estavam interessados. Garantiu a ele que, em circunstâncias normais, bastariam dois homens para executar o trabalho. O fotógrafo guardou a câmera, apertou a mão de Woodcock e agradeceu por ele ter se dado ao trabalho de explicar a situação.

A abordagem amistosa de Dean Woodcock poupou a empresa de constrangimentos e da publicidade negativa.

Outro integrante de nossas turmas, Gerald H. Winn, de Littleton,

New Hampshire, relatou como usou uma abordagem amigável e obteve um acordo muito satisfatório para um pedido de compensação por perdas e danos.

"No início da primavera, antes de o solo descongelar, houve uma tempestade forte, e a água, que normalmente escorreria para as valas e bueiros, entrou no meu terreno, onde eu havia acabado de construir minha casa. Como a água não tinha para onde escoar, se acumulou na fundação da casa. Ela penetrou sob o piso de concreto do porão, fazendo com que ele explodisse e inundando o cômodo inteiro. A fornalha e o aquecedor de água ficaram arruinados. O custo dos reparos ultrapassava 2 mil dólares, e eu não tinha seguro para esse tipo de problema."

Ele fez uma pausa.

"Pouco tempo depois", continuou, "descobri que o antigo dono do terreno *não* havia instalado um sistema de escoamento para água de chuva – algo que disse que havia feito –, o que teria evitado o problema. Marquei uma reunião com ele. Enquanto percorria quase 40 quilômetros até seu escritório, recapitulei a situação com cuidado e, lembrando-me dos princípios que aprendi neste curso, concluí que demonstrar raiva não ajudaria em nada. Quando cheguei, permaneci calmo e comecei a conversa perguntando sobre suas férias no Caribe. Quando senti que era o momento, mencionei o 'probleminha' da inundação. Ele logo concordou em fazer sua parte para ajudar a corrigir a situação."

Winn contou que, dias depois, ele telefonou e disse que pagaria pelos prejuízos e que também instalaria um sistema de escoamento de água para evitar que o problema voltasse a acontecer. "Embora o problema realmente tivesse sido causado por ele, se eu não tivesse começado a conversa de um jeito amistoso, seria muito difícil convencê-lo a pagar todos os prejuízos."

■ ■ ■

Muitos anos atrás, quando eu ainda era um garoto que caminhava descalço pelo bosque para ir a uma escola rural no noroeste de Missouri, li uma fábula sobre o sol e o vento. Os dois discutiam para saber quem era o mais forte. Em certo momento, o vento disse: "Vou provar que sou eu. Está vendo aquele velho de casaco? Aposto que consigo tirar o casaco dele mais depressa do que você."

O sol se escondeu atrás de uma nuvem e o vento soprou até quase se transformar num tornado, porém quanto mais forte o vento soprava, mais o homem se agarrava ao agasalho.

Por fim, o vento desistiu. Em seguida, o sol saiu de trás das nuvens e abriu um sorriso gentil para o velho, que logo em seguida começou a secar a testa e, por fim, tirou o casaco. No fim, o sol disse ao vento que a gentileza e a amizade eram sempre mais fortes do que a fúria e a força.

A eficiência da gentileza e da amizade fica clara dia após dia, conforme as pessoas descobrem que uma gota de mel captura mais moscas do que um galão de fel. F. Gale Connor, de Lutherville, Maryland, provou o mesmo ponto quando precisou levar seu automóvel com apenas quatro meses de uso para a oficina da concessionária pela terceira vez. Ele contou à nossa turma:

"Ficou claro que não adiantaria conversar, argumentar ou gritar com o mecânico-chefe para resolver meus problemas. Assim, eu me dirigi ao showroom e pedi para falar com o dono da agência, o Sr. White. Depois de uma curta espera, fui conduzido ao escritório dele. Eu me apresentei e expliquei que havia comprado o carro naquela concessionária por recomendações de amigos que haviam feito negócio com ele anteriormente. Disse que os preços eram muito competitivos e que o serviço era excelente. Ele sorriu com satisfação enquanto me ouvia. Por fim, expliquei meu problema com a oficina. 'Achei que o senhor gostaria de saber de qualquer situação capaz de manchar sua reputação', acrescentei. Ele me agradeceu por ter chamado sua atenção e garantiu que meu problema seria resolvido."

Connor concluiu então que o dono da agência não só se envolveu pessoalmente no conserto: "Ele me emprestou seu próprio carro enquanto o meu estivesse na oficina."

■ ■ ■

Esopo foi um escravo grego que viveu na corte de Creso e criou fábulas imortais 600 anos antes de Cristo. Embora sejam tão antigas, as verdades que ele ensinou sobre a natureza humana servem tão bem para qualquer cidade hoje em dia quanto serviam para Atenas 26 séculos atrás. O sol faz uma pessoa tirar o casaco mais rápido do que o vento da mesma forma que a gentileza, uma abordagem amigável e a valorização fazem as pessoas mudarem de ideia mais rápido do que todas as turbulências e tempestades do mundo.

Lembre-se das palavras de Lincoln: "Uma gota de mel captura mais moscas do que um galão de fel."

PRINCÍPIO 4

Comece sendo amigável.

5
O segredo de Sócrates

QUANDO FOR CONVERSAR com as pessoas, não comece falando sobre as divergências entre vocês. Comece enfatizando – e continue a enfatizar – seus pontos em comum. Se possível, enfatize que todos estão se esforçando para alcançar o mesmo objetivo e que a única diferença é o método, não o propósito.

Faça com que o outro diga "sim" no princípio. Se possível, evite que ele diga "não".

Segundo o professor Overstreet em *Influencing Human Behavior* (Influenciando o comportamento humano), uma resposta negativa é a mais difícil barreira a se transpor. Quando você diz "não", todo o orgulho da sua personalidade exige que você mantenha consistência. Depois, talvez você perceba que o "não" foi uma resposta infeliz, mas esse é o preço a se pagar para manter o orgulho. Quando se diz "não", é preciso se manter firme. Por isso, é fundamental iniciar a conversa numa direção afirmativa.

Um negociador habilidoso consegue uma série de respostas afirmativas no início, desencadeando no outro o processo psicológico de seguir na direção afirmativa. É como dar uma tacada numa bola de bilhar em movimento: vai precisar de alguma força para desviá-la de leve, mas essa força terá que ser muito maior para mandá-la na direção oposta.

Nesses casos, os padrões psicológicos estão bastante claros. Quando alguém diz "não", está fazendo bem mais do que pronunciar uma palavra de três letras. Todo o organismo – os sistemas endócrino, nervoso, muscular – se une para rejeitar o que é proposto. A pessoa se retrai, e às vezes essa reação é visível. Em suma, o sistema neuromuscular se põe em guarda contra a aceitação. Quando ocorre o contrário e a pessoa diz "sim", não ocorre retração. O organismo adota uma postura aberta, de aceitação, de seguir em frente. É por isso que quanto mais respostas positivas você conseguir induzir no início da conversa, mais provável será seu sucesso em prender a atenção do interlocutor para sua proposta principal.

A técnica para obter essa reação é bem simples, mas muito negligenciada. Parece até que as pessoas se sentem importantes ao divergir das outras logo no começo da conversa. Se você fizer um aluno, um cliente, um filho ou um cônjuge dizer "não" no início da conversa, precisará ter muita sabedoria e contar com a paciência dos anjos para transformar a negativa em afirmativa.

O uso dessa técnica ajudou James Eberson, caixa do Greenwich Savings Bank, em Nova York, a conquistar um novo cliente que poderia ter procurado a concorrência. Ele contou a história para uma de nossas turmas:

"Um homem entrou na agência e pediu para abrir uma conta. Entreguei a ele o formulário-padrão para preencher. Algumas das perguntas ele respondeu sem problema, mas outras simplesmente se recusou a responder. Antes de começar a estudar relacionamento humano, eu teria informado ao correntista que, caso se recusasse a dar as informações ao banco, teríamos que recusar a abertura da conta."

Ele parecia um pouco constrangido ao contar a história.

"Sinto vergonha de dizer que adorava dar ultimatos desse tipo. Eu queria mostrar quem mandava, que ninguém podia menosprezar o regimento do banco. Mas essa postura não faria aquele homem que tinha acabado de entrar na agência para se tornar nosso cliente se sentir acolhido e importante. Naquela manhã, resolvi usar de bom senso e não falei sobre o que o banco queria, e sim sobre o que o cliente queria. Eu estava determinado a fazer com que ele dissesse 'sim' desde o começo. Por isso, concordei com ele. Disse que as informações que ele estava se recusando a dar não eram fundamentais. Então tivemos o seguinte diálogo: 'Mas imagine que um dia o senhor morra e seu dinheiro esteja neste banco. Não gostaria que o montante fosse transferido para seus herdeiros, as pessoas que têm esse direito de acordo com a lei?' Ele respondeu que sim, então sugeri: 'Não acha que seria uma boa ideia nos dar o nome de seus herdeiros para que, no caso de sua morte, possamos cumprir sua vontade rapidamente e sem chance de erro?' Ele prontamente concordou."

Eberson sorriu e continuou:

"O homem ficou mais tranquilo e mudou de postura quando percebeu que não estávamos pedindo as informações para o nosso interesse, e sim para o bem dele. Quando saiu do banco, não só tinha me fornecido todas as informações, como também havia aberto, por sugestão minha, uma conta fiduciária colocando a mãe como beneficiária e respondera de bom grado a todas as perguntas sobre ela. Percebi que, ao fazê-lo dizer 'sim' desde o primeiro momento, ele esqueceu o que estava em jogo e ficou feliz por fazer tudo o que sugeri."

Joseph Allison, representante de vendas da Westinghouse Electric Company, contou a seguinte história:

"Na minha área de cobertura havia um homem que a empresa estava ansiosa para ter como cliente. Meu antecessor o visitara durante dez anos, mas não tinha conseguido fechar nenhum negócio. Quando fui designado para aquela área, fiz visitas a ele durante três anos, mas também não consegui nenhum pedido. Por fim, depois de 13 anos de conversas de vendedor, telefonemas e visitas, conseguimos vender alguns motores para ele. Se funcionassem bem, ele faria um segundo pedido, dessa vez de algumas centenas de peças. Pelo menos essa era a minha expectativa."

Allison estava tenso.

"Eu sabia que os motores eram ótimos", continuou, "por isso fiz uma visita à empresa dele três semanas depois da primeira venda. Estava animado. Mas o engenheiro-chefe me cumprimentou e me deu uma notícia estarrecedora: 'Allison, não posso comprar os motores de vocês.' Perguntei por que e ele respondeu que era porque esquentavam demais. 'Não consigo pôr as mãos neles', argumentou. Eu sabia que não adiantaria discutir. Tinha tentado essa tática por muito tempo. Então tentei obter um 'sim', dizendo: 'Pois bem, Sr. Smith, concordo cem por cento com o senhor. Se os motores estão esquentando demais, o senhor não deve comprar mais nenhum. Deve ter motores que não esquentam mais do que os padrões estabelecidos pela Associação Nacional de Produtos Elétricos, não é?' Ele concordou. Eu havia recebido meu primeiro 'sim'. Expliquei ainda que as regras da Associação diziam que um motor projetado adequadamente podia ter uma temperatura até 32 graus superior à temperatura ambiente. Ele concordou e depois disse: 'Mas seus motores esquentam bem mais que isso.' Em vez de discutir com ele, apenas perguntei: 'Qual é a temperatura na casa de máquinas?' Ele disse que era algo em torno de 34 graus. 'Muito bem, se a casa de máquinas tem uma temperatura de 34 graus e você acrescenta 32 graus, o total dá 66 graus. O senhor não queimaria a mão se abrisse uma torneira e a água jorrasse a 66 graus?', aleguei. 'Sim', respondeu ele novamente. 'Pois bem, será que não é melhor deixar as mãos longe dos motores?' 'Sim, acho que tem razão.'"

Allison sorriu ao relembrar o desfecho da história:

"Continuamos a conversa por algum tempo. Por fim, ele chamou o secretário e fez uma lista de encomendas no valor de 35 mil dólares para o mês seguinte. Levei anos e perdi milhares de dólares em negócios antes de finalmente aprender que não vale a pena entrar em discussões e que é bem mais proveitoso e mais interessante olhar as coisas do ponto de vista do outro e tentar fazer com que a pessoa diga 'sim'."

Eddie Snow, patrocinador de nossos cursos em Oakland, Califórnia, conta como se tornou um bom cliente de uma loja só porque o proprietário fez com que ele dissesse "sim". Eddie tinha se interessado pela caça com arco e flecha e havia gastado uma soma considerável em equipamentos e materiais de uma loja local. Quando seu irmão foi visitá-lo, Eddie quis alugar um arco na mesma loja. O vendedor lhe disse que a loja não alugava, por isso Eddie telefonou para outro estabelecimento especializado. Ele descreveu o que aconteceu a seguir:

"Um homem muito simpático atendeu o telefone. Perguntei se ele alugava o equipamento, e a resposta dele foi oposta à que recebi da primeira loja. Ele me disse que lamentava, mas que haviam interrompido o aluguel de arcos por não terem mais condições de arcar com as despesas. Mas, em seguida, ele me perguntou se eu já havia alugado o equipamento com eles no passado. Respondi que sim, havia muitos anos. Ele me fez lembrar que eu havia pagado uns 25 ou 30 dólares de aluguel. E eu disse 'sim' de novo. Depois ele me perguntou se eu gostava de poupar dinheiro. Obviamente, respondi 'sim'."

Eddie se empolgava cada vez mais ao contar.

"Ao ouvir isso, ele me explicou que sua loja vendia conjuntos de arco com todo o equipamento necessário por 34,95 dólares. Ou seja, eu poderia comprar um conjunto completo por apenas mais 4,95 dólares do que se alugasse. Por fim, ele me explicou que por isso havia parado de alugar o equipamento e me perguntou se me parecia uma decisão razoável. Minha resposta 'sim' me levou a adquirir o conjunto. Quando fui pegar minha compra, adquiri vários outros itens na loja, e desde então me tornei um cliente fiel."

Sócrates, "o tavão de Atenas", foi um dos maiores filósofos que o mundo conheceu. Realizou um feito que poucas pessoas em toda a história foram capazes de alcançar: mudou radicalmente o curso do pensamento humano. E hoje, 25 séculos depois de sua morte, ele é respeitado e considerado uma das pessoas mais persuasivas e influentes neste mundo tão competitivo.

Ele dizia às pessoas que elas estavam erradas? Não, Sócrates não fazia isso. Era astuto demais para cometer um erro como esse. Toda a sua técnica, hoje chamada de "método socrático", se baseava em obter um "sim" como resposta. Ele fazia perguntas com as quais o oponente teria que concordar. Obtinha um "sim" após outro, até alcançar um número suficiente de respostas positivas. Fazia perguntas incessantemente, até que, por fim, quase sem perceber, seus oponentes se pegavam chegando a uma conclusão que teriam rejeitado minutos antes.

A próxima vez que nos sentirmos tentados a dizer que alguém está errado, vamos nos lembrar do velho Sócrates e fazer uma pergunta delicada, uma pergunta que terá uma resposta "sim".

Sobre isso, os chineses têm um provérbio carregado da antiga sabedoria oriental: "Aquele que anda com cuidado vai longe."

PRINCÍPIO 5

Faça com que o outro diga "sim" imediatamente.

6

A válvula de segurança para lidar com reclamações

A MAIORIA DAS PESSOAS QUE TENTAM convencer as outras de algo acaba falando muito. Deixe os outros falarem à vontade. Eles sabem mais sobre os próprios negócios e problemas do que você. Por isso, faça perguntas. Deixe-os contar algumas coisas.

Se você discordar, é normal se sentir tentado a interromper. Não faça isso. É perigoso. A pessoa não vai prestar atenção em você enquanto ainda tiver muitas ideias próprias implorando para serem expressas. Ouça com paciência e mente aberta. Seja sincero. Encoraje-a a expressar suas ideias do começo ao fim.

Essa política vale a pena no mundo dos negócios? Vamos ver. Eis a história de um representante de vendas que foi *obrigado* a adotá-la.

Uma das maiores montadoras de automóveis dos Estados Unidos estava negociando o suprimento de um ano de tecidos para os estofados de seus bancos. Três fabricantes importantes tinham produzido amostras de tecidos. Todas foram inspecionadas pelos executivos da companhia e receberam comunicados dizendo que, em determinado dia, um representante de cada fornecedor teria a oportunidade de fazer uma apresentação final para conseguir o contrato.

G.B.R., representante de uma das fabricantes, chegou à cidade da montadora com uma grave crise de laringite. Ao relatar a história diante de uma das nossas turmas, ele disse:

"Quando foi minha vez de encontrar os executivos, eu estava sem voz. Mal conseguia sussurrar. Fui levado a uma sala e me encontrei diante do engenheiro têxtil, do responsável pelas compras, do diretor de vendas e do presidente da empresa. Eu me levantei e fiz um esforço corajoso para falar, mas minha voz quase não saía."

Ele ficou tenso ao se lembrar.

"Todos estavam sentados em volta de uma mesa, por isso escrevi num bloco de papel: 'Senhores, estou sem voz. Fiquei completamente afônico.' Foi quando o presidente da empresa avisou que iria falar por mim. Apresentou minhas amostras e elogiou as qualidades dos tecidos. Em seguida, eles começaram uma discussão animada sobre os méritos dos meus produtos. Como estava falando por mim, o presidente assumiu a posição que me caberia durante a discussão. Minha participação se resumiu a sorrisos, acenos positivos e alguns gestos."

Satisfeito, ele contou o desfecho do caso:

"Como resultado dessa reunião tão singular, fui premiado com um contrato de mais de 500 mil metros de tecido, com um valor total de 1,6 milhão de dólares. Era a maior encomenda que eu já havia recebido."

Por fim, o representante de vendas confessou:

"Sei que teria perdido o contrato se não estivesse afônico, pois tinha a ideia errada sobre a proposta inteira. Sem querer, descobri que deixar o outro falar pode ser muito recompensador."

Deixar que o outro fale também ajuda em situações familiares. O relacionamento de Barbara Wilson com a filha Laurie estava se deteriorando rapidamente. Quando criança, Laurie era tranquila e simpática, mas se tornara uma adolescente fria e às vezes até agressiva. A Sra. Wilson fazia sermões, ameaçava e punia, mas nada adiantava.

"Um dia, eu simplesmente desisti", falou a Sra. Wilson durante uma de nossas aulas. "Laurie tinha me desobedecido e ido visitar a amiga antes de terminar as tarefas de casa. Quando voltou, eu estava prestes a gritar com ela pela milésima vez, mas simplesmente não tinha mais forças para isso. Apenas olhei para ela e perguntei, com tristeza: 'Por quê, Laurie, por quê?'"

Ela parecia emocionada ao falar, mas continuou:

"Laurie reparou no meu estado e, com uma voz calma, perguntou se eu queria mesmo saber. Fiz que sim, e ela começou a falar. No início, estava hesitante, mas depois foi ganhando desenvoltura. Eu nunca tinha ouvido minha filha. Sempre dizia que ela devia fazer isso ou aquilo. Quando ela queria me contar seus pensamentos, sentimentos e ideias, eu a interrompia com mais ordens. Comecei a perceber que ela precisava de mim não como uma mãe mandona, mas como uma confidente, como um escoadouro para seus sentimentos confusos, típicos da adolescência. E tudo o que eu fazia era falar, quando deveria estar escutando."

Ela sorriu e finalizou:

"Dali em diante, deixei que ela falasse quanto quisesse. Ela me conta o que está pensando, e nosso relacionamento melhorou de maneira imensurável. Ela voltou a ser uma pessoa prestativa."

Certo dia, um jornal de Nova York veiculou um grande anúncio em sua página de finanças procurando uma pessoa com capacidade e experiência incomuns. Charles T. Cubellis respondeu ao anúncio, enviando suas informações para uma caixa-postal. Dias depois, foi convidado para uma entrevista. Antes de aparecer, passou horas em Wall Street procurando descobrir o possível sobre a pessoa que havia fundado o negócio. Durante a entrevista, comentou:

"Eu sentiria muito orgulho de trabalhar em uma organização que tem um passado como o da sua. Pelo que entendi, o senhor começou o negócio 28 anos atrás, com nada além de uma sala e uma secretária. É verdade?"

Quase todas as pessoas de sucesso gostam de relembrar as dificuldades que enfrentaram no início. Aquele homem não era exceção. Falou durante um bom tempo sobre o começo, quando tinha apenas 450 dólares em dinheiro e uma ideia original. Contou que enfrentou o desânimo e as ironias, trabalhando até domingos e feriados, de 12 a 16 horas por dia. Relatou como conseguiu vencer apesar de todos os obstáculos, até que os mais importantes executivos de Wall Street passassem a procurá-lo para obter informações e orientação. Aquele homem se orgulhava da sua história e tinha todo o direito de se sentir assim, por isso adorou fazer esse relato. No fim, questionou o Sr. Cubellis rapidamente sobre sua experiência, chamou um de seus vice-presidentes e disse: "Acho que essa é a pessoa que estamos procurando."

O Sr. Cubellis se dera ao trabalho de descobrir as realizações de seu possível patrão. Demonstrou interesse na outra pessoa e em seus problemas. Encorajou o outro a dominar a conversa e, com isso, deixou uma boa impressão.

Roy. G. Bradley, de Sacramento, Califórnia, teve o problema oposto. Ficou ouvindo enquanto um bom candidato a um cargo de vendedor falava sem parar e tentava convencê-lo a contratá-lo. Ele relatou o caso:

"Como éramos uma pequena firma de corretagem, não oferecíamos benefícios como plano de saúde, seguro e previdência privada. Cada representante é um agente independente. Nem sequer fornecemos *leads* para prospecção, pois não podemos veicular anúncios, como fazem nossos concorrentes de maior porte."

Bradley fez uma pausa.

"Richard Pryor tinha o tipo de experiência que queríamos para o cargo. Primeiro, ele foi entrevistado por meu assistente, que lhe contou todos os pontos negativos do emprego, por isso ele parecia um pouco desanimado quando entrou no meu escritório. Mencionei o único benefício de pertencer à firma, que é ser um trabalhador autônomo, ou seja, dono do próprio nariz."

Bradley continuou, mais empolgado:

"Conforme falava sobre as características do emprego, ele mesmo foi minimizando cada uma das objeções que tinha ao iniciar a entrevista. Às vezes, parecia que estava falando sozinho, como se estivesse pensando alto e avaliando cada pensamento. Houve momentos em que me senti tentado a fazer contribuições, mas, à medida que a entrevista se aproximava do fim, senti que ele próprio havia se convencido praticamente sozinho de que gostaria de trabalhar para a firma."

Ele terminou dizendo:

"Fui um bom ouvinte e deixei o candidato assumir o comando da conversa, por isso ele foi capaz de pesar os dois lados de forma justa e chegar a uma conclusão positiva, como se aquilo fosse um desafio que estava criando para si mesmo. Foi contratado e tem sido um excelente representante da nossa empresa."

Até nossos amigos preferem falar sobre suas conquistas a ouvir nos gabarmos das nossas.

La Rochefoucauld, filósofo francês, dizia: "Se quiser inimigos, supere seus amigos, mas, se quiser amigos, deixe que o superem."

Por que isso é verdade? Porque, quando nossos amigos nos superam, eles se sentem importantes. Mas, quando os superamos, pelo menos alguns deles desenvolvem sentimentos de inferioridade e inveja.

Sem dúvida, a mais querida consultora de colocação de empregos na Midtown Personnel Agency, de Nova York, era Henrietta G. Mas nem sempre tinha sido assim. Durante os primeiros meses na agência, Henrietta não tinha um único amigo entre seus colegas de trabalho, pois todos os dias ela contava vantagens sobre as colocações que havia feito, as novas contas abertas e tudo o mais que havia realizado.

"Eu era boa no que fazia e me sentia orgulhosa", explicou Henrietta em uma de nossas aulas. "Só que, em vez de ficarem felizes com minhas conquistas, meus colegas pareciam se ressentir. Eu queria que aquelas pessoas gostassem de mim, que se tornassem minhas amigas. Assim, depois de ouvir algumas sugestões feitas neste curso, comecei a falar menos de mim e a ouvir mais meus colegas. Eles também tinham do que se gabar e ficavam bem mais empolgados quando me falavam sobre suas realizações do que ao me ouvir contar vantagens. Hoje em dia, quando temos tempo para conversar, peço que dividam suas alegrias comigo, e só falo das minhas realizações se me perguntarem."

PRINCÍPIO 6
Deixe o outro falar durante a maior parte da conversa.

7
Como conseguir cooperação

É NORMAL ACREDITAR MUITO MAIS nas ideias que desenvolvemos do que nas que os outros nos entregam prontas, não é? Assim, não seria melhor evitar enfiar nossas opiniões goela abaixo das outras pessoas? Será que não é mais eficaz fazer sugestões e deixar que o outro chegue à conclusão por si mesmo?

Adolph Seltz, da Filadélfia, gerente de uma revendedora de automóveis e aluno de um dos meus cursos, de repente se viu diante da necessidade de injetar entusiasmo num grupo desmotivado e desorganizado de vendedores de automóveis. Por isso, convocou uma reunião de vendas e insistiu para que a equipe dissesse exatamente o que esperava dele. Enquanto as pessoas falavam, ele escrevia as ideias num quadro-negro. Em seguida, tomou a palavra:

"Darei a vocês tudo o que esperam de mim. Mas agora quero que me digam o que tenho direito de esperar de vocês."

As respostas surgiram depressa: lealdade, honestidade, iniciativa, otimismo, trabalho em equipe, entusiasmo durante as oito horas de trabalho. A reunião terminou com um sentimento de coragem e inspiração renovado – um vendedor se ofereceu para trabalhar 14 horas por dia –, e o Sr. Seltz relatou que o crescimento nas vendas foi fenomenal.

"Os vendedores fizeram uma espécie de acordo moral comigo", disse o Sr. Seltz. "E, desde que eu cumprisse minha parte, eles fariam de tudo para cumprir a deles. Perguntar a eles sobre seus desejos e necessidades foi a injeção de ânimo que eles precisavam receber."

Ninguém quer ter a sensação de que está sendo convencido ou recebendo uma ordem para fazer algo. Preferimos sentir que estamos nos convencendo por conta própria ou agindo de acordo com nossa cabeça. Gostamos de ser consultados sobre nossos desejos, nossas necessidades, nossos pensamentos.

Vejamos o caso de Eugene Wesson, que perdeu milhares de dólares em comissões antes de aprender essa lição. O Sr. Wesson vendia esboços para um estúdio que criava designs para estilistas e fabricantes de tecidos. Vinha fazendo visitas semanais a um dos principais estilistas de Nova York, sem falhar, havia três anos.

"Ele jamais se recusou a me atender, mas nunca fez uma compra", disse o Sr. Wesson. "Sempre olhava para os desenhos com muito cuidado e então dizia: 'Não, Wesson, ainda não é desta vez que vamos trabalhar juntos.'"

Depois de 150 fracassos, Wesson percebeu que estava numa espécie de rotina mental, por isso resolveu devotar uma noite por semana a estudar como influenciar o comportamento humano, para desenvolver novas ideias e gerar entusiasmo. Ele decidiu pôr em prática essa nova abordagem. Levou meia dúzia de desenhos inacabados debaixo do braço para a sala do comprador e disse:

– Quero lhe pedir um pequeno favor, se possível. Aqui estão alguns desenhos inacabados. Pode me dizer como devemos terminá-los de modo que o senhor possa usá-los?

O comprador olhou os esboços por um tempo sem pronunciar uma palavra. Por fim, disse:

– Deixe os desenhos comigo e me procure daqui a alguns dias.

Wesson voltou três dias depois, recebeu as sugestões, devolveu os desenhos ao estúdio e fez com que fossem finalizados de acordo com as ideias do comprador. O resultado? Todos foram aceitos. Depois disso, o comprador encomendou dezenas de outros desenhos a Wesson, todos criados de acordo com suas ideias.

"Descobri por que passei anos fracassando nas tentativas de vender para ele", disse o Sr. Wesson. "Eu insistia em tentar fazê-lo comprar o que achava que ele deveria ter. Até que mudei minha abordagem. Insisti em que ele me desse suas ideias. Isso o fez se sentir responsável pela criação. E ele era mesmo. Não precisei vender. Ele comprou."

Deixar que o outro ache que a ideia é dele funciona não apenas nos negócios e na política. Também dá certo na vida familiar. Paul M. Davis, de Tulsa, Oklahoma, contou para a turma como aplicou o princípio em casa:

"Minha família e eu desfrutamos uma das viagens mais interessantes que já fizemos. Passei muito tempo sonhando em visitar lugares históricos dos Estados Unidos, como o campo de batalha da Guerra Civil, em Gettysburg, o Salão da Independência, na Filadélfia, e a capital do país. O Valley Forge, em Jamestown, e o vilarejo colonial restaurado de Williamsburg também estavam no topo da lista do que eu queria ver."

Ele fez uma pausa, relembrando.

"Em março, minha esposa, Nancy, disse ter pensado em passarmos nossas férias passeando pelos estados do Oeste, visitando pontos turísticos do Novo México, Arizona, Califórnia e Nevada. Ela queria fazer essa viagem havia anos, mas era óbvio que não poderíamos fazer as duas viagens. Só que nossa filha, Anne, tinha acabado de completar um curso sobre História Americana no ensino médio e andava muito interessada nos acontecimentos que moldaram o crescimento do país. Perguntei se ela gostaria de passar as férias visitando os lugares sobre os quais ouvira falar na sala de aula. Ela disse que adoraria."

Davis concluiu:

"Dois dias depois, à mesa de jantar, Nancy anunciou que, se todos concordassem, nossas férias de verão seriam nos estados do Leste, pois seria uma grande viagem para Anne e empolgante para nós três. Todos concordamos."

A mesma psicologia foi empregada por um fabricante de aparelhos de raios X para vender seu equipamento a um dos maiores hospitais do Brooklyn, que estava construindo um anexo para ser ocupado pelo melhor departamento de radiologia dos Estados Unidos. O Dr. L., chefe do departamento, andava sobrecarregado pelas visitas dos representantes de venda, cada um valorizando o equipamento de sua respectiva empresa.

Um dos fabricantes, porém, foi mais habilidoso. Sabia muito mais que os outros sobre como lidar com a natureza humana. Escreveu uma carta mais ou menos assim:

Recentemente, nossa fábrica concluiu uma nova linha de aparelhos de raios X. O primeiro lote dessas máquinas acabou de chegar na nossa sede. Não são perfeitas. Sabemos disso e desejamos aprimorá-las. Por isso, ficaríamos profundamente gratos caso o senhor encontrasse um tempo para examiná-las e dividir conosco suas ideias para que sejam mais adequadas às suas necessidades profissionais. Sabemos como o senhor anda ocupado, por isso ficaria feliz em mandar um motorista no meu carro para encontrá-lo no horário de sua preferência.

"Fiquei surpreso por receber aquela carta", disse o Dr. L. ao relatar o caso diante da turma. "Fiquei, ao mesmo tempo, surpreso e lisonjeado. Até então, nenhum fabricante de aparelhos de raios X procurara saber minha opinião. Aquilo me fez sentir importante. Eu estava ocupado todas as noites daquela semana, mas cancelei um jantar para avaliar o equipamento. Quanto mais estudava o aparelho, mais descobria como gostava dele."

O médico concluiu:

"Eles não tentaram me vender nada. Senti que a ideia de comprar o equipamento para o hospital era minha. Eu me convenci de que o aparelho tinha uma qualidade superior e ordenei que fosse instalado no hospital."

Em seu ensaio "Autoconfiança", Ralph Waldo Emerson escreveu: "Em todas as obras geniais reconhecemos nossos próprios pensamentos rejeitados. Eles retornam a nós com certa grandeza alienada."

Na época em que Woodrow Wilson ocupava a Casa Branca, o coronel Edward M. House tinha uma enorme influência em assuntos nacionais e internacionais. Quando precisava tirar dúvidas e pedir conselhos sigilosos, Wilson confiava bem mais em House do que nos integrantes de sua própria equipe de governo.

Que método o coronel usava para influenciar o presidente? Por sorte, nós sabemos, pois o próprio House o revelou para Arthur D. Howden Smith, que citou House num artigo publicado no *The Saturday Evening Post*.

"Depois que passei a conhecer bem o presidente, percebi que a melhor forma de influenciá-lo era plantar a ideia em sua mente de uma forma casual, mas que despertasse seu interesse, para que começasse a pensar no assunto por conta própria. Da primeira vez que funcionou, foi um acidente. Eu vinha visitando a Casa Branca e insistia numa linha de ação que ele parecia reprovar. Dias depois, porém, à mesa de jantar, fiquei espantado ao ouvi-lo apresentar minha sugestão como sendo dele."

Por acaso House o interrompeu e disse que a ideia era dele? Claro que não. House era astuto demais para agir assim. Não se importava em receber o crédito. Queria resultados. Assim, deixou Wilson continuar achando que era o dono da ideia. E House foi além: deu publicamente a Wilson todo o crédito pelas ideias.

Devemos lembrar que todas as pessoas com quem temos contato são tão humanas quanto Woodrow Wilson. Portanto, vamos usar a técnica do coronel House.

Um homem da bela província canadense de New Brunswick usou essa técnica em mim e me conquistou como cliente. Na época, eu planejava pescar e praticar canoagem na região, por isso escrevi uma carta à agência governamental de turismo pedindo informações. Evidentemente, meu nome e meu endereço foram colocados numa lista pública, pois passei a receber toneladas de cartas e folhetos de acampamentos e guias. Fiquei confuso. Não sabia qual escolher. Foi então que o dono de um acampamento tomou uma decisão arrojada: me enviou os nomes e telefones de diversas pessoas em Nova York que haviam ficado em seu acampamento e sugeriu que eu ligasse para elas e descobrisse por conta própria o que ele poderia me oferecer.

Para minha surpresa, descobri que conhecia um dos homens da lista. Liguei. Ouvi enquanto ele contava sua experiência no acampamento e por fim contatei o acampamento avisando minha data de chegada.

Os outros vinham tentando me vender serviços, mas um deles deixou que eu fizesse a venda sozinho. Ele ganhou.

Há 25 séculos, Lao-tsé, um sábio chinês, disse algo que podemos aplicar ainda hoje.

"A razão pela qual os rios e mares são homenageados por centenas de riachos das montanhas é que eles se mantêm num nível mais baixo. Assim, eles reinam sobre todos os riachos das montanhas. Do mesmo modo, para estar acima dos homens, o sábio se coloca abaixo deles; para estar à frente, se coloca atrás. E dessa forma, embora seu lugar seja acima dos homens, eles não sentem seu peso. Embora seu lugar seja à frente dos homens, eles não consideram isso uma ofensa."

PRINCÍPIO 7

Deixe a outra pessoa sentir que a ideia é dela.

8

Uma fórmula que vai fazer maravilhas por você

DURANTE UMA ARGUMENTAÇÃO, nunca esqueça que os outros podem estar totalmente errados, mas não acham isso. Não os condene. Em vez disso, tente compreendê-los. Apenas pessoas sábias, tolerantes e excepcionais procuram esse caminho. Existe uma razão que leva o outro a pensar e agir de certo modo. Descubra a razão e você entenderá os atos e talvez a personalidade dele. Ou seja, tente, com toda a honestidade, se colocar no lugar da outra pessoa.

Se você se perguntar como se sentiria, como reagiria no lugar do outro, poupará tempo e evitará se irritar à toa, pois, "quando nos interessamos pela causa, ficamos menos propensos a ter antipatia pelo efeito". Além do mais, fazendo isso você desenvolverá sua habilidade em relacionamentos interpessoais.

Em seu livro *How to Turn People Into Gold* (Como transformar as pessoas em ouro), Kenneth M. Goode diz: "Pare um minuto para contrastar seu interesse agudo em seus próprios assuntos com sua preocupação mínima em relação ao resto. Perceba que o mundo inteiro também se sente exatamente desse modo! Ao fazer isso, assim como Lincoln e Roosevelt, você terá compreendido qual é a única fundação sólida para os relacionamentos interpessoais. Ou melhor, descobrirá que, para ser bem-sucedido ao lidar com as pessoas, é preciso captar com empatia o ponto de vista do outro."

Sam Douglas, de Hempstead, Nova York, costumava dizer à esposa que ela passava tempo demais trabalhando no jardim, arrancando ervas daninhas, fertilizando o solo, aparando-o duas vezes por semana, mas o fato era que ele parecia igual à época em que haviam se mudado para lá, quatro anos antes. A mulher, claro, ficava aborrecida com os comentários, e, cada vez que isso acontecia, a noite era arruinada.

Depois de fazer nosso curso, o Sr. Douglas percebeu como vinha sendo tolo durante todos aqueles anos. Nunca havia pensado que a mulher gostava de fazer aquele trabalho e talvez ficasse feliz em receber um elogio por sua dedicação.

Certa noite, depois do jantar, a esposa disse que queria sair para arrancar ervas daninhas e o convidou para fazer companhia. Num primeiro momento, ele recusou o convite, mas depois pensou melhor, saiu e começou a ajudá-la. A mulher ficou nitidamente feliz, e os dois desfrutaram juntos de uma hora de trabalho duro e conversa agradável.

Depois disso, ele passou a ajudá-la com a jardinagem e a elogiar a aparência do gramado e o trabalho fantástico que ela fazia no jardim, onde o solo era duro como concreto. Resultado: uma vida mais feliz para os dois, porque ele aprendeu a observar as coisas do ponto de vista dela – mesmo que o assunto fosse simples ervas daninhas.

Em seu livro *Getting Through to People* (Comunicando-se com as pessoas), o Dr. Gerald S. Nirenberg afirmou: "Obtemos a cooperação na conversa quando demonstramos que as ideias e os sentimentos do outro são tão importantes quanto os nossos. Começar a conversa oferecendo ao outro o senso de propósito ou de direção, governar o que você diz de acordo com o que desejaria ouvir no papel do ouvinte e aceitar o ponto de vista do outro são ações que encorajam o ouvinte a ter uma mente aberta para suas ideias."

Sempre gostei de caminhar e praticar montaria num parque perto de casa. Adoro os carvalhos da região, por isso ficava irritado ao ver que, ano após ano, árvores jovens e arbustos eram destruídos por incêndios evitáveis, causados por fumantes descuidados, quase todos jovens que iam ao parque para experimentar a vida ao ar livre e cozinhar salsichas ou ovos sob as árvores. Às vezes, os incêndios eram tão devastadores que o corpo de bombeiros tinha de ser chamado.

Na entrada do parque havia uma placa advertindo que quem fizesse fogueira estaria sujeito a multa e até prisão, mas ela ficava num trecho pouco frequentado, e quase nenhum culpado chegava a vê-la. Em tese, um soldado montado cuidava do parque, mas ele não levava seu dever muito a sério, e todo ano os incêndios se alastravam por ali. Em certa ocasião, corri até um policial e avisei que um incêndio estava se espalhando rápido. Queria que ele notificasse o corpo de bombeiros. Só que, inabalável, ele respondeu que não era da sua conta, pois o fogo não se encontrava na sua jurisdição! Fiquei desesperado, e, depois desse incidente, quando saía para montar, agia como fiscal da natureza protetor do patrimônio público. No começo, eu nem sequer dava trela para os visitantes que acendiam fogueira. Quando via qualquer fogo aceso perto das árvores, ficava tão aborrecido, tão ansioso para fazer a coisa certa, que fazia a coisa errada. Eu me aproximava dos jovens e, em tom autoritário, avisava que poderiam ir para a cadeia por fazer fogueira ali e ordenava que apagassem o fogo. Se recusassem, eu ameaçava prendê-los. Estava apenas dando vazão aos meus sentimentos sem pensar no ponto de vista dos garotos. Resultado: eles obedeciam de má vontade e ficavam ressentidos. Depois que eu ia embora, provavelmente voltavam a acender a fogueira e desejavam queimar o parque inteiro.

Com o passar dos anos, adquiri um pouco mais de conhecimento a respeito dos relacionamentos humanos, um pouco mais de tato e uma tendência a ver as coisas pelo ponto de vista do outro. Então, em vez de dar ordens, eu me aproximava da fogueira montado no cavalo e dizia algo assim:

"Estão se divertindo, rapazes? O que vão fazer para o jantar? Eu adorava acender uma fogueira quando era novo... Ainda adoro. Mas saibam que é muito perigoso fazer isso nesta parte do parque. Sei que vocês não querem causar nenhum prejuízo, mas outros garotos não são tão cuidadosos. Eles aparecem, veem que vocês acenderam uma fogueira, decidem fazer uma também, mas quando vão embora não apagam o fogo, que se alastra pelas folhas secas e mata as árvores. Se não tivermos cuidado, em breve não teremos mais árvores por aqui. Vocês poderiam acabar na cadeia por acender esta fogueira, mas não quero bancar o mandão e atrapalhar a diversão de vocês. Fico feliz em ver que estão se divertindo, mas, por favor, afastem todas as folhas da fogueira agora e, antes de irem embora, cubram tudo com terra, muita terra, está bem? E, da próxima vez que quiserem se divertir, por que não fazem a fogueira no areal? Ali não há riscos. Muito obrigado, rapazes. Divirtam-se."

Essa abordagem fazia toda a diferença. Os garotos queriam cooperar sem má vontade, sem ressentimento. Eles não eram obrigados a obedecer a ninguém, não ficavam sem graça. Sentiam-se bem, e eu também, por ter lidado com a situação levando em conta o ponto de vista deles.

Enxergar a situação sob o ângulo do outro também ajuda a diminuir a tensão quando os problemas pessoais se tornam insuportáveis. Elizabeth Novak, de Nova Gales do Sul, Austrália, tinha atrasado seis semanas o pagamento da prestação do seu carro.

"Numa sexta-feira, recebi um telefonema cruel do gerente que cuidava da minha conta informando que, se eu não arranjasse 122 dólares até a manhã de segunda-feira, a empresa tomaria providências", relatou ela. "Eu não tinha como levantar a quantia no fim de semana, assim, quando ele me ligou segunda-feira de manhã bem cedo, eu já esperava o pior. Mas, em vez de ficar transtornada, analisei a situação do ponto de vista daquele homem. Pedi desculpas muito sinceras pelo enorme inconveniente e disse que devia ser sua cliente mais problemática, pois não era a primeira vez que atrasava o pagamento. O tom de voz dele mudou da água para o vinho, e ele me garantiu que eu estava longe de ser uma de suas piores clientes. Em seguida, ele relatou vários exemplos de como, às vezes, os clientes eram grosseiros, mentiam e evitavam falar com ele. Eu ouvi e o deixei desabafar. No fim, sem que eu sequer tivesse sugerido, ele disse que não tinha problema se eu não conseguisse pagar o valor cheio de imediato e poderia pagar 20 dólares até o fim do mês e depois completar a diferença."

Amanhã, antes de pedir a alguém que apague uma fogueira, compre seu produto ou contribua para a sua instituição de caridade preferida, por que não fazer uma pausa, fechar os olhos e tentar pensar na situação sob a perspectiva do outro? Pergunte a si mesmo: "Que motivo ele tem para querer fazer isso?" Claro que será um processo mais demorado, mas assim você evita fazer inimigos e garante um resultado melhor – com menos atrito e gasto de energia.

Dean Donham, da Harvard Business School, disse: "Prefiro passar duas horas caminhando pela calçada diante do escritório de uma pessoa antes de uma reunião profissional a entrar na sala dela sem uma ideia perfeitamente clara do que vou dizer e do que ela estaria propensa a dizer, de acordo com o conhecimento que tenho de seus interesses e suas motivações."

É tão importante que vou repetir a frase em itálico, para enfatizar:

Prefiro passar duas horas caminhando pela calçada diante do escritório de uma pessoa antes de uma reunião profissional a entrar na sala dela sem uma ideia perfeitamente clara do que vou dizer e do que ela estaria pro-

pensa a dizer, de acordo com o conhecimento que tenho de seus interesses e suas motivações.

Se este livro puder lhe proporcionar apenas um ensinamento, que seja a pensar segundo o ponto de vista do outro e a enxergar as coisas tanto pelo ângulo dele quanto pelo seu. Esse ensinamento por si só pode catapultar sua carreira.

PRINCÍPIO 8

Tente honestamente enxergar as coisas do ponto de vista do outro.

9

O que todo mundo quer

QUEM NÃO GOSTARIA DE SABER palavras mágicas para acabar com a discussão e os ressentimentos, gerar boa vontade e fazer com que a outra pessoa nos ouça com atenção?

Pois bem. As palavras mágicas são: "Eu não condeno você por se sentir assim. No seu lugar, certamente me sentiria do mesmo jeito."

Uma frase como essa amolece o mais rabugento dos corações. E você pode dizer isso de forma cem por cento sincera, pois, se estivesse na pele do outro, claro que você se sentiria como ele. Veja o caso de Al Capone. Imagine que você tivesse o corpo, o temperamento e a mente dele. Imagine que tivesse vivido no mesmo ambiente e as mesmas experiências. Você seria exatamente quem ele era e estaria no lugar dele. Pois são essas coisas – e apenas elas – que o tornaram o que ele era. Da mesma forma, a única razão para que você não seja uma cascavel é que sua mãe e seu pai não são cascavéis.

Nós merecemos pouco crédito por ser quem somos – e lembre-se: as pessoas que se aproximam de nós irritadas, intolerantes e irracionais merecem pouco descrédito por serem assim. Sinta pena delas. Tenha piedade. Crie empatia com elas. Diga a si mesmo: "Aí vou eu, e seja o que Deus quiser."

Três quartos das pessoas que você conhecerá estão famintas, sedentas por simpatia. Ofereça isso a elas e você será amado.

Certa vez, participei de uma transmissão radiofônica sobre Louisa May Alcott, autora de *As filhas do Dr. March*. Eu sabia que ela vivera e escrevera seus livros imortais em Concord, Massachusetts, mas, sem pensar, falei que havia visitado sua antiga casa em Concord, New Hampshire. Se tivesse dito New Hampshire apenas uma vez, poderia ter sido perdoado. Infelizmente, porém, eu disse duas vezes. Recebi uma enxurrada de cartas, telegramas e mensagens agressivas que ficaram girando em torno da minha cabeça indefesa como um enxame de vespas. Muitas eram indignadas; algumas continham insultos. Uma moça de família tradicional que havia sido criada em Concord mas morava na Filadélfia despejou sua ira abrasadora sobre mim. Duvido que tivesse sido tão agressiva se eu tivesse acusado a Srta. Alcott de canibalismo. Enquanto lia a carta, pensei comigo mesmo: "Graças a Deus não me casei com essa mulher." Tive vontade de escrever e dizer-lhe que, embora tivesse cometido um erro de geografia, ela havia cometido um erro bem maior: falta de cortesia. E essa seria apenas a primeira frase. Depois, eu iria arregaçar as mangas e lhe dizer o que realmente pensava. Mas não fiz isso. Eu me controlei. Percebi que, de cabeça quente, qualquer um seria capaz de fazer aquilo – e que a maioria das pessoas de fato age assim.

Eu queria ser melhor que essas pessoas. Então resolvi tentar transformar a hostilidade dela em cordialidade. Seria um desafio, uma espécie de jogo. Eu disse a mim mesmo: "No lugar dela, provavelmente eu me sentiria da mesma maneira." Assim, procurei a todo custo simpatizar com o ponto de vista da mulher. Na minha viagem seguinte à Filadélfia, telefonei para ela. A conversa foi mais ou menos assim:

EU: Sra. Fulana, você me escreveu uma carta semanas atrás, e queria lhe agradecer.

ELA: (Num tom incisivo, de pessoa culta e bem-criada): Com quem tenho a honra de falar?

EU: A senhora não me conhece. Meu nome é Dale Carnegie. A senhora ouviu um programa de rádio em que falei sobre Louisa May Alcott alguns domingos atrás, e eu cometi um erro imperdoável ao dizer que ela havia morado em Concord, New Hampshire. Foi um erro estúpido, e quero lhe pedir desculpas. Foi gentil de sua parte se dar ao trabalho de me escrever.

ELA: Sr. Carnegie, sinto muito por ter escrito aquelas palavras. Perdi a cabeça. Peço desculpas.

EU: Não! Não é a senhora quem deve se desculpar. Sou eu. Nenhuma criança em idade escolar diria tal besteira. No domingo seguinte eu pedi desculpas no ar, durante o programa, mas agora quero pedir desculpas à senhora pessoalmente.

ELA: Nasci em Concord, Massachusetts. Minha família é importante nesse estado há 200 anos, e tenho muito orgulho de minha terra natal. Fiquei realmente perturbada quando ouvi o senhor dizer que a Srta. Alcott tinha morado em New Hampshire. Mas sinto muita vergonha daquela carta.

EU: Garanto à senhora que sua perturbação não foi um décimo da minha. Meu erro não feriu Massachusetts, mas a mim mesmo. É muito raro ver pessoas de sua posição e cultura escrevendo cartas para radialistas, e espero que torne a escrever se perceber que eu disse algo de errado.

ELA: Sabe, gostei muito do modo como aceitou minha crítica. O senhor deve ser uma pessoa muito boa. Gostaria de conhecê-lo melhor.

Assim, por ter pedido desculpas e acolhido o ponto de vista da senhora, ela começou a se desculpar e também acolheu meu ponto de vista. Tive a satisfação de manter o sangue-frio e de retribuir os insultos dela com gentileza. Eu me diverti infinitamente mais ao fazê-la gostar de mim do que se a tivesse mandado se jogar no rio.

Qualquer pessoa que ocupe a Casa Branca enfrenta quase diariamente problemas espinhosos nas relações humanas. O presidente Taft não era exceção e descobriu por experiência própria o enorme valor químico da simpatia para neutralizar o ácido do ressentimento. Em seu livro *Ethics in Service* (Ética no serviço), Taft ilustra de modo divertido como abrandou a ira de uma mãe desapontada e ambiciosa. Ele escreveu:

Uma senhora de Washington cujo marido tinha influência política se aproximou de mim e, durante pelo menos seis semanas, fez de tudo para me convencer a nomear seu filho para um posto no governo. Ela conseguiu o apoio de um grande número de senadores e congressistas e voltou a me procurar acompanhada deles, para garantir que fossem enfáticos ao falar comigo. Mas o cargo exigia qualificação técnica e, seguindo a recomendação do chefe do departamento, eu nomeei outra pessoa. Tempos depois, recebi uma carta da mãe dizendo que eu era a mais ingrata das criaturas, pois negara a ela a felicidade que estava ao meu alcance. E foi além: disse que era assim que eu recompensava uma pessoa que tinha trabalhado junto à comissão de seu estado e garantido todos os votos para um projeto de lei no qual eu tinha grande interesse.

Em outro trecho, ele explicou como se sentiu:

Quando você recebe uma carta como essa, a primeira coisa que faz é pensar em retrucar na mesma moeda a alguém que foi tão inconveniente. Em seguida, você escreve a resposta. Por fim, se for sábio, coloca a carta na gaveta e tranca a gaveta. Deixa passar dois dias, porque sempre é possível demorar dois dias para responder a esse tipo de mensagem. Por fim, você retira a carta da gaveta e não a envia. Foi justamente o que fiz. Eu me sentei e escrevi a carta mais educada possível dizendo que compreendia a decepção de uma mãe em tais circunstâncias, mas que a indicação não dependia apenas da minha preferência pessoal, que eu precisava selecionar alguém com qualificações técnicas e por isso seguira as recomendações do chefe do departamento. Expressei a esperança de que, no futuro, o filho dela realizasse tudo o que ela esperava no cargo que já ocupava. Essas palavras a tocaram e ela me escreveu um bilhete dizendo que lamentava ter escrito a carta anterior.

Mas houve uma reviravolta no caso:

Porém, a nomeação que fiz não foi confirmada de imediato, e depois de um tempo recebi uma carta supostamente do marido dela, embora a caligrafia fosse semelhante à da correspondência anterior. Fui informado de que, depois dessa grande decepção, a mulher ficou tão abatida que caiu de cama e desenvolveu um gravíssimo câncer no estômago. Em seguida, a pergunta: será que eu poderia restaurar a saúde dela retirando a indicação original e substituindo-a pelo seu filho? Tive de escrever outra carta, dessa vez ao marido, para dizer que esperava que o diagnóstico estivesse equivocado e compartilhar sua tristeza diante da doença da esposa, mas informando que era impossível retirar minha nomeação. O homem indicado foi confirmado no cargo, e, dois dias depois de receber a carta do marido, organizamos um espetáculo musical na Casa Branca. As duas primeiras pessoas a saudar a Sra. Taft e a mim foram essa senhora e o marido, embora pouco tempo antes a mulher estivesse in articulo mortis.

■ ■ ■

Jay Mangum era representante de uma empresa de manutenção de escadas rolantes em Tulsa, Oklahoma, que tinha o contrato de manutenção das escadas de um dos principais hotéis da cidade. Para não causar inconvenientes aos hóspedes, o gerente não queria deixar a escada fora de uso por mais de duas horas. O problema era que o conserto necessário levaria pelo menos oito horas, e a empresa nem sempre tinha um mecânico especialmente qualificado à disposição do hotel.

Quando conseguiu agendar um mecânico de primeira linha para o serviço, o Sr. Mangum telefonou para o gerente do hotel e, em vez de argumentar para conseguir o tempo necessário, disse:

"Rick, sei que o hotel está bem movimentado e que você quer que a escada rolante fique parada o menor tempo possível. Compreendo sua preocupação e faremos o máximo para atendê-lo. No entanto, de acordo com nosso diagnóstico, se não fizermos um trabalho completo agora, sua escada rolante poderá sofrer danos mais graves, o que a deixaria fora de serviço por muito mais tempo. Sei que não deseja criar um inconveniente para seus hóspedes durante vários dias."

O gerente foi obrigado a concordar que interromper o serviço por oito horas era melhor do que ficar sem escada rolante por vários dias. Ao demonstrar que compreendia o desejo do gerente – manter os hóspedes felizes –, o Sr. Mangum foi capaz de convencê-lo com facilidade, sem provocar rancor.

Joyce Norris, professora de piano em St. Louis, Missouri, contou como lidou com um problema frequente com suas alunas adolescentes. Babette tinha unhas extremamente longas. Esse é um problema sério para quem deseja desenvolver uma boa técnica no instrumento musical. A Sra. Norris relatou:

"Eu sabia que aquelas unhas compridas seriam um obstáculo para Babette e seu desejo de aprender a tocar bem, mas não falei nada sobre o assunto nas conversas que tivemos antes do início das aulas. Eu não queria desencorajá-la, mas ao mesmo tempo sabia que ela não iria querer perder aquelas unhas lindas, das quais ela tanto cuidava e tanto se orgulhava. Depois da primeira aula, quando encontrei um momento propício, falei: 'Babette, suas mãos e suas unhas são lindas. Se você realmente tem interesse em desenvolver seu talento ao máximo, vai ficar surpresa ao descobrir como seria mais fácil e mais rápido caso aparasse as unhas. Pense nisso, está bem?'"

A Sra. Norris disse que Babette pareceu não gostar nem um pouco da sugestão.

"Em seguida, falei com a mãe, comentando outra vez que as unhas de Babette eram lindas. Outra reação negativa. Era óbvio que as unhas da garota eram importantes para ela. Na semana seguinte, Babette voltou para a segunda aula e, para minha surpresa, havia cortado as unhas. Fiz um elogio a ela e enalteci seu sacrifício. Também agradeci à mãe por ter influenciado Babette a cortar as unhas. A resposta foi: 'Ah, eu não tive nada a ver com isso. Babette decidiu sozinha, e é a primeira vez que ela corta as unhas a pedido de alguém.'"

A Sra. Norris ameaçou Babette? Disse que se recusaria a dar aulas a uma aluna com unhas compridas? Não, não fez nada disso. Reconheceu que as unhas de Babette eram lindas e que apará-las significaria um sacrifício. Com isso, deixou implícito o seguinte: "Compreendo sua posição. Sei que não será fácil, mas compensará, pois você desenvolverá mais seu talento musical."

Sol Hurok provavelmente foi o maior empresário artístico dos Estados Unidos. Por quase meio século, ele lidou com estrelas – nomes conhecidos mundialmente como Feodor Chaliapin, Isadora Duncan e Anna Pavlova. Ele me contou que uma das primeiras lições que tinha aprendido ao lidar com personalidades tão temperamentais era a necessidade de demonstrar compreensão diante de suas idiossincrasias.

Durante três anos, Hurok foi o empresário de Feodor Chaliapin, um dos maiores baixos – cantor de voz masculina grave – a empolgar os ricos frequentadores das frisas do Metropolitan. No entanto, Chaliapin era um problema constante. Comportava-se como uma criança mimada. Nas palavras inimitáveis do Sr. Hurok: "Chaliapin era um sujeito dos diabos em todos os sentidos."

Com frequência, Chaliapin telefonava para o Sr. Hurok na hora do almoço do dia de uma apresentação e dizia:

– Sol, estou me sentindo horrível. Minha garganta parece um hambúrguer cru. Vai ser impossível cantar hoje à noite.

O Sr. Hurok discutia? Não. Sabia que um empresário não pode lidar dessa forma com artistas. Assim, corria até o hotel de Chaliapin esbanjando compaixão.

– Que pena, meu pobre amigo! – lamentava. – Claro que assim é impossível cantar. Vou cancelar a apresentação imediatamente. Vai lhe custar alguns milhares de dólares, mas isso não é nada em comparação com sua reputação.

Ao ouvir isso, Chaliapin suspirava e dizia:

– Talvez seja melhor você voltar mais tarde. Venha às cinco horas para ver como estou.

Às cinco da tarde, o Sr. Hurok retornava ao hotel esbanjando compaixão. Voltava a insistir no cancelamento, e de novo Chaliapin suspirava e dizia:

– Talvez seja melhor voltar mais tarde. Pode ser que eu esteja melhor.

Às sete e meia, o grande baixo consentia em cantar, desde que o Sr. Hurok concordasse em aparecer no palco do Metropolitan e anunciar que Chaliapin havia sofrido um terrível resfriado e não estava no auge da sua voz. O Sr. Hurok concordava e mentia, pois sabia que era a única forma de fazer o cantor subir ao palco.

Em seu esplêndido livro *Psicologia para estudantes de educação*, o Dr. Arthur I. Gates afirmou: "A espécie humana anseia por compaixão. A criança faz questão de mostrar o machucado, chega a se cortar ou se machucar de propósito para ser alvo de compaixão. Com o mesmo objetivo, os adultos mostram suas feridas, relatam seus acidentes, doenças e detalhes de procedimentos cirúrgicos. Em alguma medida, a 'autopiedade' diante das desgraças reais ou imaginárias é um comportamento praticamente universal."

Portanto, se quiser fazer as pessoas pensarem igual a você:

PRINCÍPIO 9

Demonstre compaixão e compreensão diante das ideias e dos desejos do outro.

10

Um apelo que todos adoram

Eu fui criado perto de Kearney, Missouri, cidade natal do fora da lei Jesse James. Certo dia, visitei a fazenda de James, onde seu filho morava. A nora de Jesse James me contou histórias de como ele roubava trens e assaltava bancos e depois entregava o dinheiro para que os fazendeiros vizinhos pudessem pagar suas hipotecas.

No fundo, Jesse James provavelmente se considerava um idealista, assim como Dutch Schultz, "Two Gun" Crowley, Al Capone e tantos outros chefões do crime organizado depois de James. O fato é que todas as pessoas que você conhece têm grande consideração por si mesmas e gostam de imaginar que são boas e generosas.

Em uma de suas análises, o banqueiro J. Pierpont Morgan comentou que as pessoas normalmente têm duas razões para fazer algo: uma razão que parece ser boa e outra que é a real. A pessoa em si pensa no motivo real. Nem é preciso enfatizar isso. Mas, como somos idealistas, todos nós gostamos de pensar nos motivos que parecem bons. Assim, para mudar as pessoas, apele para os motivos mais nobres.

Será que essa ideia é idealista demais para funcionar no mundo dos negócios? Vejamos o caso de Hamilton J. Farrell, da Farrell-Mitchell Company, de Glenolden, Pensilvânia. O Sr. Farrell tinha um inquilino insatisfeito que ameaçava se mudar. Ainda faltavam quatro meses para o fim do contrato, mas o inquilino notificou que iria sair imediatamente, sem considerar o contrato em vigência. Ele contou sua história diante da turma:

"Aquelas pessoas tinham morado na minha casa durante todo o inverno, o período mais caro do ano. Eu sabia que seria difícil alugar o apartamento de novo antes do outono seguinte. Vi minha renda indo embora e fiquei transtornado."

Farrell fez uma pausa.

"Normalmente, eu teria ido tomar satisfações com o inquilino e aconselhá-lo a reler o contrato", continuou. "Teria salientado que, se ele se mudasse, o valor total do aluguel seria cobrado de imediato, e que eu poderia e faria questão de receber o dinheiro. Mas, em vez de perder a cabeça e fazer uma cena, decidi tentar uma tática diferente. Comecei assim: 'Sr. Fulano, ouvi sua história e ainda não acredito que queira se mudar. Todos esses anos no ramo dos aluguéis me ensinaram algumas coisas sobre a natureza humana e eu percebi de cara que o senhor era um homem de palavra. Na verdade, tenho tanta certeza disso que estou disposto a arriscar. Aqui está minha proposta. Deixe sua decisão sobre a mesa por alguns dias e pense no assunto. Se me procurar de novo até o primeiro dia do mês que vem, quando vence o aluguel, e me disser que ainda pretende se mudar, garanto que aceitarei sua decisão sem discutir. Vou lhe dar o direito de se mudar e admitir para mim mesmo que cometi um erro de julgamento. Mas ainda acredito que o senhor é um homem de palavra e vai manter o contrato. Afinal, ou nós somos homens ou somos macacos... e geralmente nós mesmos escolhemos o que somos.'"

Por fim, ele contou o desfecho do caso:

"Pois bem, no início do mês seguinte, o sujeito foi me ver e pagou o aluguel pessoalmente. Disse que ele e a esposa tinham discutido o assunto e decidiram ficar. Concluíram que era melhor manter a honra e cumprir o contrato."

Quando o finado lorde Northcliffe encontrava um jornal com uma foto dele que não queria ver publicada, escrevia uma carta ao editor. Mas será que ele dizia "Por favor, não voltem a publicar tal foto. *Eu* não gosto dela"? Não, ele apelava para uma razão nobre: o respeito e o amor que todos temos pelas mães. Escrevia: "Por favor, não voltem a publicar tal foto. Minha mãe não gosta dela."

Quando John D. Rockefeller Jr. queria impedir que fotógrafos de jornais tirassem retratos de seus filhos, ele também apelava aos motivos mais nobres. Não dizia: "Não quero que publiquem as fotos deles." Em vez disso, apelava ao nosso desejo inerente de evitar fazer qualquer mal às crianças e dizia: "Vocês entendem, rapazes. Alguns de vocês têm filhos e sabem que não é bom que crianças sejam tão expostas."

Quando Cyrus H. K. Curtis estava começando sua carreira meteórica – que o tornaria um milionário dono de publicações como *The Saturday Evening Post* e *Ladies' Home Journal* –, ele não tinha condições de pagar a seus colaboradores o mesmo que outras revistas. Não podia contratar escritores de primeira linha apenas com dinheiro. Então apelava aos motivos mais nobres. E assim persuadiu até Louisa May Alcott, no auge da fama, a escrever para ele, e conseguiu isso enviando um cheque de 100 dólares não para a própria escritora, mas para a instituição de caridade preferida dela.

A esta altura uma pessoa mais cética pode dizer: "Ah, isso funciona para Northcliffe e Rockefeller, ou para uma escritora sentimental. Mas quero ver funcionar com os sujeitos complicados a quem tenho de fazer cobranças!"

Talvez essa pessoa tenha razão. Não existe método infalível, que funcione com todas as pessoas. Se você está satisfeito com os resultados atuais, por que mudar? Mas, se não está satisfeito, por que não experimentar?

Seja como for, acho que você gostará desta história real, contada por James L. Thomas, meu ex-aluno. Seis clientes de uma montadora de automóveis se recusaram a pagar as contas pelos serviços de manutenção. Nenhum dos clientes reclamou de todos os itens, mas cada um alegava que havia uma cobrança errada. Em cada caso, o cliente havia assinado pelo trabalho que seria feito, e a companhia de Thomas sabia que tinha razão. Assim, disse isso aos clientes com todas as letras. Esse foi o primeiro erro.

A seguir estão as providências tomadas pelos funcionários do Departamento de Crédito para cobrar as contas vencidas:

1. Telefonaram para cada cliente e disseram, de forma ríspida, que precisavam pagar uma conta que estava vencida.
2. Deixaram claro que a empresa estava absolutamente certa, portanto o cliente estava absolutamente errado.
3. Declararam que a empresa sabia muito mais sobre automóveis do que o cliente. Portanto, não havia motivo para discussão.
4. Resultado: eles discutiam.

Você acredita que algum desses métodos convenceria o cliente a pagar a dívida? Essa é fácil de responder.

A essa altura, o gerente do Departamento de Crédito estava prestes a acionar o Departamento Jurídico e abrir fogo contra os consumidores, quando, por sorte, o assunto chamou a atenção do gerente geral, que resolveu investigar os clientes em atraso e descobriu que todos tinham a reputação de bons pagadores. Havia algo drasticamente errado nos métodos de cobrança da empresa. Então ele disse a James L. Thomas que recebesse aqueles valores "irrecebíveis".

O Sr. Thomas tomou as seguintes providências, em suas próprias palavras:

1. Minha visita a cada cliente era para cobrar o valor de uma conta que estava pendente havia muito tempo e era absolutamente correta. Mas eu não disse uma palavra sequer sobre isso. Apenas expliquei que a visita era para saber o que a companhia havia feito ou deixado de fazer.
2. Deixei claro que, até ouvir a história do cliente, não tinha qualquer opinião sobre o assunto. Disse que a empresa não havia afirmado ser infalível.
3. Afirmei que tinha interesse apenas no carro deles e que eles sabiam mais sobre o próprio automóvel do que qualquer outra pessoa no planeta. *Eles* eram a maior autoridade no assunto.
4. Deixei que falassem e ouvi com todo o interesse e compreensão o que o cliente desejava e havia esperado.
5. Por fim, quando o cliente já estava mais bem-humorado, eu apresentava todos os dados do caso para que ele julgasse. Apelava a seus motivos mais nobres. Dizia: "Em primeiro lugar, também acho que seu caso foi mal conduzido. O senhor foi contrariado, perturbado e importunado por um de nossos representantes, algo que nunca deveria acontecer. Na posição de representante da companhia, lamento profundamente e peço desculpas. Enquanto ouvia sua versão da história, não pude deixar de me impressionar com seu senso de justiça e sua paciência. Agora, sabendo que o senhor é justo e paciente, vou pedir que faça algo por mim, algo que o senhor consegue fazer melhor do que ninguém, que o senhor entende melhor do que ninguém. Aqui está sua conta: sei que posso lhe pedir que faça as devidas correções, como se o senhor fosse o próprio presidente da empresa. Vou deixar nas suas mãos. Vale o que o senhor disser."

Eles acertaram as contas? Certamente sim, e com boa vontade. As cobranças variavam entre 150 e 400 dólares. E será que algum cliente se aproveitou da situação? Sim, um deles se recusou a pagar um centavo daquilo que achava que era indevido, mas os outros cinco pagaram. E a melhor parte da história: ao longo dos dois anos seguintes, vendemos carros novos para os seis clientes!

"A experiência me ensinou que, quando não é possível obter nenhuma informação sobre o cliente, a única maneira segura de agir é assumir que ele está sendo sincero, honesto, verdadeiro e deseja pagar o que deve assim que se convencer de que é o correto", disse o Sr. Thomas. "Simplificando, as pessoas são honestas e desejam cumprir as obrigações. Existem poucas exceções à regra, e estou convencido de que, na maioria dos casos, os indivíduos mais inclinados a cometer pequenas fraudes reagirão de forma positiva se você demonstrar que os considera honestos, direitos e justos."

PRINCÍPIO 10

Apele para motivos mais nobres.

11

O cinema faz. A TV faz. Por que você não faz também?

Muitos anos atrás, o *Evening Bulletin*, periódico da Filadélfia, estava sendo prejudicado por uma perigosa campanha de rumores mal-intencionados. Um boato malicioso circulava pela cidade. Os anunciantes foram informados de que o jornal não era mais atraente para os leitores pois tinha anúncios demais e informações de menos. Foi necessário tomar uma atitude imediata. Os boatos precisavam ser exterminados.

Mas como? Eis o que fizeram.

O *Bulletin* montou uma compilação com assuntos de todos os tipos de uma edição regular publicados num dia normal, classificou o material inteiro e publicou-o em um livro chamado *One Day* (Um dia), com 307 páginas. O problema era que o *Bulletin* havia reunido aquelas mesmas notícias e artigos de um único dia em um jornal impresso e vendido o conteúdo não por muitos dólares, mas por alguns centavos.

Acontece que a impressão do livro evidenciou que o *Bulletin* trazia uma enorme quantidade de leitura interessante, apresentando os fatos de maneira mais atraente, impressionante e vibrante do que teria sido possível apenas com páginas numeradas e muita conversa.

Estamos vivendo a época da dramatização. Dizer a verdade não basta. A verdade tem que ser vibrante, interessante, dramática. É preciso ser um showman. O cinema faz isso. A TV faz isso. E você terá que fazer o mesmo se quiser receber atenção.

Os organizadores de vitrines conhecem o poder da dramatização. Certa vez, os fabricantes de um novo veneno para rato incluíram dois ratos vivos no material entregue aos comerciantes para colocar na vitrine das lojas. Na semana em que os ratos estavam à vista, as vendas cresceram cinco vezes.

Os comerciais de TV usam e abusam de técnicas de dramatização para vender seus produtos. Basta se sentar diante da TV e analisar o que os anunciantes fazem em cada propaganda. Você perceberá que o antiácido muda a cor do ácido num tubo de ensaio, mas o mesmo não acontece com o da concorrência. Uma marca de sabão ou detergente consegue limpar uma camisa suja de graxa, enquanto a marca concorrente deixa um tom de cinza. Um automóvel contorna suavemente uma série de curvas, enquanto o da outra marca derrapa ao virar uma esquina. Rostos sorridentes demonstrarão felicidade com uma variedade de produtos. As propagandas dramatizam as vantagens daquilo que está sendo vendido para o espectador e o convencem a comprar o produto.

Você mesmo pode dramatizar suas ideias nos negócios ou em qualquer outro aspecto da vida. É fácil. Jim Yeamans, vendedor da National Cash Register, de Richmond, Virgínia, contou como usou esse recurso durante uma demonstração de vendas.

"Na semana passada, fiz uma visita a uma mercearia de bairro e vi que as caixas registradoras usadas na saída eram muito antiquadas. Eu me aproximei do dono e disse que ele estava literalmente jogando dinheiro fora cada vez que um cliente entrava na fila. Nesse momento, joguei um punhado de moedas de um centavo no chão. Ele prestou mais atenção na hora. Eu teria atraído o interesse dele se tivesse apenas falado, mas o som das moedas batendo no chão o deixou paralisado. No fim, consegui que ele encomendasse novas máquinas para substituir as antigas."

Essa estratégia também funciona na vida pessoal. Antigamente, o apaixonado simplesmente pedia a amada em casamento? Não, ele se ajoelhava. O gesto demonstrava que ele estava falando sério. Não costumamos mais nos ajoelhar para pedir em casamento, mas muitos pretendentes ainda criam uma atmosfera romântica antes de fazer o pedido.

Essa tática também funciona com as crianças. Joe B. Fant, de Birmingham, Alabama, tinha dificuldades para fazer o filho de 5 anos e a filha de 3 recolherem os brinquedos depois de brincar, por isso inventou um "trem". Joey, o menino, era o maquinista no velocípede que carregava o vagão de Janet, sua irmã, preso atrás. De noite, ela enchia o vagão com todo o "carvão" espalhado pelo chão e pulava dentro dele para ser puxada pelo irmão. Assim, a arrumação era feita sem sermões, discussões ou ameaças.

Mary Catherine Wolf, de Mishawaka, Indiana, tinha problemas no trabalho e concluiu que precisava conversar sobre o assunto com o patrão. Na manhã de segunda-feira, pediu uma reunião com ele, mas ouviu que o patrão estava ocupado e que devia entrar em contato com a secretária dele para marcar um horário em outro dia da semana. A secretária indicou que a agenda dele estava lotada, mas tentaria encaixá-la.

A Sra. Wolf descreveu o ocorrido:

"Passei a semana toda sem receber resposta da secretária. Sempre que eu perguntava, ela me dava um motivo para o chefe não me atender. Na manhã de sexta-feira, eu ainda não tinha nada definido. Queria muito vê-lo e conversar sobre os problemas antes do fim de semana, por isso me perguntei como fazê-lo me atender. Acabei fazendo o seguinte: escrevi uma carta formal dizendo que compreendia perfeitamente que ele andara muito ocupado a semana inteira, mas que era importante falar com ele. Dentro do envelope, coloquei um formulário e um envelope com o meu endereço e pedi a ele que fosse preenchido e devolvido para mim."

No formulário, a Sra. Wolf havia escrito o seguinte:

> *Sra. Wolf, poderei me encontrar com a senhora no dia ___, às ___ horas. Concederei à senhora ______ minutos do meu tempo.*

Ela disse que colocou a carta na caixa de entrada dele às 11h. "Às 14h, verifiquei a minha. Lá estava o envelope. Ele mesmo havia preenchido, indicando que poderia me ver naquela mesma tarde e que me daria 10 minutos de seu tempo. Eu me encontrei com ele e conversamos por mais de uma hora. Meus problemas foram resolvidos."

A Sra. Wolf admite que, se não tivesse dramatizado o fato de que queria muito falar com o patrão, provavelmente ainda estaria aguardando uma reunião.

A empresa de James B. Boynton havia acabado de concluir um exaustivo estudo para uma grande marca de cremes hidratantes, e ele tinha que apresentar um longo relatório de mercado. Por isso, precisava obter informações imediatas sobre a concorrência. O cliente em potencial era um dos maiores nomes da publicidade.

A primeira abordagem de Boynton fracassou quase de cara.

"A primeira vez que fui até lá, acabei me desviando do assunto e entrando numa discussão fútil sobre os métodos de pesquisa", explicou o Sr. Boynton. "Ele argumentava e eu argumentava. Ele dizia que eu estava errado e eu tentava demonstrar que estava certo. Quando finalmente consegui provar, satisfeito, que estava certo, o tempo havia acabado, a reunião tinha chegado ao fim e eu ainda não havia produzido qualquer resultado."

Ele continuou:

"Da segunda vez, deixei de lado as tabulações, os números e os dados e resolvi dramatizar os fatos. Quando entrei no escritório, ele estava ocupado ao telefone. Enquanto concluía a conversa, abri uma maleta e despejei 32 potes de creme hidratante sobre sua mesa. Eram produtos que ele conhecia, concorrentes de sua marca. Em cada pote, coloquei uma etiqueta com os resultados da investigação. Cada etiqueta contava a história de uma forma breve e dramática."

O que aconteceu?

"Não houve discussão. Ali, na frente dele, havia algo novo, diferente. Ele pegou dois potes e leu as informações no rótulo. Começamos uma conversa amigável. Ele fez mais perguntas. Demonstrou interesse. A princípio, me concederia apenas 10 minutos para apresentar os fatos, mas se passaram os 10 minutos, 20 minutos, 40 minutos... ao final de uma hora, ainda estávamos conversando. Eu apresentava os mesmos fatos que havia levado na primeira ocasião. Mas, dessa vez, usei dramatização e criatividade. Fez toda a diferença."

PRINCÍPIO 11

Dramatize suas ideias.

12

Quando tudo falhar, tente este recurso

Charles Schwab era chefe do gerente de uma usina na qual os operários não vinham batendo as metas de produtividade.

– Como pode um gerente tão competente como o senhor não conseguir alcançar a meta de produção?

– Não sei – respondeu o gerente. – Já tentei instruir, persuadir, discutir e dar bronca. Ameacei demitir todos, mas nada funciona. Eles simplesmente não produzem.

Essa conversa aconteceu no fim do dia, pouco antes da entrada do turno da noite. Schwab pediu um pedaço de giz ao gerente, virou para o homem mais próximo e perguntou:

– Quantas fornadas aconteceram no seu turno?

– Seis.

Sem dizer mais nenhuma palavra, Schwab fez um 6 enorme no chão e se afastou. Quando o turno da noite entrou, os homens viram o número e perguntaram o que queria dizer.

– O chefão esteve por aqui – responderam os funcionários do turno do dia. – Ele perguntou quantas fornadas fizemos, e respondemos que foram seis. Ele usou o giz para escrever no chão.

Na manhã seguinte, Schwab voltou à fábrica. O turno da noite tinha apagado o 6 e substituído por um grande 7.

Quando os funcionários do turno do dia apareceram para o trabalho na manhã seguinte, viram um 7 enorme no chão. Então o turno da noite achava que era melhor do que o do dia? Pois bem, eles iriam ver só. A equipe entrou com entusiasmo e, quando saiu, de noite, deixou um 10 imponente. As coisas estavam acelerando.

Em pouco tempo, a unidade, que estava ficando para trás em termos de produtividade, passou a produzir mais do que todas as outras da fábrica.

O princípio? Charles Schwab explicará com suas próprias palavras:

"Para fazer as coisas acontecerem, é preciso estimular a competição", explica ele. "Não estou sugerindo uma competição sórdida, por dinheiro, mas pelo desejo de superação."

O desejo de superação! O desafio! Uma provocação! Esse é um modo infalível de instigar as pessoas.

Sem um desafio, Theodore Roosevelt jamais teria sido presidente dos Estados Unidos. Ele havia acabado de retornar de Cuba quando foi escolhido para ser candidato ao governo do estado de Nova York. A oposição descobriu que ele não era mais um residente legal do estado. Assustado, Roosevelt pensou em retirar a candidatura. Foi quando Thomas Collier Platt, na época senador por Nova York, virou-se para Theodore Roosevelt e, em voz alta, lançou o desafio: "O herói de San Juan Hill é um covarde?"

Roosevelt permaneceu na luta – e o resto é história. Aquele desafio não apenas mudou sua vida como também teve efeito real no futuro do país.

O lema da guarda real na Grécia antiga era: "Todos os homens têm medos, mas os corajosos os enfrentam e vão em frente, às vezes rumo à morte, mas sempre rumo à vitória." Que desafio pode ser maior do que superar os medos?

Quando foi governador de Nova York, Al Smith teve que encarar um desafio. Sing Sing, a famosa penitenciária, estava sem diretor. Escândalos e rumores terríveis estavam acabando com a prisão. Smith precisava de um homem de pulso forte no comando – um homem de ferro. Mas quem? Mandou chamar Lewis E. Lawes, de New Hampton.

– Que tal assumir o comando de Sing Sing? – perguntou Smith alegremente quando estava frente a frente com Lawes. – O lugar precisa de um homem experiente.

Lawes ficou atônito. Conhecia os perigos de Sing Sing. Era uma nomeação sujeita aos caprichos da política. Os diretores anteriores nem sequer esquentavam a cadeira. Um deles tinha durado apenas três semanas. Lawes precisava pensar na própria carreira. Valia a pena correr o risco?

Smith percebeu a hesitação de Lawes, recostou-se na cadeira, sorriu e disse:

– Meu jovem, não o culpo por sentir medo. É um trabalho dos mais difíceis. Vai ser preciso alguém poderoso para aceitar o cargo e ficar.

Smith lançou um desafio. Lawes gostou da ideia de tentar um trabalho que exigia alguém "poderoso", aceitou e ficou até se tornar o mais famoso diretor de presídio de sua época. Seu livro *20,000 Years in Sing Sing* (20 mil anos em Sing Sing) vendeu centenas de milhares de exemplares. Suas participações em programas de rádio e as histórias da vida na prisão inspiraram dezenas de filmes. Seu método de humanização dos criminosos produziu milagres na reforma do sistema carcerário.

Harvey S. Firestone, fundador da grande Firestone Tire and Rubber Company, disse: "Nunca achei que o salário, e apenas o salário, formasse ou mantivesse uma boa equipe. Acho que o próprio jogo é responsável por isso."

Frederic Herzberg, um dos maiores cientistas comportamentais da história, concordava com essa ideia. Ele estudou a fundo o comportamento de milhares de pessoas diante do trabalho, de operários a executivos seniores. Segundo suas descobertas, qual foi o principal fator de motivação – a faceta mais estimulante do trabalho? Dinheiro? Boas condições de trabalho? Benefícios? Não, nada disso. O principal fator de motivação era o próprio trabalho. Se ele fosse empolgante e interessante, o funcionário se sentia motivado a prestar um bom serviço.

É o que todas as pessoas bem-sucedidas amam: o jogo em si. A oportunidade de se expressar. A chance de demonstrar valor, se superar, ganhar. É o que dá graça às maratonas e a qualquer competição. O desejo de superação. O desejo de se sentir importante.

PRINCÍPIO 12

Lance um desafio.

EM RESUMO

COMO FAZER AS PESSOAS PENSAREM COMO VOCÊ

PRINCÍPIO 1

A única forma de se dar bem numa discussão é evitando-a.

PRINCÍPIO 2

Demonstre respeito pela opinião alheia. Nunca diga "Você está errado".

PRINCÍPIO 3

Se estiver errado, admita depressa e de maneira enfática.

PRINCÍPIO 4

Comece sendo amigável.

PRINCÍPIO 5

Faça com que o outro diga "sim" imediatamente.

PRINCÍPIO 6

Deixe o outro falar durante a maior parte da conversa.

PRINCÍPIO 7

Deixe a outra pessoa sentir que a ideia é dela.

PRINCÍPIO 8

Tente honestamente enxergar as coisas do ponto de vista do outro.

PRINCÍPIO 9

Demonstre compaixão e compreensão diante das ideias e dos desejos do outro.

PRINCÍPIO 10

Apele para motivos mais nobres.

PRINCÍPIO 11

Dramatize suas ideias.

PRINCÍPIO 12

Lance um desafio.

PARTE QUATRO

Seja um líder: como mudar as pessoas sem ofender nem criar ressentimentos

1

Se precisar apontar defeitos, comece desta forma

Um amigo meu foi convidado para passar um fim de semana na Casa Branca durante o governo Calvin Coolidge. Ao se dirigir ao escritório particular do presidente, ouviu Coolidge dizer a uma de suas secretárias: "Que vestido lindo você está usando esta manhã!"

Esse provavelmente foi o elogio mais efusivo de Coolidge a uma secretária em toda sua vida. Era tão incomum, tão inesperado, que ela corou, confusa. Em seguida, Coolidge emendou: "Mas não vá ficar convencida. Eu só disse isso para fazer você se sentir bem. Daqui para a frente, quero que seja um pouquinho mais cuidadosa com a pontuação dos seus textos."

O método de Coolidge parece um tanto óbvio, mas a psicologia por trás dele é perfeita. É sempre mais fácil ouvir coisas desagradáveis após receber elogios a nossos pontos fortes.

Um barbeiro passa espuma no rosto do homem antes de barbeá-lo. E foi exatamente isso que fez William McKinley em 1896, quando concorreu à presidência dos Estados Unidos. Um dos republicanos mais famosos da época tinha escrito um discurso de campanha que ele próprio considerava melhor do que Cícero, Patrick Henry e Daniel Webster juntos. Eufórico, o sujeito leu o discurso para McKinley. Tinha lá suas qualidades, mas simplesmente não servia. Teria provocado um vendaval de críticas. McKinley não queria ferir os sentimentos do autor. Não podia destruir o esplêndido entusiasmo do homem, mas precisava dizer "não". Repare em como conseguiu fazê-lo de modo diplomático:

"Meu caro, seu discurso é esplêndido, magnífico. Ninguém poderia ter escrito algo melhor. Em muitas ocasiões ele seria a coisa perfeita a se dizer, mas seria o mais adequado para este momento? Por mais que o senhor o considere bem fundamentado e sóbrio, devo pensar nos efeitos que causará para o partido. Agora, vá para casa, escreva um discurso de acordo com a minha orientação e me envie uma cópia."

O autor obedeceu. McKinley fez a revisão a lápis e o ajudou a reescrever o segundo discurso. Esse homem se tornou um dos mais eficientes oradores durante a campanha presidencial.

A seguir, reproduzirei a segunda carta mais famosa escrita por Abraham

Lincoln. (A mais famosa foi escrita para a Sra. Bixby, expressando sua tristeza pela morte dos cinco filhos da mulher nos campos de batalha.) Lincoln provavelmente escreveu a carta em cinco minutos. No entanto, ela foi vendida num leilão público em 1926 por 12 mil dólares, quantia muito superior a tudo o que Lincoln conseguiu poupar em meio século de trabalho duro. A carta foi escrita para o general Joseph Hooker em 26 de abril de 1863, durante o período mais sombrio da Guerra Civil. Nos 18 meses anteriores, os generais de Lincoln vinham conduzindo o Exército da União a uma trágica derrota atrás da outra. Nada além de uma fútil e estúpida matança. A nação estava abalada. Milhares de soldados desertaram, e até os republicanos do Senado se revoltaram e queriam obrigar Lincoln a deixar a Casa Branca.

"Estamos à beira da destruição", disse Lincoln. "Parece que até o Todo-Poderoso está contra nós. Mal consigo enxergar um raio de esperança."

Foi durante esse período de profunda tristeza e caos que Lincoln escreveu a carta. Decidi reproduzi-la, pois ela demonstra como Lincoln tentou mudar o comportamento de um general indisciplinado no momento em que o destino da nação poderia depender das ações desse militar.

Talvez seja a carta mais incisiva escrita por Lincoln depois de assumir a presidência. No entanto, você perceberá que ele elogia o general Hooker antes de apontar seus graves defeitos. Sim, os defeitos eram graves, mas Lincoln não se referiu a eles assim. Ele era mais conservador, mais diplomático. Lincoln escreveu: "Existem algumas coisas sobre as quais não me encontro muito satisfeito com o senhor." Haja tato! E diplomacia!

Segue a carta dirigida ao general Hooker:

Eu o coloquei na posição de comando do Exército do Potomac. Com certeza, tomei essa decisão diante de motivos que me pareciam suficientes; no entanto, acredito que seja melhor informá-lo de que existem algumas coisas sobre as quais não me encontro muito satisfeito com o senhor.

Acredito que é um soldado corajoso e habilidoso, o que obviamente é do meu agrado. Acredito também que o senhor não mistura política com sua profissão, o que é acertado. O senhor confia em si mesmo, o que é uma virtude valiosa, talvez até indispensável.

Também é ambicioso, o que, dentro de limites razoáveis, causa mais bem do que mal. Mas acredito que, no período do comando do general Burnside, o senhor deu ouvidos à ambição e criou muitas dificuldades para ele, o que prejudicou enormemente tanto este país quanto um colega oficial de grande mérito e honra.

Ouvi dizer, de um modo que me leva a crer que seja verdade, que o senhor disse recentemente que tanto o Exército quanto o governo necessitavam de um ditador. Com toda a certeza, não foi por esse motivo, mas apesar dele, que lhe ofereci o comando do Exército do Potomac.

Apenas os generais bem-sucedidos podem se tornar ditadores. O que lhe peço, no momento, é um sucesso militar. Então correrei o risco da ditadura.

O governo apoiará o senhor no máximo de sua competência, o que não é mais nem menos do que tem feito e fará por todos os seus comandantes. Acredito que o espírito que o senhor ajudou a infundir no seio do Exército, o espírito da crítica e da desconfiança em relação ao comandante, agora se voltará contra o senhor. E eu o ajudarei no que for possível para que ele seja extinto.

Nem o senhor nem Napoleão, caso voltasse à vida, poderiam obter algo bom de um Exército com tal espírito. Mas tome cuidado com sua impulsividade. Tome cuidado com sua impulsividade, mantendo a energia e a vigilância permanente para ir em frente e nos dar vitórias.

Você não é Coolidge, McKinley nem Lincoln e quer saber se essa filosofia funciona no dia a dia da vida profissional. Vejamos o caso de W. P. Gaw, funcionário da Wark Company, da Filadélfia.

A Wark Company tinha sido contratada para construir um grande prédio comercial na Filadélfia dentro de um prazo específico. Tudo ia bem, a construção estava quase concluída, quando, de repente, o empreiteiro responsável por ornamentações em bronze na fachada declarou que não conseguiria fazer a entrega no prazo. O quê? Um prédio inteiro parado? Multas pesadas! Prejuízos enormes! Tudo por causa de um homem!

Telefonemas de longa distância. Discussões. Conversas acaloradas. Tudo em vão. Aí o Sr. Gaw foi enviado a Nova York para enfrentar o leão de bronze em seu covil.

– Sabia que o senhor é a única pessoa do Brooklyn com seu sobrenome? – perguntou o Sr. Gaw ao presidente da empresa pouco depois das apresentações.

– Não, não sabia – respondeu o homem, surpreso.

– Pois é, quando saltei do trem hoje de manhã, procurei seu endereço no catálogo telefônico e descobri que é o único no Brooklyn com esse nome.

– Eu não fazia ideia – falou o empreiteiro, em seguida foi verificar a lista com interesse. – Bem, é um nome incomum – comentou ele com orgulho. – Minha família veio da Holanda e se estabeleceu em Nova York há quase dois séculos. – Ele continuou falando sobre a família e seus ancestrais por vários minutos.

Quando o homem terminou, o Sr. Gaw o cumprimentou pelas instalações e fez comparações positivas com fábricas semelhantes que havia visitado.

– É uma das fábricas mais limpas e organizadas que já vi.

– Passei a vida inteira construindo este negócio e sinto bastante orgulho dele – disse o empreiteiro. – Gostaria de conhecer as instalações?

Durante a visita de inspeção, o Sr. Gaw cumprimentou o dono do negócio pelo seu sistema de fabricação e disse a ele como e por que parecia superior a alguns concorrentes. Apontou alguns equipamentos diferentes, e o empreiteiro explicou que ele mesmo havia inventado aquelas máquinas. Passou um tempo considerável mostrando a Gaw como operá-las e o trabalho superior que produziam. Insistiu em acompanhar o visitante no almoço. Veja bem: até então, não havia sido dita sequer uma palavra sobre o verdadeiro propósito da visita de Gaw, mas, depois do almoço, o empreiteiro falou:

– Agora vamos tratar de negócios. Naturalmente, sei por que está aqui. Não esperava que nosso encontro seria tão agradável. Pode voltar para a Filadélfia com minha promessa de que seu material será fabricado e entregue, mesmo que eu tenha que atrasar outros pedidos.

O Sr. Gaw conseguiu tudo o que queria sem pedir nada. O material chegou a tempo, e o edifício foi concluído no dia especificado em contrato. Isso teria acontecido se o Sr. Gaw tivesse usado o método do martelo e dinamite que se costuma empregar em ocasiões como essa?

Dorothy Wrublewski, gerente de uma filial do Federal Credit Union em Fort Monmouth, Nova Jersey, relatou durante uma de nossas aulas como conseguiu ajudar uma de suas funcionárias a se tornar mais produtiva:

"Recentemente, contratamos uma jovem como trainee para o atendimento no caixa. Seu contato com os clientes era muito bom. Era precisa e eficiente ao lidar com transações individuais. O problema aparecia no fim do dia, quando era hora de fechar as contas. O chefe dos caixas me procurou e sugeriu fortemente que eu demitisse a mulher: 'Ela está segurando todo mundo porque é muito lenta no fechamento. Já mostrei como se faz várias vezes, mas ela não aprende. Precisa ir embora.'"

Dorothy não queria ter que demitir a funcionária.

"No dia seguinte, observei como a moça trabalhava com rapidez e precisão ao lidar com as transações normais. Além de tudo, era muito simpática com os clientes. Não levei muito tempo para descobrir por que ela tinha problemas com o fechamento do caixa. Depois que o expediente acabou, fui procurá-la para conversar. Estava claramente nervosa e perturbada. Elogiei sua simpatia e extroversão com os clientes, e louvei sua habilidade e precisão ao lidar com o público. Em seguida, sugeri que fizéssemos uma revisão do procedimento para fechar o caixa. Assim que percebeu que eu confiava nela, a jovem seguiu minhas sugestões e em pouco tempo dominou a função. Desde então, nunca mais tive qualquer problema com ela."

Começar a conversa com elogios é como ir a um dentista que começa com a anestesia. O paciente também passa pela broca, mas a anestesia tira a dor. Para ser um bom líder:

PRINCÍPIO 1

Comece com elogios e reconhecimento sincero.

2

Como fazer críticas e não ser odiado

CERTA VEZ, CHARLES SCHWAB estava passando por uma de suas usinas siderúrgicas, ao meio-dia, quando viu alguns funcionários fumando. Na parede, havia uma placa que dizia: "É proibido fumar." O que acha que Schwab fez? Certamente não apontou para o aviso e disse "Não sabem ler?". Não, Schwab nunca faria isso. Ele se aproximou dos homens, entregou um charuto para cada um e disse: "Rapazes, gostaria que fossem fumar estes aqui lá fora." Os funcionários tinham consciência de que Schwab sabia que estavam infringindo uma regra e o admiraram, pois ele não disse nada a respeito e ainda lhes deu um presentinho e fez com que se sentissem importantes. Era impossível não gostar de um homem assim, não é?

John Wanamaker usou a mesma técnica. Todos os dias, costumava dar uma volta em sua grande loja na Filadélfia. Certa vez, viu uma cliente esperando atendimento num balcão. Ninguém prestava a mínima atenção nela. Os vendedores estavam amontoados do outro lado do balcão rindo e conversando entre si. Wanamaker não disse uma palavra. De fininho, passou para trás do balcão e atendeu a mulher pessoalmente. Em seguida, entregou a compra aos vendedores para ser embrulhada e continuou o passeio.

As autoridades públicas costumam ser criticadas por não serem acessíveis a seus eleitores. São pessoas ocupadas, mas às vezes a culpa é de alguns assessores superprotetores que não desejam sobrecarregar o chefe com visitantes demais. Carl Langford, por muitos anos prefeito de Orlando, Flórida, onde fica a Disney World, com frequência repreendia sua equipe para que deixassem que as pessoas o vissem. Alegava que tinha uma política de portas abertas, mas os cidadãos de sua comunidade eram barrados por secretários e administradores quando apareciam.

Por fim, o prefeito encontrou a solução. Retirou a porta da sala! Os assessores entenderam o recado, e a administração passou a ser realmente acessível a partir do dia em que, simbolicamente, se desfez da porta.

Quando você quer que as pessoas mudem sem ofender ou criar ressentimentos, a diferença entre o sucesso e o fracasso está em mudar uma simples palavrinha de três letras. Muita gente que quer fazer uma crítica começa fazendo elogios sinceros, seguidos pela palavra "mas" e terminando com a crítica em si. Por exemplo, quando tentamos fazer uma criança se interessar pelos estudos, podemos dizer: "Estamos muito orgulhosos de você, Johnnie, por conseguir melhorar as notas, *mas*, se estudasse mais matemática, os resultados teriam sido ainda melhores."

Nesse caso, Johnnie se sentiria encorajado até ouvir a palavra "mas". A partir daí, poderia questionar a sinceridade do elogio inicial. Para ele, o começo pareceria uma introdução falsa à constatação crítica do fracasso. A credibilidade do elogio seria abalada, e é provável que não conseguíssemos alcançar o objetivo maior: mudar a atitude de Johnnie em relação aos estudos.

Seria fácil evitar essa situação com a simples substituição da palavra "mas" por um "e". "Estamos muito orgulhosos de você, Johnnie, por conseguir melhorar as notas, *e*, se continuar se esforçando, na próxima prova sua nota de matemática vai ser igual à das outras matérias."

Johnnie aceitaria o elogio porque não foi seguido pela sugestão de que ele fracassou. Chamamos atenção indiretamente para o comportamento que desejamos mudar, e há chance de que ele tente atender às nossas expectativas.

Chamar atenção para os erros de alguém de forma indireta é muito eficaz com pessoas sensíveis que ficariam ressentidas ao ouvir uma crítica direta. Marge Jacob, de Woonsocket, Rhode Island, contou em uma de nossas aulas como convenceu alguns pedreiros desleixados a fazerem a limpeza enquanto reformavam sua casa. No primeiro dia de obra, quando a Sra. Jacob voltou do trabalho, reparou no quintal coberto de sobras de madeira. Não queria brigar com os homens, porque eles trabalhavam muito bem. Assim, depois que eles foram para casa, ela e os filhos limparam o quintal e arrumaram as sobras num canto. Na manhã seguinte, ela chamou o pedreiro-chefe em um canto e disse: "Fiquei muito feliz pela forma como deixaram o gramado da frente na noite passada. Está limpo e bem cuidado, e não incomoda os vizinhos."

A partir de então, os pedreiros passaram a recolher as sobras e deixar num canto, e todos os dias o pedreiro-chefe passou a procurá-la para perguntar se o gramado estava em boas condições após o dia de trabalho.

Uma das principais polêmicas entre os integrantes da reserva das Forças Armadas e seus instrutores do Exército é a questão dos cortes de cabelo. Os reservistas se consideram civis (o que é verdade, na maior parte do tempo) e não gostam da obrigação de manter o cabelo muito curto.

O sargento-mor Harley Kaiser, da 542ª Escola de Reservistas, enfrentou esse problema ao trabalhar com um grupo de oficiais não comissionados da reserva. Como um veterano do Exército, esperava-se que ele fosse começar a berrar e ameaçar os homens. Em vez disso, porém, escolheu transmitir o recado de forma indireta:

"Cavalheiros, os senhores são líderes. Serão mais eficientes quando liderarem pelo exemplo. Devem ser o exemplo a ser seguido por seus homens. Os senhores sabem as regras do Exército a respeito dos cortes de cabelo. Vou cortar meu cabelo hoje, embora ele esteja bem mais curto do que o de alguns dos senhores. Olhem-se no espelho e, se sentirem que precisam de um corte de cabelo para servir de bom exemplo, arranjaremos um horário para que compareçam ao barbeiro do quartel."

O resultado foi previsível. Muitos dos candidatos se olharam no espelho, foram ao barbeiro naquela tarde e cortaram o cabelo. Na manhã seguinte, o sargento Kaiser comentou que já estava vendo o desenvolvimento das qualidades de liderança em alguns membros do pelotão.

No dia 8 de março de 1887, o eloquente Henry Ward Beecher faleceu. No domingo seguinte, Lyman Abbott foi convidado a falar no púlpito que tinha vagado. Ansioso para fazer o melhor, ele escreveu e reescreveu um sermão com o cuidado meticuloso de um Flaubert. Depois, leu para a mulher. Era fraco – como é a maioria dos discursos. Caso tivesse menos discernimento, ela poderia ter dito: "Lyman, isso é horrível. Não vai funcionar. Os fiéis vão dormir. Parece que você está lendo uma enciclopédia. Depois de tantos anos de pregação, você já deveria perceber. Pelo amor de Deus, por que não fala como um ser humano? Por que não age com naturalidade? Se ler isso, vai passar vergonha."

Isso é o que ela *poderia* ter dito. Mas ela sabia o que teria acontecido, e nós também. Por isso, ela apenas comentou que seria um excelente artigo de revista. Em outras palavras, ela elogiou e ao mesmo tempo sugeriu com sutileza que o texto não funcionaria como discurso. Lyman Abbott captou a mensagem, rasgou o manuscrito preparado com tanto cuidado e fez seu sermão sem sequer usar anotações.

Para corrigir os erros dos outros de maneira eficiente:

PRINCÍPIO 2

Aponte os erros alheios de forma indireta.

3

Fale primeiro sobre seus próprios erros

MINHA SOBRINHA, Josephine Carnegie, veio para Nova York trabalhar como minha secretária. Tinha 19 anos, havia terminado o ensino médio três anos antes e sua experiência profissional era praticamente zero. Hoje em dia é uma excelente secretária, mas no início... digamos que tinha muito a melhorar. Um dia, quando comecei a criticá-la, disse a mim mesmo: "Espere um minuto, Dale Carnegie. Você tem o dobro da idade da Josephine e 10 mil vezes mais experiência profissional. Como pode esperar que ela enxergue as coisas do seu ponto de vista, com seu discernimento e sua iniciativa, por mais medíocres que eles sejam? Aliás, Dale, o que você fazia aos 19 anos? Você se lembra dos erros estúpidos que cometia? Se lembra de quando fez isso e aquilo?"

Refleti sobre o assunto, com honestidade e imparcialidade, e concluí que o desempenho de Josephine aos 19 anos era melhor do que o meu quando jovem, e isso, lamento confessar, não é exatamente um elogio às habilidades dela.

A partir de então, quando queria chamar a atenção de Josephine para algum erro, eu começava dizendo: "Você cometeu um erro, Josephine, mas ele é bem menos grave do que muitos que eu cometi. Ninguém nasce com capacidade de discernimento. Isso só vem com a experiência, e você já é bem melhor do que eu era com sua idade. Na época fiz tantas bobagens, tantas besteiras, que não me sinto nem um pouco à vontade para criticar quem quer que seja. Mas não acha que seria melhor se tivesse feito assim e assado?"

É menos difícil escutar uma lista dos seus erros quando a pessoa que faz a crítica começa, com humildade, admitindo que também está longe da perfeição.

E. G. Dillistone, engenheiro em Brandon, Manitoba, no Canadá, vinha tendo problemas com a nova secretária. As cartas que ditava chegavam à sua mesa para serem assinadas com dois ou três erros ortográficos por página. O Sr. Dillistone relatou como lidou com a situação:

"Assim como tantos engenheiros, meu domínio do idioma ou da ortografia nunca foi um primor. Por isso, há muitos anos mantenho um caderninho preto, dividido pelas letras do alfabeto, com as palavras que tenho dificuldade para escrever. Quando ficou claro que não bastaria indicar os erros para que minha secretária se esforçasse mais na revisão e no uso do dicionário, resolvi tentar outra abordagem. Quando a carta seguinte chegou às minhas mãos com erros, eu me sentei diante dela e disse: 'Essa palavra não parece estar certa. É uma daquelas que costumam me dar problemas. É por isso que comecei a organizar este caderninho de ortografia. [Abri o caderno na página certa.] Aqui está. Tenho muito cuidado com minha ortografia, pois sei que as pessoas nos julgam pelo que escrevemos, e os erros nos fazem parecer menos profissionais.'"

Você pode imaginar qual foi o resultado daquela abordagem.

"Não sei se ela copiou meu sistema, mas, desde aquela conversa, a frequência de erros de ortografia caiu significativamente."

O refinado príncipe Bernhard von Bülow descobriu a extrema necessidade de fazer algo do tipo em 1909. Na época, ele ocupava o posto de chanceler imperial da Alemanha, e no trono encontrava-se Guilherme II – Guilherme, o altivo; Guilherme, o arrogante; Guilherme, o último *Kaiser* alemão –, organizando um Exército e uma Marinha que ele garantia serem capazes de arrasar todos os inimigos.

Foi quando uma coisa surpreendente aconteceu. O *Kaiser* disse palavras estarrecedoras que sacudiram o continente e deram início a uma série de explosões ouvidas no mundo inteiro. Foram coisas tolas, egoístas, absurdas. Para piorar infinitamente a situação, disse em público, quando era um convidado na Inglaterra. Para finalizar: permitiu que as declarações fossem publicadas no *Daily Telegraph*. Ele afirmou, por exemplo, que era o único alemão que tinha simpatia pelos ingleses; que estava construindo uma Marinha contra a ameaça japonesa; que ele, sozinho, havia impedido que a Inglaterra fosse humilhada pela Rússia e pela França; que havia criado o plano de campanha que permitira que o lorde Roberts, da Inglaterra, derrotasse os bôeres, na África do Sul, etc.

Nos últimos cem anos, em tempos de paz, aquelas foram as palavras mais absurdas a terem saído dos lábios de um rei europeu. O continente inteiro zumbia com a fúria de um vespeiro. A Inglaterra estava furiosa; os políticos alemães, estarrecidos. E, em meio a toda a consternação, o *Kaiser* entrou em pânico e sugeriu ao príncipe Von Bülow, chanceler imperial, que a culpa era dele. Sim, ele queria que Von Bülow anunciasse que era o único responsável pelo desastre, que ele recomendara ao monarca que dissesse aqueles absurdos.

– Mas, Vossa Majestade, parece-me absolutamente impossível que qualquer pessoa, seja ela alemã ou inglesa, possa supor que sou capaz de aconselhá-lo a dizer essas coisas – protestou Von Bülow.

No momento em que as palavras saíram de sua boca, Von Bülow percebeu que havia cometido um erro gravíssimo. O *Kaiser* explodiu.

– Você me considera um idiota capaz de dizer tolices que o senhor jamais diria! – berrou.

Von Bülow sabia que deveria ter elogiado antes de condenar, mas, como era tarde demais, tomou a segunda melhor atitude possível. Elogiou depois de criticar. E funcionou de maneira milagrosa.

– Longe de mim sugerir isso – respondeu Von Bülow respeitosamente. – Vossa Majestade me supera em muitos aspectos, não apenas no conhecimento naval e militar, mas, acima de tudo, nas ciências naturais. Tenho ouvido com admiração vossas explicações a respeito do barômetro, do telégrafo sem fio e dos raios roentgen. Vergonhosamente, sou um ignorante no que diz respeito a todos os ramos da ciência natural, sem qualquer noção de química ou de física, incapaz de explicar o mais simples fenômeno natural – prosseguiu Von Bülow. – Em compensação, tenho algum conhecimento histórico e talvez determinadas qualidades úteis na política, em especial na diplomacia.

O *Kaiser* abriu um sorriso. Von Bülow o elogiara. Von Bülow o exaltara e diminuíra a si mesmo. O *Kaiser* podia perdoar qualquer coisa depois disso.

– Não tenho dito que nós nos complementamos? – disse o *Kaiser* com entusiasmo. – Devemos nos manter unidos e assim o faremos!

Ele apertou a mão de Von Bülow, e não apenas uma vez, mas várias. Mais tarde, ainda no mesmo dia, estava tão entusiasmado que chegou a exclamar, com os punhos cerrados:

– Se alguém disser algo contra o príncipe Von Bülow, *vai levar um soco no nariz!*

Von Bülow conseguiu se safar, mas, como habilidoso diplomata que era, cometeu um erro: deveria ter *começado* a conversa falando sobre suas próprias limitações e a superioridade de Guilherme, e não insinuando que o *Kaiser* era um tolo que precisava de um guardião.

Se Von Bülow conseguiu se safar disparando algumas frases que o rebaixavam e elogiavam o *Kaiser* – transformando um imperador arrogante e ofendido em amigo fiel –, imagine o que é possível ganhar com a humildade e os elogios no dia a dia. Quando bem usados, eles são capazes de operar verdadeiros milagres nas relações humanas.

Admitir os próprios erros – mesmo quando não foram corrigidos – ajuda a convencer o outro a mudar o comportamento. Esse fato foi ilustrado mais recentemente por Clarence Zerhusen, de Timonium, Maryland, ao descobrir que seu filho de 15 anos estava começando a fumar cigarros.

"Claro que eu não queria que David fumasse, mas sua mãe e eu fumávamos e dávamos mau exemplo o tempo todo", disse o Sr. Zerhusen. "Expliquei a David que comecei a fumar na idade dele, que fiquei viciado em nicotina e que agora era quase impossível parar. Lembrei-o da minha tosse irritante e de que anos antes ele próprio tinha pedido que eu parasse de fumar. Não exigi que ele parasse nem fiz ameaças ou alertei para os perigos. Tudo o que fiz foi destacar como fiquei dependente dos cigarros e o que esse comportamento havia significado para mim."

A tentativa rendeu bons frutos.

"Meu filho pensou durante um tempo e resolveu que não fumaria até concluir o ensino médio. Os anos se passaram, e David nunca mais fumou nem tem intenção de começar. Como resultado daquela conversa, tomei a decisão de parar com os cigarros e, com o apoio da família, consegui."

Um bom líder obedece ao seguinte princípio:

PRINCÍPIO 3

Fale sobre seus próprios erros antes de criticar o outro.

4

Ninguém gosta de receber ordens

Certa vez, tive o prazer de jantar com a Srta. Ida Tarbell, decana dos biógrafos americanos. Quando disse a ela que estava escrevendo este livro, começamos a conversar sobre o importantíssimo assunto dos relacionamentos interpessoais, e ela me revelou que, enquanto escrevia a biografia de Owen D. Young, havia entrevistado um homem que dividira o escritório com ele por três anos. O homem declarou que, durante todo esse tempo, nunca ouvira o Sr. Young dar uma ordem direta a ninguém. Sempre dava sugestões, nunca ordens. Nunca dizia, por exemplo, "Faça isso" ou "Não faça isso". Dizia: "Talvez você queira considerar essa possibilidade" ou "Acha que tal coisa poderia funcionar?". Muitas vezes, depois de ditar uma carta, ele perguntava: "O que achou?" Ao examinar uma carta de um de seus assistentes, dizia: "Talvez, se disséssemos isso de outro jeito, o texto ficasse melhor." Young sempre dava às pessoas a oportunidade de fazerem tudo elas mesmas. Nunca mandava seus assistentes fazerem as coisas. Deixava-os pôr mãos à obra e aprender com os próprios erros.

Usando essa técnica, é mais fácil fazer a pessoa corrigir o que fez de errado. Ela preserva o orgulho do indivíduo e faz com que ele se sinta importante. Encoraja a cooperação em vez da rebeldia.

O ressentimento causado por uma ordem ríspida pode durar muito tempo, mesmo que ela seja dada para corrigir uma situação obviamente ruim. Dan Santarelli, professor de uma escola vocacional de Wyoming, Pensilvânia, contou, em uma de nossas aulas, a história de quando um de seus alunos estacionou em local proibido e bloqueou o acesso a uma loja da escola. Um instrutor entrou furioso na sala de aula e, em tom arrogante, perguntou: "De quem é o carro que está bloqueando a passagem?" Quando o dono do veículo respondeu, o instrutor berrou: "Tire o carro dali imediatamente, senão vou enrolar uma corrente nele e arrastá-lo!"

Vamos deixar claro que o aluno estava errado. Ele não deveria ter estacionado naquele local. Mas, daquele dia em diante, o dono do carro não foi o único ressentido com o instrutor. Todos os seus colegas de turma passaram a fazer o possível para dificultar a vida do sujeito e tornar seu trabalho mais desagradável.

De que outra forma ele poderia ter resolvido a situação? Se tivesse perguntado de quem era o carro estacionado na passagem e sugerido que o dono o tirasse dali para que os outros carros pudessem entrar e sair, o estudante teria ficado feliz em resolver o problema, e nem ele nem seus colegas ficariam chateados e ressentidos.

Perguntas não só tornam uma ordem mais palatável; elas também estimulam a criatividade das pessoas consultadas, que se tornam mais propensas a acatar uma ordem se participarem da decisão que a gerou.

Quando Ian Macdonald, o gerente de uma pequena fábrica especializada em peças de máquinas de precisão de Joanesburgo, África do Sul, recebeu uma proposta de encomenda enorme, teve certeza de que não conseguiria cumprir o prazo. A fábrica já estava operando na capacidade máxima, e faltava pouco tempo para o deadline do novo pedido.

Parecia impossível aceitá-lo. Assim, em vez de obrigar os funcionários a acelerar o trabalho e fazer tudo correndo, Macdonald organizou uma reunião com todos, explicou a situação e disse que o pedido era muito importante para a empresa e para eles, caso conseguissem entregar tudo no prazo. Por fim, começou a fazer perguntas: "Há alguma coisa que possamos fazer para atender a esse pedido?" "Alguém consegue pensar em formas diferentes de trabalhar para que a gente consiga aceitar esse pedido?" "Existe algum modo de ajustarmos os horários ou os compromissos pessoais de forma a ajudar?"

Os empregados deram muitas ideias e insistiram para que Macdonald aceitasse o pedido. Assumiram uma postura de "mãos à obra", e o pedido foi aceito, produzido e entregue dentro do prazo.

Um líder eficiente usará o seguinte recurso:

PRINCÍPIO 4

Faça perguntas em vez de dar ordens diretas.

5
Não deixe ninguém constrangido

Anos atrás, a General Electric se viu diante da delicada tarefa de retirar Charles Steinmetz do comando de um departamento. Steinmetz, gênio no campo da eletricidade, era um fiasco como chefe do Departamento de Matemática. Entretanto, ninguém ousava ofender o sujeito. Ele era indispensável – e extremamente sensível. Por isso, ofereceram a ele um novo cargo: engenheiro consultor da General Electric (um novo nome para uma função que ele já fazia) e deram o comando do departamento a outra pessoa.

Steinmetz ficou feliz. Os executivos da GE também ficaram felizes. Tinham conseguido lidar com seu astro mais temperamental sem provocar uma tempestade ou constrangê-lo.

Evitar que alguém fique constrangido é fundamental, mas algo em que poucos de nós paramos para pensar. Em geral, passamos por cima dos sentimentos dos outros para conseguir o que queremos, encontrando defeitos, fazendo ameaças, criticando um filho ou um funcionário diante dos outros sem sequer considerar que estamos ferindo o orgulho de alguém. Para evitar o problema, bastariam alguns minutos de reflexão, uma ou duas palavras de consideração e uma compreensão genuína da atitude da outra pessoa.

Vamos nos lembrar disso da próxima vez que tivermos a desagradável necessidade de demitir ou repreender um funcionário. Conforme me disse Marshall A. Granger, auditor público:

"Demitir não é muito divertido. Ser demitido, menos ainda. Só que nosso negócio é, acima de tudo, sazonal. Portanto, precisamos dispensar muita gente depois da correria do prazo de declaração do imposto de renda. Costuma-se dizer, na nossa profissão, que ninguém gosta de empunhar o machado. Por isso, nos acostumamos a dispensar as pessoas do jeito mais rápido possível, em geral da seguinte forma: 'Sente-se. A temporada acabou, e não temos mais tarefas para o senhor. Naturalmente, o senhor compreende que foi contratado apenas para o período crítico da temporada, etc.' As pessoas ficam desapontadas, decepcionadas. A maioria tem uma carreira na contabilidade e não guarda um carinho especial pela firma que as dispensa de modo tão casual."

Granger contou que, recentemente, havia decidido usar um pouco mais de tato e consideração ao dispensar os temporários. Assim, chamou cada um somente depois de pensar com cuidado sobre o trabalho desenvolvido durante o período de contratação e disse algo do tipo: "O senhor fez um ótimo trabalho (se fosse o caso). Quando o enviamos a Newark, o senhor precisou enfrentar uma situação complicada. Foi difícil, mas o senhor se saiu muito bem e queremos que saiba que a firma tem orgulho do senhor. O senhor sabe o que faz e vai longe em qualquer empresa. Nós acreditamos no senhor e torcemos pelo seu sucesso, e não queremos que se esqueça disso."

Por fim, Granger explicou a diferença entre a primeira e a segunda abordagens.

"As pessoas partem se sentindo bem melhor em relação à dispensa. Não se sentem decepcionadas. Sabem que, se houvesse trabalho para elas, teriam sido mantidas. E, quando precisarmos novamente, elas voltarão com um enorme carinho."

Numa das aulas do nosso curso, dois alunos falaram sobre o impacto negativo de apontar defeitos em comparação com o impacto positivo de não ferir o amor-próprio do outro. Fred Clark, de Harrisburg, Pensilvânia, contou uma história que aconteceu em sua empresa:

"Numa das reuniões de produção, um dos vice-presidentes começou a fazer perguntas muito incisivas sobre um processo de produção a um de nossos supervisores. O tom de voz era agressivo e indicava que o desempenho do supervisor estava aquém do esperado. Como não queria passar por constrangimento diante dos colegas, o supervisor respondia de forma evasiva. Esse comportamento fez o vice-presidente perder a cabeça e começar a repreender o supervisor e acusá-lo de mentir."

Clark completou:

"Qualquer relacionamento profissional que existia até essa reunião foi destruído em questão de minutos. O supervisor, que em geral era um bom funcionário, se tornou inútil para nossa empresa a partir de então. Meses depois, deixou a firma e foi trabalhar para um concorrente, onde, pelo que sei, vem fazendo um bom trabalho."

Outra aluna, Anna Mazzone, relatou um incidente semelhante no trabalho – mas com abordagem e resultados diferentes. A Sra. Mazzone, especialista de marketing em uma empresa de embalagem de alimentos, recebeu sua primeira grande tarefa – fazer uma simulação de mercado de um novo produto.

"Quando os resultados chegaram, fiquei arrasada. Eu tinha cometido um grave erro de planejamento, e o teste inteiro precisaria ser refeito. Para piorar, não tive tempo de conversar com meu chefe antes da reunião na qual deveria apresentar os resultados. Quando fui chamada para fazer o relato, estava tremendo de medo. Fiz de tudo para não desmoronar, e resolvi que não iria chorar, evitando que todos aqueles homens fizessem comentários dizendo que mulheres são inadequadas para cargos gerenciais por serem emotivas demais. Fiz um breve relato e disse que, devido a um erro, eu repetiria o estudo antes da reunião seguinte. Em seguida eu me sentei, já esperando meu chefe explodir."

Ela sorriu ao contar que, "em vez disso, ele me agradeceu pelo trabalho, disse que era normal errar num projeto novo e que tinha certeza de que a nova testagem traria resultados precisos e seria importante para a empresa. Em seguida, diante de todos os meus colegas, garantiu que acreditava em mim e sabia que eu tinha feito o melhor possível. Por fim, disse que eu havia falhado na tarefa por falta de experiência, e não por falta de capacidade. Saí da reunião de cabeça erguida e determinada a nunca mais decepcionar aquele meu chefe".

Mesmo quando estamos certos e o outro está indiscutivelmente errado, se o fazemos passar vergonha, estamos apenas destruindo seu ego. O lendário pioneiro da aviação francesa e escritor Antoine de Saint-Exupéry escreveu: "Não tenho direito de dizer nem fazer nada que diminua um homem diante de seus próprios olhos. O que importa não é o que penso dele, mas o que ele pensa de si mesmo. Ferir alguém em sua dignidade é um crime."

Um líder de verdade sempre segue estas palavras:

PRINCÍPIO 5

Preserve a dignidade do outro.

6

Como estimular as pessoas a alcançar o sucesso

O ARTISTA PETE BARLOW era um velho amigo meu. Tinha um número com cães e pôneis e passou a vida viajando com o circo e espetáculos burlescos. Eu adorava ver Pete treinando cães novos para o palco. Reparei que, no momento em que o animal apresentava o menor desenvolvimento de suas habilidades, Pete fazia carinho, elogiava, dava comida e reconhecia o progresso. Esse método não é nenhuma novidade. Os treinadores de animais usam a mesma técnica há séculos.

Assim, ao tentar mudar as pessoas, por que não empregamos o mesmo bom senso utilizado quando tentamos ensinar os cães? Por que não usamos a comida no lugar do chicote? Por que não elogiamos em vez de criticar? Devemos valorizar até os menores progressos. Essa atitude inspira o outro a continuar se aprimorando.

No livro *I Ain't Much, Baby – But I'm All I Got* (Não sou grande coisa, querida – mas sou tudo o que tenho), o psicólogo Jess Lair comenta: "O elogio é como a luz do sol para o espírito humano. Não conseguimos florescer nem crescer sem ele. No entanto, embora muitos utilizem o vento frio da crítica, relutamos em fornecer aos nossos companheiros a luz solar do elogio."

Quando olho para meu passado, vejo que algumas palavras positivas mudaram radicalmente todo o meu futuro. Será que você não consegue dizer o mesmo sobre sua vida? A história está repleta de exemplos marcantes da magia dos elogios.

Por exemplo, muitos anos atrás, um menino de 10 anos trabalhava numa fábrica em Nápoles. Seu sonho era ser cantor, mas seu primeiro professor o desencorajou. "Você não sabe cantar", disse o mestre. "Não tem voz. Parece o vento batendo nas janelas."

Sua mãe, porém, uma pobre camponesa, o abraçou, o elogiou e disse que ele sabia cantar e que já estava vendo progresso. Ela chegou a andar descalça para economizar dinheiro para as aulas de música. Os elogios e os incentivos daquela mãe mudaram a vida do garoto. Seu nome era Enrico Caruso, e ele se tornou o maior e mais famoso cantor de ópera de seu tempo.

No início do século XIX, um jovem em Londres queria se tornar escritor, mas tudo parecia conspirar contra ele. Tinha frequentado a escola menos de quatro anos. O pai fora preso por não conseguir pagar suas dívidas, e o jovem passou fome. Por fim, conseguiu um emprego colando rótulos em latas de graxa num galpão infestado de ratos. À noite, dormia num sótão deplorável junto com outros dois garotos – meninos de rua das áreas mais pobres de Londres. Mas o garoto tinha tanta confiança na sua capacidade de escrever que certa vez escapuliu e mandou seu primeiro manuscrito pelo correio para editores. Fez isso na calada da noite, para que ninguém risse dele. Suas histórias, uma a uma, foram recusadas, até que, enfim, chegou o grande dia em que uma delas foi aceita. Verdade, ele não ganhou um tostão, mas recebeu elogios e reconhecimento de um editor. Ficou tão empolgado que vagou pelas ruas, sem rumo, com lágrimas no rosto.

O reconhecimento que recebeu ao conseguir publicar uma história foi determinante para o jovem, pois, se não fosse aquele encorajamento, talvez ele passasse a vida inteira num galpão infestado de ratos. É possível que você já tenha ouvido falar do garoto. O nome dele era Charles Dickens.

Outro menino de Londres ganhava a vida trabalhando como vendedor num armazém. Ele tinha que acordar às cinco da manhã, varrer a loja e dar duro 14 horas por dia. Era um trabalho brutal, e ele detestava. Depois de dois anos, não aguentou mais: certa manhã, acordou, não esperou sequer o café e caminhou mais de 20 quilômetros para conversar com a mãe, que trabalhava como empregada doméstica. Ele estava fora de si. Implorou. Chorou. Jurou que se mataria se precisasse continuar trabalhando no armazém. Depois escreveu uma carta longa e patética a um professor do antigo primário, dizendo que estava desolado, que não queria mais viver. O professor fez alguns elogios e garantiu que ele era mesmo muito inteligente e capaz de atingir objetivos mais elevados e ofereceu-lhe um emprego como professor.

O elogio mudou o futuro daquele menino e deixou uma marca eterna na história da literatura inglesa. Pois ele viria a escrever inúmeros best-sellers e a ganhar mais de um milhão de dólares com sua pena. É provável que já tenha ouvido falar dele. Seu nome: H. G. Wells.

Usar elogios no lugar de críticas é o conceito básico dos ensinamentos de B. F. Skinner. Em seus experimentos com animais e seres humanos, o grande psicólogo demonstrou que, quando a crítica é minimizada e o elogio é enfatizado, as coisas boas que as pessoas fazem são reforçadas e os pontos fracos se atrofiam por não receberem qualquer atenção.

John Ringelspaugh, de Rocky Mountain, Carolina do Norte, aplicou esse conceito ao lidar com os filhos. Parecia que, assim como acontece em tantas famílias, a principal forma de comunicação dos pais com as crianças era a gritaria. E, como ocorre em tantos casos, depois de cada gritaria as crianças pioram em vez de melhorar – e os pais também. O problema parecia não ter solução.

Para resolver a situação, o Sr. Ringelspaugh resolveu que iria pôr em prática alguns dos princípios que vinha aprendendo no nosso curso. Em sala de aula, ele relatou:

"Decidimos tentar os elogios em vez de atacar os erros deles. Não foi fácil, pois só enxergávamos os pontos negativos de tudo o que faziam. Era muito difícil achar o que elogiar. Por fim, em certo momento encontramos algo digno de reconhecimento, e, dentro de um ou dois dias, eles pararam de fazer as coisas mais terríveis. Em seguida, alguns dos outros problemas começaram a desaparecer. Eles passaram a tirar proveito dos elogios. Chegaram a se esforçar para fazer o certo. Nem eu nem minha mulher conseguíamos acreditar. Claro que essa situação não durou para sempre, mas, depois que a poeira assentou, no geral eles estavam bem melhores. Não era mais preciso brigar o tempo todo. As crianças faziam muito mais coisas certas do que erradas."

Tudo isso foi resultado de elogios aos menores progressos dos filhos, em vez de apontar e recriminar tudo o que faziam de errado.

Esse método também funciona no trabalho. Keith Roper, de Woodland Hills, Califórnia, aplicou o princípio em sua empresa. Certa vez, recebeu um material de sua gráfica com qualidade excepcionalmente alta. O gráfico responsável era um funcionário novo que vinha tendo dificuldades para se adaptar ao trabalho. O chefe dele estava aborrecido com o que considerava uma postura negativa e pensava seriamente em demiti-lo.

Quando o Sr. Roper foi informado da situação, dirigiu-se pessoalmente à gráfica e teve uma conversa com o rapaz. Contou que estava satisfeito com a qualidade do trabalho e salientou que era o melhor que tinha visto por ali havia muito tempo. Apontou todas as qualidades do trabalho, explicando como a contribuição do jovem era importante para a empresa. Em questão de dias, houve uma reviravolta completa. O jovem funcionário contou o caso para vários colegas, afirmando que alguém na empresa realmente apreciava um trabalho de qualidade. Daquele dia em diante, ele se tornou um trabalhador leal e dedicado.

O Sr. Roper não se limitou a fazer um elogio vazio ao jovem, seguido de um "Você é bom nisso". Ele foi específico e explicou por que considerava o desempenho dele excelente. Por especificar as qualidades do trabalho em vez de apenas fazer elogios vagos, as palavras do Sr. Roper se tornaram mais significativas. Todos gostam de receber elogios, mas, quando o elogio é específico, transmite sinceridade – não é algo que a outra pessoa só está dizendo para que você se sinta melhor.

Lembre-se: todos nós ansiamos por apreço e reconhecimento, e faremos de tudo para obtê-los. Mas ninguém quer desonestidade. Ninguém quer elogios vazios.

Vou repetir: os princípios ensinados neste livro só funcionam quando são de coração. Não estou defendendo um conjunto de truques. Estou falando sobre um novo estilo de vida.

Se inspirarmos as pessoas a perceberem os próprios tesouros ocultos, poderemos fazer bem mais do que mudá-las – poderemos literalmente transformá-las.

Exagero? Então leia as sábias palavras de William James, um dos mais notáveis psicólogos e filósofos que os Estados Unidos produziram:

Comparados ao que deveríamos ser, estamos apenas meio acordados. Usamos uma pequena parte de nossos recursos físicos e mentais. Em linhas gerais, o indivíduo está longe de usar todo o seu potencial. Ele dispõe de diversos poderes que não costuma usar.

Sim, você tem diversos poderes que não costuma usar, e um deles é a capacidade mágica de elogiar e inspirar as pessoas a perceberem suas possibilidades latentes.

As habilidades murcham diante da crítica e desabrocham à luz do encorajamento. Para se tornar um líder mais eficiente:

PRINCÍPIO 6

Elogie todos os progressos, mesmo o menor deles. Seja "caloroso ao demonstrar reconhecimento e pródigo nos elogios".

7

Dê uma boa reputação ao cachorro

O QUE VOCÊ FAZ QUANDO um bom funcionário começa a apresentar resultados ruins? Uma opção é demiti-lo, mas isso não resolve nada. Outra é repreender a pessoa, mas normalmente isso gera ressentimento. Henry Henke, gerente de uma grande revendedora de caminhões de Lowell, Indiana, tinha um mecânico que, depois de muito tempo apresentando bons resultados, vinha tendo um desempenho insatisfatório. Em vez de gritar com ele ou ameaçá-lo, o Sr. Henke chamou o mecânico a sua sala e teve uma conversa franca com ele.

– Bill, você é um ótimo mecânico – começou ele. – Trabalha nisso há muitos anos. Consertou muitos veículos e deixou os clientes satisfeitos. Ao longo do tempo, recebemos muitos elogios sobre a qualidade do seu trabalho. Porém, ultimamente, você tem demorado cada vez mais a concluir cada tarefa, e seu trabalho não está à altura de antes. Por ter sido um mecânico tão notável no passado, tenho certeza de que você desejaria saber que não estou feliz com a situação e talvez, juntos, nós dois possamos encontrar um jeito de corrigir o problema.

Bill respondeu que não tinha percebido que a qualidade de seu trabalho vinha caindo, garantiu ao chefe que tudo o que vinha executando não estava acima de seus conhecimentos e disse que tentaria melhorar dali em diante.

E ele fez isso? Pode estar certo de que sim. Voltou a ser o mecânico ágil e meticuloso de sempre. Depois que o Sr. Henke o fez lembrar de sua antiga reputação, o que mais Bill poderia fazer além de trabalhar tão bem quanto antes?

"A pessoa mediana pode ser liderada de imediato se você tiver seu respeito e demonstrar que a respeita por algum tipo de habilidade", disse Samuel Vauclain, ex-presidente da Baldwin Locomotive Works.

Em suma, para melhorar determinada característica de uma pessoa, aja como se ela já possuísse esse traço. Shakespeare disse: "Presuma uma virtude, se não a possuir." Também vale a pena presumir e declarar abertamente que os outros já têm a virtude que você deseja que eles desenvolvam. Dê a eles uma bela reputação para manter, e eles se esforçarão para não desiludi-lo.

No livro *Souvenirs, My Life with Maeterlinck* (Lembranças, minha vida com Maeterlinck), Georgette Leblanc descreve a estarrecedora transformação de uma humilde Cinderela belga:

> *Minhas refeições eram servidas pela criada de um hotel da vizinhança. Ela era chamada de "Marie Lava-Pratos", pois começara a trabalhar como ajudante de cozinha. Era uma espécie de monstro: vesga, pernas tortas, pobre de corpo e de espírito.*
>
> *Certo dia, porém, enquanto ela segurava a bandeja de macarrão com as mãos avermelhadas, falei, sem rodeios:*
>
> *– Marie, você não conhece os tesouros escondidos dentro de você.*
>
> *Acostumada a conter as emoções, Marie aguardou alguns instantes, sem ousar fazer o menor gesto, com medo de uma catástrofe. Em seguida, pousou a bandeja na mesa, suspirou com ar de inocência e disse:*

– Madame, eu nunca teria acreditado nisso.

Ela não duvidou nem fez perguntas. Simplesmente voltou para a cozinha e repetiu o que eu dissera, e tamanha é a força da fé que ninguém riu dela. Daquele dia em diante, ela passou a receber reconhecimento. Mas outra mudança bastante curiosa ocorreu na humilde Marie: por acreditar que abrigava tesouros desconhecidos, ela começou a cuidar tanto do rosto e do corpo que sua juventude pareceu desabrochar e ocultar sua falta de graça.

Dois meses depois, ela anunciou o casamento com o sobrinho do chefe de cozinha.

– Vou ser uma dama – disse ela, e me agradeceu.

Algumas palavras haviam mudado toda a sua vida.

Georgette Leblanc deu a "Marie Lava-Pratos" uma reputação para manter – e essa reputação a transformou.

Bill Parker, representante de vendas de uma empresa do ramo alimentício em Daytona Beach, Flórida, estava empolgado com a nova linha de produtos que sua firma estava colocando no mercado e ficou irritado quando o gerente de uma grande mercearia independente recusou a oportunidade de disponibilizá-la em sua loja. Bill passou o dia melancólico por causa da rejeição e, antes do fim do expediente, decidiu passar na loja para tentar de novo.

Ao encontrar o gerente, ele explicou: "Jack, depois que saí daqui hoje de manhã, percebi que não tinha dado todas as informações sobre a nova linha de produtos e gostaria muito que me concedesse alguns minutos para mencionar os dados que omiti mais cedo. Respeito o fato de que está sempre disposto a ouvir e que tem a grandeza para mudar de ideia quando os fatos mostram que é preciso mudar."

Como Jack poderia se recusar a ouvi-lo? Simplesmente não poderia, se quisesse manter a reputação.

Certa manhã, o Dr. Martin Fitzhugh, dentista em Dublin, Irlanda, ficou em estado de choque quando uma de suas pacientes avisou que o suporte dos copos de papel usados para o bochecho não estava limpo. Claro que a paciente tinha contato apenas com o copo de papel, não com a parte metálica, mas com certeza não era muito profissional usar um equipamento que não estivesse perfeitamente limpo.

Depois que a paciente foi embora, o Dr. Fitzhugh foi até sua sala particular e escreveu uma carta para Bridgit, a faxineira que limpava o consultório duas vezes por semana:

Prezada Bridgit,

Eu a vejo raramente e achei que estava na hora de agradecer pelo belo trabalho de limpeza que tem feito. Aliás, pensei em mencionar que, como duas horas, duas vezes por semana, é pouco tempo, sinta-se livre para trabalhar meia hora a mais de vez em quando, se achar necessário cuidar daquelas tarefas ocasionais, como polir os suportes dos copos de papel e coisas do tipo. Naturalmente, eu pagarei pelo trabalho extra.

Ele próprio contou o resultado:

"No dia seguinte, quando entrei no consultório, minha escrivaninha estava brilhando, e minha cadeira também. Quando fui para a sala de tratamento, encontrei o suporte de copos de papel mais reluzente que já havia visto, arrumado no lugar correto. Eu dera à minha faxineira uma bela reputação, e, por causa desse pequeno gesto, para corresponder à expectativa, ela se superou trabalhando melhor que nunca. E quanto tempo a mais ela demorou? Exatamente... ela não gastou um minuto a mais que o normal.

Existe um antigo provérbio que diz: "Reclame do seu cachorro e você terá que aguentar os defeitos dele." Mas veja o que acontece se elogiá-lo!

Quando a Sra. Ruth Hopkins, professora do quarto ano no bairro do Brooklyn, Nova York, olhou a lista de chamada no primeiro dia de aula, a empolgação e a alegria do início do ano letivo foi misturada com ansiedade. Tommy T., o garoto mais problemático da escola, seria seu aluno naquele ano. A professora do terceiro ano vivia se queixando de Tommy aos colegas, ao diretor e a quem mais estivesse por perto. O garoto não era apenas bagunceiro. Ele causava sérios problemas de disciplina na turma, arranjava brigas com os outros garotos, provocava as meninas, era respondão com a professora e parecia piorar a cada ano que passava. Suas únicas qualidades pareciam ser sua capacidade de aprender rápido e sua facilidade para fazer os trabalhos.

A Sra. Hopkins decidiu encarar o problema desde o primeiro dia. Ao cumprimentar os novos alunos, fez um breve comentário para cada um deles:

– Rose, que vestido bonito! Alice, ouvi dizer que você desenha muito bem.

Quando chegou a vez de Tommy, ela o encarou e disse:

– Tommy, pelo que ouvi falar, você é um líder nato. Vou depender da sua ajuda para que esta seja a melhor turma de quarto ano.

Ela reforçou o comentário nos primeiros dias, elogiando Tommy por tudo o que ele fazia e dizendo como o bom desempenho do garoto demonstrava que ele era um bom aluno. Com uma reputação dessas, nenhum menino de 9 anos gostaria de decepcioná-la. E ele não a decepcionou.

Se quiser se sobressair no difícil papel da liderança que é mudar a atitude ou o comportamento dos outros:

PRINCÍPIO 7

Dê ao outro uma bela reputação para manter.

8

Faça com que o erro pareça fácil de corrigir

UM AMIGO MEU, solteirão de uns 40 anos, finalmente ficou comprometido, e sua noiva o persuadiu a fazer aulas de dança.

"Só Deus sabe o quanto eu precisava de aulas de dança, pois eu dançava exatamente como havia aprendido 20 anos atrás", confessou ele ao me contar a história. "A primeira professora com quem tive aulas provavelmente foi honesta comigo. Disse que eu fazia tudo errado. Teria que esquecer o que sabia e começar do zero. Mas aquilo me desanimou. Não tinha incentivos para ir em frente. Então larguei as aulas."

Ele continuou a história dizendo: "Pode ser que a segunda professora estivesse mentindo, mas eu gostei. Ela me falou, com tranquilidade, que meu estilo talvez fosse antiquado, mas que os fundamentos eram corretos. Além disso, garantiu que eu não teria dificuldade em aprender alguns novos passos. A primeira professora me desencorajou ao enfatizar meus erros. A segunda fez o contrário: elogiava o que eu fazia direito e minimizava os erros. Dizia que eu tinha um senso de ritmo natural, que era um dançarino nato. Meu bom senso me diz que sempre fui e sempre serei um dançarino de quinta categoria, mas, no fundo, gosto de pensar que *talvez* ela estivesse dizendo a verdade. Claro, eu estava pagando para que ela dissesse aquilo, mas por que ficar lembrando?"

Por fim, ele completou:

"Seja como for, sei que hoje danço melhor do que dançaria se ela não tivesse dito que eu tinha um senso de ritmo natural. Aquilo me encorajou, me deu esperança, me fez querer melhorar."

Se você diz a seu filho, cônjuge ou funcionário que ele está fazendo algo de maneira estúpida, que não tem jeito para tal coisa ou está fazendo tudo errado, acaba tirando seu ânimo para tentar se aprimorar. Mas, se você faz o inverso – encoraja, faz a tarefa parecer fácil, demonstra fé na capacidade dele e diz que tem potencial –, ele vai praticar incessantemente até evoluir.

Lowell Thomas, um excepcional artista dos relacionamentos humanos, empregava essa técnica. Ele enchia a pessoa de confiança, inspirava com coragem e fé. Certa vez, passei um fim de semana com o Sr. e a Sra. Thomas. Na noite de sábado, fui convidado a participar de uma amigável partida de bridge diante de uma lareira. O problema é que eu não entendia nada do jogo.

"Mas, Dale, não tem dificuldade", explicou Lowell. "Basta ter memória e discernimento. Você já escreveu artigos sobre memória. Vai achar moleza."

E, antes que eu percebesse, pela primeira vez na vida estava diante de uma mesa de bridge. Tudo porque me disseram que eu tinha um talento natural e fizeram o jogo parecer simples.

Por falar em bridge, eu me lembro de Ely Culbertson, que escreveu livros sobre o jogo que foram traduzidos para vários idiomas e venderam mais de um milhão de exemplares. No entanto, ele jamais teria escolhido transformar o bridge em profissão se uma certa jovem não tivesse afirmado que ele tinha talento para o jogo.

Ao chegar aos Estados Unidos em 1922, Culbertson, nascido na Romênia, procurou emprego de professor de Filosofia e Sociologia, mas não encontrou. Depois, tentou vender carvão e fracassou. Por fim, tentou ser vendedor de café e também fracassou.

Ele sabia um pouco de bridge, mas nunca lhe ocorrera que um dia poderia dar aulas do jogo. Não só era um jogador fraco como também muito teimoso. Fazia tantas perguntas e questionava tanto cada jogada dos adversários que ninguém queria jogar com ele.

Foi quando conheceu uma bela professora de bridge, Josephine Dillon, se apaixonou e se casou com ela. Josephine reparou no modo cuidadoso como ele analisava as cartas e o fez acreditar que era um gênio em potencial do baralho. Foi graças a esse incentivo, e apenas a ele, que Culbertson transformou o bridge em profissão, segundo ele mesmo me contou.

Clarence M. Jones, um dos instrutores do nosso curso em Cincinnati, Ohio, me contou como mudou a vida de seu filho ao incentivá-lo e fazer com que seus problemas parecessem simples.

"Em 1970, meu filho David, de 15 anos, veio morar comigo em Cincinnati. Tinha levado uma vida difícil. Em 1958, sofreu um acidente de automóvel e teve um corte profundo na testa, que deixou uma cicatriz feia. Em 1960, a mãe dele e eu nos divorciamos, e ele se mudou para Dallas, no Texas, para morar com ela. Até os 15 anos, ele havia passado a maior parte da vida escolar em turmas especiais para alunos com problema de aprendizado na rede pública de Dallas. Provavelmente por causa da cicatriz, os diretores concluíram que ele tinha sofrido danos cerebrais que comprometiam seu aprendizado. Estava dois anos atrasado em relação à sua faixa etária, por isso ainda frequentava o sétimo ano, mas não sabia a tabuada, fazia contas de somar nos dedos e mal conseguia ler."

Emocionado, ele continuou:

"Havia um ponto positivo: ele adorava mexer com aparelhos de rádio e de TV. Queria se tornar técnico de TV. Por isso eu o encorajei e lembrei a ele que precisaria saber matemática para poder fazer o curso de treinamento e decidi ajudá-lo a aprender a matéria. Compramos quatro conjuntos de cartões de memorização com as quatro operações: adição, subtração, multiplicação e divisão. Conforme estudávamos com os cartões, colocávamos as respostas certas na pilha do descarte. Quando David errava, eu dizia a resposta correta e colocava o cartão no bolo de repetição, até que não sobrasse nenhum. Então, repetíamos o processo até que ele acertasse tudo em sequência. A cada acerto, eu o elogiava muito, em especial se fosse um cartão que ele já tivesse errado."

O Sr. Jones relatou que, todas as noites, eles jogavam até não sobrar nenhum cartão e contavam o tempo do exercício com um cronômetro. "Prometi que, quando ele conseguisse acertar todas em oito minutos, sem nenhum erro, pararíamos de jogar toda noite. No começo parecia uma meta impossível para David. Na primeira noite, ele levou 52 minutos. Na segunda, 48. Depois, 45, 44, 41, até que ele baixou da casa dos 40 minutos. Comemorávamos cada redução no tempo. Eu chamava minha esposa e nós o abraçávamos e fazíamos uma dancinha. Ao fim de um mês, David já estava acertando todos os cartões, sem errar, em menos de oito minutos. Quando tinha uma pequena melhora, ele mesmo pedia para repetir o exercício. Tinha feito a fantástica descoberta de que aprender era fácil e divertido."

O Sr. Jones contou que as notas de David em matemática deram um salto. "É impressionante como a matéria fica mais fácil quando se sabe fazer multiplicações. Ele ficou surpreso quando levou uma nota 8 para casa. Aquilo nunca tinha acontecido. A partir de então, sua habilidade de leitura melhorou rapidamente, e ele começou a usar o talento natural para o desenho. Naquele mesmo ano, o professor de ciências o encarregou de desenvolver um projeto. Ele decidiu criar uma série complexa de modelos para demonstrar o efeito das alavancas, algo que exigia não só habilidade no desenho e na criação de modelos, mas também matemática aplicada. O trabalho dele recebeu o prêmio de primeiro lugar na feira de ciências da escola e foi inscrito na competição municipal, recebendo o terceiro lugar em toda a cidade de Cincinnati."

Satisfeito, ele contou:

"Aquilo foi o suficiente. Lá estava aquele garoto que tinha repetido de ano duas vezes, que diziam ter 'danos cerebrais', que era chamado de 'Frankenstein' pelos colegas de turma e que ouvia que seus miolos tinham saído pelo corte na cabeça. De repente, ele descobriu que era capaz de aprender e realizar coisas. O resultado? A partir do último bimestre do oitavo ano até o fim do ensino médio, ele nunca deixou de estar entre os melhores da turma. No ensino médio, foi eleito para a sociedade nacional que reúne os melhores alunos do país. Assim que descobriu que aprender era fácil, sua vida se transformou.

Se quiser ajudar os outros a se aprimorarem:

PRINCÍPIO 8

Encoraje. Faça o erro parecer fácil de corrigir.

9

Faça o outro se sentir feliz por fazer aquilo que você quer

EM 1915, OS ESTADOS UNIDOS estavam horrorizados. Os países da Europa vinham se matando havia mais de um ano, numa escala jamais sonhada na já sanguinária história da humanidade. Seria possível alcançar a paz? Ninguém sabia. Mas Woodrow Wilson estava determinado a tentar. Enviaria um representante pessoal, um emissário da paz, para conversar com os líderes das nações em guerra.

O secretário de Estado e defensor da paz William Jennings Bryan queria ser o escolhido para a viagem. Via nela uma oportunidade de prestar um grande serviço e alcançar a imortalidade. Mas Wilson designou outro homem, seu amigo íntimo e conselheiro, o coronel Edward M. House. E coube a House a espinhosa tarefa de comunicar a Bryan a desagradável notícia, sem ofendê-lo.

"Bryan ficou nitidamente desapontado ao ouvir que eu viajaria para a Europa como emissário da paz", registrou o coronel House em seu diário. "Ele me disse que tinha planejado fazer isso. Respondi que o presidente pensou que seria pouco sábio enviar alguém para essa tarefa oficialmente e que *sua ida atrairia muita atenção* e faria as pessoas especularem sobre o motivo de sua viagem."

Percebe o que ficou sugerido? House praticamente disse a Bryan que ele era *importante demais* para a tarefa, e Bryan ficou satisfeito. Habilidoso e experiente, o coronel House seguiu uma das regras mais importantes dos relacionamentos humanos: *Faça o outro se sentir feliz por fazer aquilo que você sugere.*

Woodrow Wilson seguiu essa regra até quando convidou William Gibbs McAdoo para fazer parte do governo. Essa era a mais alta honraria que poderia ser conferida a alguém, e, mesmo assim, Wilson convidou McAdoo de uma forma que o fez se sentir duplamente importante. O próprio McAdoo conta a história:

"Wilson disse que estava montando seu secretariado e que ficaria muito feliz se eu aceitasse o cargo de secretário do Tesouro. Ele tinha uma forma encantadora de se expressar. Criava a impressão de que, ao aceitar essa grande honra, eu estava lhe fazendo um favor. Infelizmente, nem sempre Wilson demonstrou tanto tato. Do contrário, a história do mundo talvez tivesse sido diferente. Por exemplo, Wilson desagradou tanto o Senado quanto o Partido Republicano ao evitar que os Estados Unidos ingressassem na Liga das Nações. Wilson também se recusou a ser acompanhado por líderes republicanos como Elihu Root, Charles Evans Hughes ou Henry Cabot Lodge para a conferência de paz. Em vez disso, levou desconhecidos de seu próprio partido. Esnobou os republicanos, recusou-se a deixar que sentissem que a Liga também era uma ideia deles e se envolvessem de algum modo. Como resultado dessa forma rude de lidar com as pessoas, Wilson acabou com sua carreira, arruinou sua saúde, encurtou a própria vida, foi o responsável por deixar os Estados Unidos fora da Liga das Nações e alterou a história do mundo."

Os estadistas e diplomatas não são os únicos que sabem deixar o interlocutor feliz ao fazer o que eles querem que seja feito. Dale O. Ferrier, de Fort Wayne, Indiana, contou como incentivou um de seus filhos pequenos a cumprir suas tarefas de casa com boa vontade:

"Uma das tarefas de Jeff era colher as peras que caíam da árvore, para que o jardineiro não tivesse que parar para recolhê-las. Jeff não gostava da tarefa e muitas vezes deixava de cumpri-la, ou fazia de qualquer jeito, de modo que o jardineiro precisava parar e recolher várias peras. Assim, em vez de partir para o confronto aberto, um belo dia eu disse: 'Jeff, vamos fazer um acordo. Para cada cesto cheio de peras que você colher, vou lhe pagar um dólar. Mas, depois que você terminar, para cada fruta que eu encontrar no quintal, vou cobrar um dólar de você. Que tal?' Como seria de esperar, ele não só colhia todas as peras como eu precisava ficar de olho para que ele não arrancasse algumas das árvores e enchesse o cesto ainda mais."

Conheci um homem que precisava recusar muitos convites para palestras. Eram convites feitos por amigos, pessoas com quem ele se sentia na obrigação de aceitar. No entanto, ele negava com tanta habilidade que a pessoa que o convidava aceitava a recusa sem o menor problema. E como ele conseguia? Não era apenas dizendo que andava ocupado demais e isso e aquilo. Primeiro, ele se dizia honrado por ter recebido o convite, mas logo em seguida lamentava a impossibilidade de aceitá-lo e sugeria um substituto. Em outras palavras, ele não dava tempo para que as pessoas se chateassem com a recusa. Logo depois de negar o pedido, ele dirigia o pensamento do ouvinte para outro palestrante que poderia aceitar o convite.

Gunter Schmidt, que fez nosso curso na Alemanha, contou que uma empregada da loja de alimentos que ele gerenciava era descuidada na hora de colar as etiquetas de preço corretas nas prateleiras dos produtos. Resultado: os clientes ficavam confusos e se queixavam. Lembretes, broncas e conversas não adiantavam. Por fim, o Sr. Schmidt chamou a funcionária a sua sala e informou que iria designá-la supervisora de aplicação de etiquetas de preço da loja inteira e que ela seria responsável por manter todas as prateleiras com as etiquetas apropriadas. A nova responsabilidade e o cargo mudaram completamente a atitude da funcionária, que dali em diante passou a cumprir seus deveres de modo satisfatório.

Infantil? Talvez seja mesmo. Mas foi isso que disseram a Napoleão quando ele criou a Legião de Honra, distribuiu 15 mil cruzes para os soldados, transformou 18 de seus generais em "Marechais da França" e chamou suas tropas de "Grande Exército". Quando criticado por distribuir "brinquedos" para veteranos de guerra calejados, Napoleão respondeu: "Os homens são governados pelos brinquedos."

Essa técnica de distribuir títulos e autoridade funcionou para Napoleão e funcionará para você. Por exemplo, uma amiga minha, a Sra. Ernest Gent, de Scarsdale, Nova York, sofria com meninos que brincavam na frente de sua casa e destruíam seu gramado. Ela tentou chamar a atenção deles e tentou convencê-los a sair dali, mas nada funcionou. Por fim, chamou o pior garoto da turma, disse que ele seria seu "detetive" e o encarregou de manter todos os invasores fora do gramado. Problema resolvido. O "detetive" ameaçou qualquer um que ousasse pisar no gramado.

Quando for necessário promover mudanças de comportamento, o líder eficiente deve ter em mente as seguintes regras:

1. Seja sincero. Não prometa nada que não possa cumprir. Esqueça os seus benefícios e se concentre em informar os benefícios que o outro terá.
2. Saiba exatamente o que quer que o outro faça.
3. Exerça a empatia. Pergunte a si mesmo o que o outro realmente quer.
4. Reflita sobre os benefícios que a pessoa terá ao fazer o que você sugere.

5. Compare esses benefícios com os desejos da pessoa.
6. Quando fizer o pedido, comunique ao outro a ideia de que ele, pessoalmente, será beneficiado. Podemos dar uma ordem seca, do tipo: "John, vamos ter a visita de clientes amanhã e preciso que o estoque esteja arrumado. Vá varrer a área, arrume os itens direitinho nas prateleiras e limpe o balcão." Ou podemos exprimir a mesma ideia demonstrando ao outro os benefícios que ele terá ao executar a tarefa: "John, temos uma tarefa que deve ser feita imediatamente. *Se for feita agora, não precisaremos cuidar disso mais tarde.* Vou receber a visita de alguns clientes amanhã para mostrar nossas instalações. Gostaria que eles visitassem o estoque, mas o lugar está desarrumado. Se pudesse varrê-lo, arrumar os itens direitinho nas prateleiras e limpar o balcão, pareceríamos eficientes e *você terá dado sua contribuição para construir uma boa imagem da empresa.*"

Provavelmente John não ficará muito feliz em seguir sua sugestão, mas certamente ficará mais feliz do que se você não tivesse apontado os benefícios. Presumindo que você saiba que John se orgulha da aparência do estoque e quer contribuir para a boa imagem da empresa, ele ficará mais propenso a cooperar. John também saberá que a tarefa teria que ser cumprida em algum momento e que, ao cumpri-la logo, não terá que cuidar dela depois.

É ingenuidade acreditar que o outro sempre reagirá bem quando você empregar essa abordagem, mas a experiência da maioria das pessoas mostra que é mais provável mudar comportamentos se baseando nesses princípios do que deixando-os de lado. E o fato é que, se você aumentar seu índice de sucesso em meros 10%, você terá se tornado 10% mais eficiente como líder – e esse é o *seu* benefício.

As pessoas tendem mais a fazer o que você gostaria que elas fizessem desde que você:

PRINCÍPIO 9

Faça o outro se sentir feliz por fazer aquilo que você sugere.

EM RESUMO

SEJA UM LÍDER: COMO MUDAR AS PESSOAS SEM OFENDER NEM CRIAR RESSENTIMENTOS

PRINCÍPIO 1

Comece com elogios e reconhecimento sincero.

PRINCÍPIO 2

Aponte os erros alheios de forma indireta.

PRINCÍPIO 3

Fale sobre seus próprios erros antes de criticar o outro.

PRINCÍPIO 4

Faça perguntas em vez de dar ordens diretas.

PRINCÍPIO 5

Preserve a dignidade do outro.

PRINCÍPIO 6

Elogie todos os progressos, mesmo o menor deles. Seja "caloroso ao demonstrar reconhecimento e pródigo nos elogios".

PRINCÍPIO 7

Dê ao outro uma bela reputação para manter.

PRINCÍPIO 8

Encoraje. Faça o erro parecer fácil de corrigir.

PRINCÍPIO 9

Faça o outro se sentir feliz por fazer aquilo que você sugere.

Um atalho para a distinção

por Lowell Thomas (1936)

As informações biográficas sobre Dale Carnegie a seguir foram escritas como introdução para a edição original de Como fazer amigos e influenciar pessoas, *em 1936. Foram reproduzidas nesta edição para dar aos leitores mais informações sobre a trajetória e o passado do autor.*

Era uma noite fria de janeiro de 1935, mas o tempo ruim não conseguiu afastá-los. No salão principal do Hotel Pennsylvania, em Nova York, 2.500 homens e mulheres se aglomeravam. Todos os assentos estavam ocupados às 19h30. Às 20h, a multidão ansiosa ainda chegava. A espaçosa galeria lotou rapidamente. Em pouco tempo, havia pouco espaço até para quem ficava de pé, e centenas de pessoas, cansadas de um dia de trabalho, permaneceram no local durante uma hora e meia naquela noite para testemunhar... o quê?

Um desfile de moda?

Uma corrida de bicicletas com seis dias de duração ou uma aparição de Clark Gable?

Não. Aquelas pessoas tinham sido atraídas até o local por um anúncio de jornal. Duas noites antes, tinham visto o seguinte anúncio de página inteira no *The Sun*:

Aprenda a falar com eficiência
Prepare-se para liderar

A mesma coisa de sempre? Sim, mas, acredite ou não, na cidade mais sofisticada do planeta, durante uma depressão econômica que fez 20% da população dependerem de assistência social, 2.500 pessoas saíram de casa e correram para o hotel por causa desse anúncio. E os que compareceram eram pessoas da camada superior da economia – executivos, empresários e profissionais especialistas em suas áreas.

Aqueles homens e mulheres foram ouvir a abertura de um curso ultraprático e moderno sobre "Oratória eficiente e influência nos negócios", ministrado pelo Instituto Dale Carnegie de Oratória Eficiente e Relações Humanas.

Por que aquelas 2.500 pessoas do mundo dos negócios estavam ali? Seria porque o medo da depressão os fez ter vontade de se instruir mais?

Aparentemente não, pois o mesmo curso vinha sendo ministrado para turmas lotadas em Nova York, ano após ano, durante 24 anos. Nesse meio-tempo, mais de 15 mil profissionais tinham sido treinados por Dale Carnegie. Até organizações grandes, céticas e conservadoras como a Westinghouse Electric Company, a McGraw-Hill Publishing Company, a Brooklyn Union Gas Company, a Câmara de Comércio do Brooklyn, o Instituto Americano de Engenheiros Elétricos e a Companhia Telefônica de Nova York organizaram o treinamento em suas próprias sedes para seus funcionários e executivos.

O fato de aquelas pessoas irem em busca desse treinamento dez ou vinte anos depois de pararem de estudar é uma crítica gritante sobre as deficiências chocantes do sistema educacional americano.

O que os adultos realmente desejam estudar? Essa é uma pergunta importante e, para respondê-la, a Universidade de Chicago, a Associação Americana para Educação de Adultos e as escolas da Associação Cristã de Moços (ACM) realizaram um levantamento ao longo de dois anos. O levantamento revelou que o principal interesse dos adultos é a saúde, e o segundo interesse é o desenvolvimento de habilidades nos relacionamentos interpessoais – ou seja, eles querem aprender a técnica para lidar com pessoas e influenciá-las. Não querem se tornar oradores, não querem ouvir um monte de falatório erudito sobre psicologia. Querem sugestões imediatamente aplicáveis aos negócios, aos contatos sociais e em casa.

Então era isso que os adultos queriam estudar?

"Tudo bem", disseram os responsáveis pela pesquisa. "Se é isso que as pessoas querem, é o que vamos dar a elas."

Quando resolveram procurar um livro didático, descobriram que nenhum manual prático havia sido escrito para ajudar as pessoas a resolver seus problemas cotidianos de relacionamento humano. Que encrenca! Ao longo dos séculos, volumes e mais volumes de conhecimento foram escritos sobre grego, latim e matemática avançada – assuntos para os quais o adulto médio não liga. Mas, quanto ao assunto sobre o qual ele tem sede de conhecimento, uma verdadeira necessidade de orientação e ajuda, não havia nada.

Isso explicava a presença de 2.500 espectadores ansiosos lotando o grande salão do Hotel Pennsylvania, atendendo ao chamado de um anúncio de jornal. Aparentemente, ali estava o que eles buscavam havia tanto tempo.

Na época do ensino médio e da faculdade, eles haviam se debruçado sobre os livros, acreditando que o conhecimento por si só abriria as portas para as recompensas financeiras e profissionais. No entanto, alguns anos enfrentando a dura realidade do mundo do trabalho causaram uma forte desilusão. Eles viram alguns dos maiores sucessos nos negócios serem conquistados por homens que tinham, além de conhecimentos, a capacidade de falar bem, de convencer as pessoas de seus pontos de vista, de se "vender" e transmitir suas ideias. Em pouco tempo descobriram que, se quisessem aspirar ao posto de comando e tomar a frente dos negócios, a personalidade e a capacidade de falar seriam mais importantes do que saber conjugar verbos em latim ou ter um diploma de Harvard.

O anúncio no jornal nova-iorquino prometia que a reunião seria extremamente interessante. E foi.

Dezoito pessoas que haviam feito o curso falaram ao microfone, e 15 delas tiveram exatamente 75 segundos para contar suas histórias. Aos 75 segundos, o martelo batia e o presidente da mesa gritava: "Próximo!"

A reunião teve um ritmo frenético. Durante uma hora e meia, os espectadores assistiram a tudo de pé. Os oradores tinham os mais variados perfis: diversos representantes de vendas, um executivo de uma cadeia de lojas, um padeiro, o presidente de uma associação de classe, dois banqueiros, um agente de seguros, um contador, um dentista, um arquiteto, um farmacêutico de Indianápolis que viajara para Nova York só para fazer o curso, um advogado vindo de Havana para se preparar para um importante discurso de três minutos.

O primeiro a falar foi Patrick J. O'Haire. Nascido na Irlanda, ele estudou por apenas quatro anos, mudou-se para os Estados Unidos, trabalhou como mecânico e depois como motorista particular. Ele estava com 40 anos, tinha uma família que não parava de crescer e precisava de mais dinheiro, por isso tentou mudar de ramo e se tornar vendedor de caminhões. Sofrendo de um complexo de inferioridade que, em suas palavras, consumia seu coração, ele precisava andar de um lado para outro várias e várias vezes na antessala dos escritórios antes de criar a coragem necessária para abrir a porta e entrar para as reuniões. Estava tão desencorajado como vendedor que pensava em voltar para o trabalho manual, numa oficina mecânica, quando, certo dia, recebeu uma carta convidando-o para uma reunião do Curso Dale Carnegie de Oratória Eficiente.

O'Haire não queria comparecer. Seu medo era ter que se encontrar com um monte de gente com ensino superior e se sentir deslocado. Desanimada, sua mulher insistiu em que ele fosse: "Pode ser bom para você, Pat. Só Deus sabe o quanto precisa disso."

Ele foi até o local da reunião e passou cinco minutos na calçada antes de criar confiança suficiente para entrar na sala.

Nas primeiras vezes em que tentou falar diante dos outros, O'Haire ficou zonzo de tanto medo. Mas, com o passar das semanas, perdeu o temor e logo descobriu que adorava falar – quanto maior a plateia, melhor. Também perdeu o medo das pessoas e dos seus superiores no trabalho. Passou a apresentar suas ideias e logo foi promovido ao departamento de vendas. Tornou-se um funcionário muito valorizado e querido da empresa. Naquela noite, no Hotel Pennsylvania, Patrick O'Haire ficou diante de 2.500 pessoas e falou sobre suas conquistas em um tom alegre e divertido. A plateia caiu na gargalhada diversas vezes. Poucos oradores profissionais seriam capazes de igualar seu desempenho.

O segundo a falar foi Godfrey Meyer, um banqueiro grisalho, pai de 11 filhos. A primeira vez que tentou abrir a boca em sala de aula, ficou literalmente mudo. A cabeça se recusou a funcionar. Sua história é um retrato incrível de como a liderança orbita ao redor daqueles que conseguem falar bem. Ele trabalhava em Wall Street e morava em Clifton, Nova Jersey, havia 25 anos. Durante esse tempo, não tinha sido um membro ativo da comunidade e conhecia cerca de 500 pessoas.

Pouco depois de se matricular no curso de Carnegie, ele recebeu a guia de recolhimento de um imposto e ficou furioso com o que considerou uma cobrança indevida. Normalmente, teria ficado em casa soltando fumaça pelo nariz ou teria desabafado com os vizinhos, mas naquela noite ele pôs o chapéu, entrou na assembleia geral da prefeitura e manifestou sua fúria em público.

Como resultado do discurso indignado, os cidadãos de Clifton insistiram para que ele concorresse à vaga no conselho municipal. Assim, ele passou semanas indo de uma reunião a outra, denunciando o desperdício e as extravagâncias do município.

Havia 96 candidatos à vaga. Quando os votos foram contabilizados, o nome de Godfrey Meyer foi o primeiro colocado. Quase da noite para o dia, ele se tornara uma figura pública diante dos 40 mil membros de sua comunidade. Como resultado de suas falas, Meyer, que conhecia cerca de 500 pessoas antes de ser eleito, passou a ter 80 vezes mais amigos em seis semanas do que havia conseguido fazer nos 25 anos anteriores. E o salário que Meyer recebia no conselho garantiu a ele um retorno de 1.000% ao ano sobre o investimento no curso de Carnegie.

O terceiro a falar, chefe de uma grande associação nacional de fabricantes de alimentos, contou que era incapaz de se levantar e exprimir suas ideias nas reuniões do conselho de diretores. Assim que desenvolveu a capacidade de pensar e agir rápido, duas coisas surpreendentes aconteceram. A primeira delas é que, pouco depois, ele chegou à presidência da associação e, com isso, se viu obrigado a frequentar reuniões em todo o país. Trechos de seus discursos foram reproduzidos pela agência de notícias Associated Press e publicados em jornais e revistas especializadas nos Estados Unidos.

A segunda é que, em dois anos, depois de aprender a falar com mais eficiência, ele obteve mais publicidade gratuita para sua empresa e seus produtos do que antes, gastando 250 mil dólares em anúncios. Ele admitiu que antes hesitava em telefonar para alguns dos executivos mais importantes de Manhattan e convidá-los para almoçar, mas, com o prestígio que obteve nas apresentações, foram essas mesmas pessoas que passaram a telefonar para convidá-lo para almoçar, pedindo desculpa por ocupar seu tempo.

A capacidade de falar é um atalho para a distinção. Coloca a pessoa sob os holofotes, faz com que ela se destaque no meio da multidão. E quem consegue falar razoavelmente bem costuma receber um crédito desproporcional por sua real capacidade.

Um movimento para a educação de adultos vem tomando conta do país, e a força mais espetacular desse movimento é Dale Carnegie, um homem que escutou e avaliou mais falas de adultos do que qualquer outro. Conforme publicado na coluna "Acredite se Quiser", ele havia avaliado 150 mil falas. Se esse número por si só não o impressiona, lembre-se de que isso significa uma fala para quase todos os dias desde que Colombo descobriu a América. Ou, em outras palavras, se todas as pessoas que já falaram diante de Carnegie tivessem usado apenas três minutos e aparecessem em sequência, ele levaria dez meses para ouvir tudo, dia e noite, sem parar.

A própria carreira de Dale Carnegie, repleta de fortes contrastes, foi um exemplo notável do que uma pessoa consegue realizar quando fica obcecada por uma ideia original.

Nascido numa fazenda de Missouri a 15 quilômetros de uma estrada de ferro, ele viu um bonde pela primeira vez só aos 12 anos. No entanto, quando chegou aos 46, já conhecia alguns dos lugares mais recônditos do planeta, de Hong Kong a Hammerfest. E, certa vez, ele chegou mais perto do Polo Norte do que o quartel-general do almirante Byrd em Little America estava do Polo Sul.

O garoto de Missouri que, no passado, colhia morangos e cortava arbustos espinhosos por 5 centavos a hora se tornou um instrutor extremamente bem pago de executivos de grandes empresas, um especialista na arte de se expressar. O ex-vaqueiro que tocava o gado e marcava bezerros na região oeste de Dakota do Sul foi para Londres, onde fez apresentações com apoio da família real. O sujeito que foi um fiasco nas primeiras vezes em que tentou falar em público se tornou meu gestor pessoal. Grande parte do meu sucesso se deve ao treinamento que fiz com Dale Carnegie.

O jovem Carnegie precisou lutar para estudar, pois vinha tendo uma maré de azar na antiga fazenda no noroeste de Missouri. Ano após ano, as enchentes destruíam o milharal e o feno. De tempos em tempos, os leitões gordos adoeciam e morriam de cólera, o valor de mercado do gado bovino e das mulas despencava e o banco ameaçava executar a hipoteca.

Desanimada, a família vendeu a propriedade e comprou outra fazenda perto do State Teachers' College, em Warrensburg, Missouri. Era possível conseguir casa e comida na cidade por um dólar por dia, mas o jovem Carnegie não tinha condições nem para isso. Assim, permaneceu na fazenda e passou a se deslocar a cavalo diariamente pelos quase 5 quilômetros de percurso até a faculdade. Em casa, ordenhava as vacas, cortava lenha, alimentava os porcos e estudava verbos em latim à luz de uma lamparina até ficar com a visão turva e cochilar.

Mesmo quando ia para a cama à meia-noite, Carnegie colocava o despertador para as três da manhã. O pai criava porcos da raça Duroc-Jersey, com pedigree – e durante os invernos gelados havia risco de os leitõezinhos morrerem de frio. Por isso, ficavam dentro de um cesto coberto por um saco de aniagem bem ao lado do fogão na cozinha. Fiéis à sua natureza, os porquinhos exigiam uma boa refeição às três da manhã. Portanto, quando o alarme soava, Dale Carnegie se arrastava para fora dos cobertores, levava a cestinha com os pequenos porcos até a mãe deles, esperava se alimentarem e os devolvia ao calor da cozinha.

Havia 600 alunos no State Teachers' College, e Dale Carnegie era um dos pouquíssimos que não tinham condições de ficar na cidade. Sentia vergonha da pobreza que o obrigava a voltar a cavalo para a fazenda e tirar o leite das vacas todas as noites. Sentia vergonha de seu casaco, apertado demais, e das calças, curtas demais. Desenvolvendo rapidamente um complexo de inferioridade, ele procurou um atalho para se distinguir. Logo viu que havia determinados grupos na faculdade que desfrutavam de influência e prestígio – os jogadores de futebol americano e de beisebol e as pessoas que ganhavam os concursos de debate e de oratória.

Sabendo que não tinha o menor talento nos esportes, Carnegie decidiu ganhar um dos concursos de oratória. Passou meses preparando seus discursos. Praticava montado no cavalo, galopando no caminho de ida e volta da faculdade. Praticava enquanto ordenhava as vacas, depois revolvia um monte de feno no celeiro e, animado, gesticulava e discursava para os pombos assustados sobre as questões importantes da época.

Entretanto, apesar de toda a sua dedicação e preparo, ele sofria uma derrota atrás da outra. Tinha 18 anos na época, era um jovem sensível e orgulhoso. Ficou tão desanimado, tão deprimido, que chegou a pensar em suicídio. Foi quando, de repente, começou a ganhar não apenas um, mas todos os concursos da faculdade.

Outros estudantes imploraram que ele os treinasse – e também passaram a ganhar.

Depois da formatura, ele começou a vender cursos por correspondência aos fazendeiros que moravam nas colinas arenosas do oeste de Nebraska e no leste de Wyoming. Apesar de sua energia e seu entusiasmo inesgotáveis, ele não alcançava o sucesso. Ficou tão deprimido que foi para o quarto de hotel em Alliance, Nebraska, no meio do dia, jogou-se na cama e chorou de desespero. Queria voltar para a faculdade, queria se afastar da dura batalha da vida, mas não podia. Então decidiu seguir para Omaha e conseguir outro emprego. Não tinha o dinheiro da passagem de trem, por isso viajou num vagão de carga, alimentando e dando água a duas cargas de cavalos selvagens em troca da passagem.

Quando chegou ao sul de Omaha, conseguiu um trabalho vendendo bacon, sabão e banha da empresa Armour and Company. Seu território ia até Badlands e as terras dos pecuaristas e dos nativos americanos no oeste de Dakota do Sul. Ele percorria o território em trens de carga, diligências e a cavalo, dormia em hotéis improvisados, onde a divisão dos quartos era feita com um lençol de musselina. Leu livros sobre vendas, andou em pangarés, jogou pôquer com os nativos e aprendeu a guardar dinheiro. E quando, por exemplo, um dono de loja de uma cidadezinha não conseguia pagar as encomendas de bacon e presunto, Dale Carnegie aceitava uma dúzia de pares de sapato das prateleiras, vendia os calçados para os funcionários da ferrovia e enviava os recibos para a Armour and Company.

Carnegie costumava percorrer 150 quilômetros por dia num trem de carga. Quando havia uma parada para descarregar, ele corria até o centro da cidade para falar com três ou quatro comerciantes, anotava os pedidos e, quando o apito tocava, corria pela rua e pulava no vagão já em movimento.

Em dois anos, ele transformou um território improdutivo, que ocupava a 25ª posição entre as rotas que saíam do sul de Omaha, no primeiro lugar entre as 29 rotas. A Armour and Company lhe ofereceu uma promoção, dizendo:

– Você conseguiu fazer o que parecia impossível.

Mas Carnegie recusou, pediu demissão e foi para Nova York. Lá, estudou na Academia Americana de Artes Dramáticas e viajou o país interpretando o papel do Dr. Hartley na peça *Polly of the Circus* (Polly do circo).

Ele nunca seria um Booth ou um Barrymore. Tinha o bom senso de reconhecer isso. Portanto, voltou ao trabalho, vendendo carros e caminhões para a Packard Motor Car Company. Carnegie não entendia nada de motores nem demonstrava o menor interesse em aprender. Profundamente infeliz, ele se obrigava a encarar as tarefas do dia a dia. Queria ter tempo para estudar, escrever os livros com que sonhara nos tempos da faculdade. Assim, pediu demissão. Queria passar o dia escrevendo histórias e romances e, para ganhar seu sustento, daria aulas em cursos noturnos.

Ensinando o quê? Carnegie olhou para trás, avaliou seu tempo de faculdade e percebeu que seu treinamento em oratória tinha feito mais pela sua confiança, coragem, postura e capacidade de conhecer e lidar com pessoas no trabalho do que todas as disciplinas que cursou na faculdade juntas. Assim, insistiu para que as escolas da ACM de Nova York lhe dessem uma chance de dar aulas de oratória voltada para os negócios.

O quê? Transformar empresários em oradores? Absurdo. E a ACM sabia muito bem disso. Tinha tentado dar cursos do tipo e sempre fracassara. Quando se recusou a pagar a Carnegie um salário de dois dólares por noite, ele concordou em trabalhar por comissão e receber um percentual dos lucros – caso houvesse lucros. Nesse sistema, em menos de três anos estava recebendo 30 dólares por noite – em vez de dois dólares.

O curso cresceu. Outras unidades da ACM ficaram sabendo, depois unidades de outras cidades. Em pouco tempo, Dale Carnegie passou a fazer um circuito que cobria Nova York, Filadélfia, Baltimore e, mais tarde, Londres e Paris. Todos os livros didáticos eram acadêmicos demais e nada práticos para as pessoas do mundo dos negócios que lotavam suas turmas. Por isso, ele escreveu seu próprio livro, chamado *Public Speaking and Influencing Men in Business* (Como melhorar a oratória e influenciar pessoas nos negócios), que se tornou o livro oficial de todas as ACMs e também da Associação Americana de Banqueiros e da Associação Nacional de Credores.

Dale Carnegie afirmava que todos conseguem falar quando ficam com raiva. Dizia que, se você der um soco no queixo do sujeito mais ignorante da cidade, ele vai se levantar e falar com eloquência, veemência e ênfase dignas de William Jennings Bryan, orador de fama mundial, no auge de sua carreira. Acreditava que quase todos conseguem falar razoavelmente em público se tiverem autoconfiança e uma ideia fervilhando na cabeça.

A forma de desenvolver autoconfiança, dizia Carnegie, é fazer aquilo que você teme e ter experiências bem-sucedidas. Por isso, ele obrigava cada integrante da turma a falar em todas as aulas do curso. A plateia é acolhedora. Todos estão no mesmo barco. E, pela prática constante, eles desenvolvem coragem, confiança e entusiasmo, que são transferidos para sua oratória habitual.

Dale Carnegie diria que ganhou a vida durante todos esses anos não pelo ensino de oratória – isso era um efeito colateral. Seu trabalho era ajudar as pessoas a superar seus medos e desenvolver a coragem.

No início, ele organizou apenas um curso de oratória, mas os alunos que o procuravam eram empresários, muitos dos quais não pisavam numa sala de aula havia mais de 30 anos. Grande parte parcelava o curso em prestações. Eram pessoas que queriam resultados, e queriam resultados rápidos – aplicáveis no dia seguinte, em reuniões de negócios e ao falar em público.

Carnegie se viu obrigado a ser veloz e prático. Assim, desenvolveu um sistema de treinamento singular – uma combinação marcante de oratória, técnica de vendas, relações humanas e psicologia aplicada.

Sem se tornar escravo de regras rígidas, ele desenvolveu um curso poderoso e muito divertido.

Quando as aulas acabavam, seus ex-alunos fundavam clubes e continuaram mantendo encontros quinzenais durante anos. Um grupo com 19 integrantes na Filadélfia teve duas reuniões mensais durante o inverno por 17 anos. Muitos alunos viajavam 100, 150 quilômetros para assistir às aulas. Um deles viajava de Chicago para Nova York uma vez por semana.

O professor William James, de Harvard, costumava dizer que a pessoa mediana desenvolve apenas 10% de sua capacidade mental. Ao ajudar profissionais a desenvolverem suas possibilidades, Carnegie criou um dos movimentos mais importantes da educação adulta em toda a história.

Sobre o programa de treinamento Dale Carnegie

Dale Carnegie se associa a grandes corporações e empresas de médio porte para produzir resultados mensuráveis nos negócios. Para isso, busca aprimorar o desempenho dos funcionários com ênfase em:

- Liderança
- Vendas
- Atendimento ao cliente
- Apresentações
- Envolvimento com a equipe
- Aperfeiçoamento de processos

Identificada recentemente pelo *The Wall Street Journal* como uma das 25 franquias com melhores resultados, a Dale Carnegie Training oferece programas de treinamento que estão disponíveis em mais de 38 idiomas, nos Estados Unidos, no Brasil e em mais de 90 países.

Seus especialistas corporativos trabalham com indivíduos, grupos e organizações para encontrar soluções para desenvolver o potencial de seus funcionários, permitindo que a organização alcance outro patamar de desempenho. O instituto oferece cursos abertos ao público, seminários e oficinas, além de treinamentos internos personalizados, avaliações empresariais, acompanhamento on-line e atendimento individual.

Para mais informações, visite www.dalecarnegie.com/pt-br

CONHEÇA OS LIVROS DE DALE CARNEGIE

Como fazer amigos e influenciar pessoas

Como evitar preocupações e começar a viver

Como fazer amigos e influenciar pessoas na era digital

Como falar em público e encantar as pessoas

Como se tornar inesquecível

Como desfrutar sua vida e seu trabalho

As 5 habilidades essenciais dos relacionamentos

Liderança

Como ser bem-sucedido nos dias de hoje